U0103368

簡明中國歷史記憶手冊

張耕華　編著

智能教育出版社

目　錄

前　言

　　本書是輔助學習中國歷史的小型工具書，主要供大中學生、教師和廣大的史學愛好者使用。

　　本書編寫主要依據已出版的通史著作、文史工具書及教材和資料書。輯錄的歷史大事、要事，力求能體現歷史發展的主線、歷史演變的脈絡趨勢，以及歷史上某些方面的主要成就和特色。

　　本書力求全面、翔實、正確，文字簡明扼要，形式新穎活潑，檢索簡便實用。頁眉上的關鍵字，可以方便讀者記誦需要掌握的知識點。輯封上的短文，則以較精煉的文字敘述某一歷史時代的基本線索和主要特徵，如能將其連貫起來閱讀，則無疑就是學習中國通史的導論性概述。

　　本書的編寫參照了現有的史學界的研究成果，在此表示衷心的感謝。

　　由於我們水準有限，加上時間匆促，疏漏和錯誤在所難免，不當之處敬請讀者和專家批評指正。

編者

凡　例

一、 本手冊上起距今約兩百萬年前，下至 2013 年，記錄了中國歷史上主要的歷史事件，內容涉及政治、經濟、軍事、文化和外交等各個方面。

二、 本手冊採用西元紀年，中華民國以前的歷代王朝，在西元紀年後注年號紀年；中華民國後則用西元紀年。古代部分僅記年，近代、現代部分則記年、月。歷代王朝記起始和終止年代，主要的歷史人物記生卒年份。

三、 行文中的古地名，酌情括注今地名。

四、 對學術上有爭議的問題，以一說為主，其他諸說則以頁下注的方式標出。

五、 在每一頁的頁眉，酌情注明本頁起訖年代中需要掌握或記憶的關鍵字。

六、 在每一歷史斷代之始的輯封上，概述這一時代的基本線索和主要特徵。

七、 本手冊後附有《中國歷史年代簡表》和《中國歷代世系表》，以供檢索、查閱。

八、 本手冊所用資料截至 2013 年底。

史前史 一

中國境內原始先民的足跡，最早可追尋到距今約兩百萬年左右，已經發現的「巫山人」、「元謀人」、「許家窰人」、「丁村人」等，分屬舊石器的早、中、晚各個時期。中國境內的原始先民，在人種屬性和石器文化上，有著自己的獨特性，表明這裡曾存在著人類發展史上的一個獨立體系。

距今約一萬年前後，以穀物的馴化種植為特徵的原始農耕活動，在中國的黃河中下游地區和長江中下游地區，各自經歷了獨立的起源和發展，這就是北方的旱地農業和南方的稻作農業。至遲在新石器時代，中國境內農業耕作的「南稻北粟」格局已初露端倪。

農耕的產生和發展，改變了原始先民的生活方式。由此起步，原始先民的生活共同體大致經歷了「農耕聚落—中心聚落—都邑國家形態」三個階段。大約在距今四五千年間，先民的社會正萌生了新的變化：領袖人物的出現、社會成員的分化、戰爭的頻繁、大型城堡建築的出現等，表明歷史將跨入文明時代的門檻。

距今約 204 ～ 201 萬年	巫山猿人。1986 年發現於四川省巫山縣龍骨坡,出土有牙齒化石數枚。
約 180 萬年	西侯度文化。1961 ～ 1962 年發現於山西省芮城縣西侯度村,出土石器工具 30 餘件。
約 170 萬年	元謀猿人。1965 年在雲南省元謀縣上那蚌村,發現兩顆門齒化石及石製品。
約 100 ～ 50 萬年	鄖縣猿人。1975 年在湖北省鄖縣梅鋪龍骨洞,發現有頭骨、牙齒化石及 1 件石製品。
約 80 ～ 50 萬年	藍田猿人。1963 ～ 1964 年在陝西省藍田縣公王嶺和陳家窩,發現有頭骨化石及石器數十件。
約 70 ～ 23 萬年	北京猿人。1927 ～ 1966 年在北京市西南周口店龍骨山發現多個頭蓋骨、股骨等化石及大量石器工具。
約 28 ～ 24 萬年	和縣猿人。1980 ～ 1981 年在安徽省和縣陶店鎮龍潭洞發現頭蓋骨、牙齒等化石及石器工具。
	(以上七列屬舊石器早期、直立人)
約 28 萬年	金牛山猿人 *。1974 年在遼寧省營口縣田屯村金牛山的洞穴裡,發現屬同一個體的包括頭骨、脊椎骨等 50 餘件化石。 * 也有學者認為,金牛山猿人應屬於早期智人或由猿人向智人過渡的類型。
約 23 ～ 18 萬年	大荔人。1978 年在陝西省大荔縣段家村甜水溝,發現一個完好的頭骨化石及百餘件石器工具。
約 10 萬年	許家窯人。1976 ～ 1977 年在山西省陽高縣許家窯村一帶,發現頂骨、枕骨等化石及包括大量石球在內的數千件石器工具。
約 10 萬年	長陽人。1956 年在湖北省長陽縣下鐘家灣龍洞,發現附有

	臼齒的頜骨等化石。(以上四列屬舊石器中期、早期智人＊) ＊早期智人也稱「遠古智人」，以前稱作「古人」。
約 10 萬年	丁村人。1954 年在山西省襄汾丁村一帶，發現門齒、臼齒等化石及包括大型石器在內的兩千多件石器工具。
約 4 ～ 1 萬年	柳江人。1958 年在廣西柳江縣通天岩溶洞中，發現頭骨、股骨等具有明顯黃種人特徵的化石。
約 3 ～ 2 萬年	左鎮人。1971 年在臺灣臺南縣左鎮鄉，發現頂骨、額骨、臼齒等化石。
約 28000 年	峙峪人。1963 年在山西省朔縣峙峪，發現枕骨化石及千餘件具有細小特色的石製品。
約 18000 年＊	山頂洞人。1933 年在北京市西南周口店龍骨山山頂洞穴，發現 3 個完整頭蓋骨和部分骨架化石，以及石器、骨針和骨棒裝飾品。 ＊關於山頂洞人的時代，近年有專家測定為距今 27000 年左右，時代最早的為遺址中下窨底部，為 34000 年。
約 24000 ～ 16000 年	下川文化。1973 年後在山西省沁水縣中條山下川盆地，多次發現數千件具有細石器特徵的工具。＊ ＊考古學家將舊石器與新石器的過渡階段，稱為「中石器時代」，其工具製作的特點是石器向細小化發展，製作方法上大量採用間接打擊法及壓削法。弓箭的發明及狗的馴養，也是中石器時代的產物。
約 14000 年	貓貓洞文化。1974 年在貴州省興義縣貓貓山，發現人類化石 7 件及千餘件骨器、石器。(以上七列屬舊石器晚期、晚期智人＊) ＊晚期智人也稱現代智人，以前稱作「新人」。

距今約 10000 年～ 6300 年 記憶・關鍵字	玉蟾岩遺址　裴李崗遺址
約 10000 ～ 8000 年	資陽人。1951 年在四川省資陽縣黃鱔溪，發現頭骨化石及骨製品。
約 10000 年	玉蟾岩遺址。1993 年在湖南省道縣西北壽雁鎮玉蟾岩發現的新石器文化遺址，遺址內發現有原始的陶片及水稻穀殼。
約 8500 ～ 7800 年	澧縣彭頭山遺址。1988 年在湖南省澧縣澧陽彭頭山發現的新石器文化遺址，遺址內有大量的稻作遺存及石器工具。
約 8000 ～ 7000 年	裴李崗遺址。1977 年在河南省新鄭縣裴李崗發現的新石器文化遺址，遺址內有石鏟、石鐮、磨盤、磨棒等及手製陶器。
約 8000 ～ 7000 年	賈湖遺址。1983 ～ 1987 年在河南省舞陽縣北舞渡村發現的新石器文化遺址，內有房基、灰坑、陶窯、墓葬等遺存，以及包括七聲音階骨笛等數千件遺物。
約 8000 年	秦安大地灣遺址。1978 年在甘肅省秦安縣五營鄉發現的新石器文化遺址，內有大型的房址及少量色彩豐富的彩陶。
約 8200 ～ 7400 年	興隆窪聚落遺址。1983 年在內蒙古自治區赤峰市敖漢旗興隆窪村發現的新石器文化遺址，聚落內有排列齊整的半地穴式房址，及精緻的真玉玦。
約 8000 ～ 7000 年	磁山遺址。1976 年在河北省邯鄲市武安縣磁山鎮一帶發現的新石器文化遺址，內有房基、貯糧窖穴（內有大量堆積的腐朽粟粒）、石磨盤、磨棒，以及豬、狗、雞等家禽骨骼。（以上八列屬新石器早期）
約 8000 ～ 6300 年	北辛遺址。1978 ～ 1979 年在山東省滕縣（今滕州市）北辛村發現的新石器文化遺址，遺址內打製和磨製的石器並存，又有大量骨角器、蚌器。

約 7000 ～5000 年	半坡遺址。1954～1957 年在陝西省西安市東郊半坡村發現的新石器文化遺址，遺址內有半地穴式房基、墓葬、陶窯、粟及大量石製農具，陶器以尖底陶瓶、人面魚紋的黑繪紅陶爲典型。
約 7000 ～4800 年	河姆渡遺址。1973、1977 年在浙江省餘姚市河姆渡村發現的新石器文化遺址，出土有豐富的稻作遺存，以及石、骨、木製工具數千件，遺址內有栽樁式建築遺存和部分干欄式建築構件。
約 7000 ～5900 年	馬家濱遺址。1959 年在浙江省嘉興市馬家濱發現的新石器文化遺址，出土有磨製精細的穿孔石斧，以及地面木構建築的遺存等。
約 6600 ～6400 年	姜寨聚落遺址。1972～1979 年在陝西省臨潼縣(今西安市臨潼區)姜寨發現的新石器文化遺址，遺址揭露面積達 17000 餘平方公尺，極爲完整地保留著史前聚落的佈局及其生活、生產的歷史遺跡。
約 6300 年	大汶口遺址。1959 年在山東省泰安市大汶口一帶發現的新石器文化遺址，遺址內有大量的墓葬，用完整豬頭骨作爲隨葬品，以及薄如蛋殼的黑陶。
約 6000 年	濮陽西水坡遺址。1987、1988 年在河南省濮陽市西水坡發現的新石器文化遺址，發現墓穴內死者身邊的兩側用蚌殼等鋪塑成一龍一虎圖案。
約 6000 ～5000 年	崧澤遺址。1960 年在上海市青浦區趙巷鎮崧澤村發現的新石器文化遺址，遺址內出土有穿孔石斧、網墜，骨、石、玉、陶的製品，以及水稻遺存。

約 5600 ～5050 年	牛河梁遺址。1982 年在遼寧省凌源、建平縣交界處發現的新石器文化遺址，遺址內有大型祭壇、女神廟和積石塚群，及眞人大小的女神塑像。（以上九列屬新石器中期）
約 5500 ～4800 年	巫山大溪遺址。1957、1958 年在四川省巫山、奉節大溪與長江交匯地帶發現的新石器文化遺址，遺址內有兩百餘座墓葬，有直肢、屈肢等多種葬式。
約 5300 ～4200 年	良渚文化遺址群。1936 年發現於浙江省餘杭市良渚鎮的新石器文化遺址，經持續的多次發掘，已發現有六十餘處文化遺存的遺址群，其中反山遺址的「土築金字塔」、瑤山遺址的大型祭壇，以及大量用作隨葬品的成套組合玉器最有特色。
約 5000 ～4000 年	昌都卡若遺址。1977～1979 年在西藏自治區昌都市南卡若發現的新石器文化遺址，出土有房址、灰坑，石器、骨器工具，以及青稞遺存。
約 4500 ～4000 年	朱封遺址。1986、1989 年，在山東省臨朐縣西朱封發現的新石器文化遺址，首次發現三座重槨大墓，*墓中有豐富精美的隨葬品。（以上四列屬新石器晚期） * 槨，即棺外的套棺。重槨，即用兩重棺木裝殮屍體。
約 4500 ～3900 年	陶寺遺址。1978 年至 1983 年在山西省襄汾縣陶寺村南發現的新石器文化遺址，遺址中一千多座墓葬，在規模、形制、隨葬品的數量上呈現出大、中、小三種不同等級。

自西元前 2070 年起，至西元前 770 年，是中國歷史上的夏商周時期。

夏朝已經進入了文明時代，國家的歷史由此開始。商朝的統治機構和國家制度已比較完備，國家政體是共主式的方國聯盟。周朝的疆域較商朝為大，採取「封邦建國」的分封制度。「封邦建國」雖克服了方國聯盟的鬆散性，但仍具有地方分權的特徵，可視為從鬆散的方國聯盟發展到中央集權統一王朝的過渡環節。

夏商周時期是中國歷史上的青銅時代。中國的青銅鑄造可以遠溯到夏以前，至商、周兩朝達到鼎盛。商周的青銅器品類繁，數量多，工藝精湛，成套的青銅禮器印證了文獻所載的「器以藏禮」，表明青銅器在社會政治生活中的重要性。商代的甲骨文已是一種較為成熟的文字，這種形聲表意的方塊字，一直沿用至今天。它們都是夏商周文化的時代性標誌。

夏商周史一

禹傳子　共和元年

西元前 2070 年 ～前 1600 年	夏朝紀年。夏，始於禹子啓繼承王位，到夏桀時爲商所滅爲止，共傳 14 代，17 王，470 年。
前 2070 年	禹傳位於子啓，夏朝建立。
前 1600 年 ～前 1046 年	商朝紀年。商，也稱「殷」，始於商湯滅夏，至前 1046 年爲周所滅爲止，共傳 17 代，31 王，554 年。
前 1600 年	湯伐桀滅夏，建立商朝。
前 1300 年	盤庚遷都於殷，此後商朝不再徙都。
前 1046 年 ～前 771 年	西周紀年。西周，始於武王滅商，至前 771 年周幽王被殺爲止，共歷 12 王，276 年。
前 1046 年	武王伐紂滅商，建立西周。
前 841 年	召公、周公共同執政，史稱「共和」行政。* 自此，中國歷史始有準確紀年。 * 一說由共伯和攝行王事，號共和元年。
前 828 年	厲王卒。太子靜即王位，是爲周宣王，「共和」行政結束。
前 816 年	宣王不籍於千畝 (不行耕籍田的制度，一說爲廢除奴隸在籍田上的集體耕種)。
前 789 年	宣王用兵東南，損失嚴重，「料民 (調查民數) 於太原」，企圖補充軍隊。
前 779 年	幽王寵愛褒姒，舉烽火招諸侯入援，以博其笑。後數舉烽火，諸侯不至。
前 774 年	幽王廢申后及太子宜臼，立褒姒爲后。宜臼逃奔西申。
前 771 年	申侯 (宜臼的外祖父)、犬戎攻鎬京，幽王舉烽火，諸侯不信，救兵不至。遂破鎬京，殺幽王、鄭桓公，擄褒姒而去。西周滅亡。 申侯、魯侯等立宜臼，是爲平王，號公翰立王子余臣，史

	稱「攜王奸命」，*形成二王並立的局面。 *王子余臣，又稱攜王，為西周幽王之弟。
前 770 年 ～前 256 年	東周紀年。東周，始於周平王東遷，至前 256 年被秦所滅，共歷 22 王，515 年。

春秋戰國史一

　　自西元前 770 年周平王東遷，至西元前 221 年秦統一中國，凡五百五十年，是中國歷史上的春秋、戰國時期。

　　春秋以後，周王漸失天下共主的地位，王權衰微，諸侯爭霸，呈現出「禮崩樂壞」、下僭於上的局面。戰國以後，魏、趙、韓、齊、秦、楚、燕七國連年展開兼併戰爭。至西元前三世紀末，秦國兼滅六國，最終形成「六合之內」、「天下一家」的統一局面。

　　春秋戰國是中國歷史上的一個大動盪、大變革時代，變革的深層原因源於生產力和經濟水準的提升發展。於是，原先的列國格局、政治體制、社會關係，以及各色人等的經濟實力、政治地位都發生了劇烈的變動，以血緣親情構築起來的社會秩序遂難以維繫。春秋戰國間的變革決定了歷史發展的新走向，由此而下，中國歷史走入一條有別於西方的獨特道路。

春秋戰國	
前 770 年 ～前 221 年	春秋戰國時期。* * 對於春秋戰國的時代劃分，史學界尚有不同的看法，詳見 　前 770 年、前 722 年、前 481 年、前 475 年、前 403 年諸條。
前 770 年 周平王元年	周平王東遷雒邑，學界以「平王東遷」爲春秋歷史的開端。 秦襄公護送平王東遷有功，始封爲諸侯，賜以岐山以西之地。
前 760 年 周平王十一年	晉文侯殺攜王余臣，周二王並立局面結束。文侯受到王室 褒獎。
前 750 年 周平王二十一年	秦文公伐戎取勝，得周餘民及岐地，獻岐東之地於周。
前 722 年 周平王四十九年	魯《春秋》記事自此年始，學界也有以本年爲春秋時代的 開端。鄭伐衛，開諸侯間征伐之始。
前 720 年 周平王五十一年	周、鄭互換質子，史稱「周鄭交質」。鄭掠收周麥、禾， 史稱「周鄭交惡」。
前 717 年 周桓王三年	本年發生飢荒。周王室遣使向魯國告飢，魯爲請糧於宋、 衛、齊、鄭。
前 710 年 周桓王十年	宋大夫華督殺大司馬孔父嘉（孔子六世祖），並奪其妻。
前 707 年 周桓王十三年	周桓王與蔡、衛等伐鄭，戰於繻葛（今河南長葛市東北）， 王師大敗，鄭將射中王肩。史稱「繻葛之戰」。
前 697 年 周桓王二十三年	周王室向魯求車。 本年，周桓王卒，子周莊王立。
前 685 年 周莊王十二年	齊桓公即位，任管仲爲卿，遂進行「相地而衰徵」（根據 土地好壞分別徵稅）等改革。
前 684 年	齊魯長勺（今山東萊蕪東北）之戰，魯以弱勝強大敗齊軍，

齊桓公首霸　宋楚泓之戰

周莊王十三年	「曹劌論戰」發生於此。
前 681 年 周釐王元年	齊桓公與鄭、陳、蔡等國盟會於北杏（在今山東東阿），史稱「北杏之會」。
前 679 年 周釐王三年	齊、魯、鄭、宋、衛、陳於鄄（今山東鄄城北舊城）結盟，齊爲諸侯長。
前 660 年 周惠王十七年	魯慶父殺魯湣公，季公討伐之，慶父奔莒自縊。「慶父不死，魯難未已」出典於此。
前 656 年 周惠王二十一年	齊楚在召陵（今河南漯河市召陵區）盟會，楚國北進的勢頭受抑。 晉驪姬誣太子申生進毒酒，申生自殺，公子重耳出奔。
前 651 年 周襄王元年	齊桓公與魯、宋、衛、鄭等國於葵丘（今河南民權東北）結盟，遂成爲「挾天子以令諸侯」的中原霸主。
前 649 年 周襄王三年	周王子帶召揚、拒、泉、臯、伊、雒之戎伐周，入王城，焚東門。
前 648 年 周襄王四年	周襄王討王子帶。王子帶懼誅奔齊。前 638 年，被周襄王召回。
前 645 年 周襄王七年	晉作「爰田」（一種田制）、作「州兵」（地方軍隊）。 管仲卒（？～前 645 年）。管仲名夷吾，字仲，亦稱敬仲。潁上（潁水之濱）人。被齊桓公任命爲卿，尊稱「仲父」。在齊進行改革，幫助桓公以「尊王攘夷」相號召，使他成爲春秋時第一個霸主。
前 644 年 周襄王八年	戎攻周。周襄王以戎難告於齊，齊徵集諸侯兵以戍周。
前 638 年 周襄王十四年	宋楚泓（泓水，故道在今河南柘城西北）之戰，宋師大敗，宋襄公圖霸業未成。

前 636 年 周襄王十六年	秦送流亡十九載的公子重耳歸晉即位，是爲晉文公。 王子帶作亂，周襄王外逃。前 635 年，晉文公攻殺王子帶， 襄王賜周地四邑給晉。
前 633 年 周襄王十九年	晉作三軍，次年又作三行（步兵）。晉由此而有六軍。
前 632 年 周襄王二十年	晉楚城濮（今山東鄄城西南）之戰，楚敗績。晉文公與齊、 魯、宋、衛等國在踐土（今河南原陽西南）結盟，晉文公 遂成霸主。史稱「踐土之盟」。
前 630 年 周襄王二十二年	晉師、秦師圍鄭，鄭使燭之武受鄭文公之命，夜見秦穆公 說退秦師。
前 627 年 周襄王二十五年	秦襲鄭，鄭商人弦高假鄭使者名義犒勞秦師，秦遂退兵。
前 624 年 周襄王二十八年	秦穆公任用由余。由余，其先原爲晉人。初在戎任職，後 入秦，爲秦穆公重用，任上卿。
前 623 年 周襄王二十九年	秦伐西戎大勝，史稱「兼國十二，開地千里」，遂霸西戎。
前 621 年 周襄王三十一年	晉趙宣子盾主國政，制事典，正法罪等。 秦穆公卒，以人殉葬，從死者一百七十餘人。
前 607 年 周匡王六年	晉太史董狐因趙盾「亡不越境，返不討賊」，而書「趙盾 弒其君」。後孔子稱其「書法不隱」，譽爲「良史」。
前 606 年 周定王元年	楚伐陸渾之戎，陳兵周境。周定王命大夫王孫滿勞軍。楚 莊王問周祖廟九鼎之大小、輕重。王孫滿答「周德雖衰， 天命未改。鼎之輕重，未可問也」。楚軍乃退兵。
前 597 年 周定王十年	晉楚邲（今河南滎陽市北）之戰，晉大敗，楚莊王遂北向 稱霸。

前 594 年 周定王十三年	魯行「初稅畝」（按實際佔有土地面積徵稅的措施，爲徵收田賦之始）。
前 593 年 周定王十四年	晉范武子（士會）率師滅赤狄之甲氏、留吁、鐸辰；歸而修晉國之法。
前 590 年 周定王十七年	魯「作丘甲」（軍賦變革）。丘是地方組織單位，約十六井之地，方圓一萬四千餘畝。此前每四丘（甸）所出的甲兵，*今使一丘出之，增加數倍，故軍力大增。** *據《司馬法》載，十六井爲丘，四丘爲甸，甸出兵車一乘，牛十二頭，甲士三人，步卒七十二人。 ** 一說是讓「野人」（丘民）負擔起爲甲士出兵役的任務，即野人納兵賦。
前 589 年 周定王十八年	晉以兵車八百乘，與魯、衛攻齊戰於鞍（今山東濟南東北年），齊大敗。
前 588 年 周定王十九年	晉作六軍（上、中、下與新上、中、下）。
前 579 年 周簡王七年	宋「華元弭兵」（經過宋卿華元的努力，晉楚互約罷兵交好，即第一次弭兵會盟）。
前 575 年 周簡王十一年	晉楚鄢陵（今河南鄢陵西北）之戰，楚敗績，晉國遂恢復霸業。第一次弭兵會盟破裂。
前 570 年 周靈王二年	晉祁奚舉賢，初推薦仇人解狐，將立而卒，後又舉己子祁午以代。時人贊其「外舉不隱仇，內舉不隱子」。
前 569 年 周靈王三年	晉大夫魏絳提議和戎政策，與諸戎結盟。爲晉悼公採納。
前 562 年 周靈王十年	魯作三軍，三桓（季孫氏、叔孫氏、孟孫氏）三分公室。

前 548 年 周靈王二十四年	楚行「量入修賦」（根據收入確定賦稅）。 齊莊公為崔杼所殺，齊太史秉筆直書「崔杼弒其君」，為杼所殺。太史二弟、三弟嗣書之，皆被杼所殺。其四弟再書之，杼乃不殺。
前 546 年 周靈王二十六年	宋「向戌弭兵」。向戌約合晉、楚，並會合各國在宋結盟，規定除齊、秦兩大國外，各國要向晉、楚同樣朝貢，以平分霸權。即晉楚第二次弭兵會盟。
前 543 年 周景王二年	鄭子產行「都鄙有章，上下有服，田有封洫，廬井有伍」改革。
前 542 年 周景王三年	鄭人遊於鄉校（鄭國的學校），議論執政得失，有人建議毀鄉校，子產不許。史稱「子產不毀鄉校」。
前 539 年 周景王六年	齊使臣晏嬰出使晉國，與晉大夫叔向論齊、晉時勢，晏嬰言見齊民歸陳氏如流水，稱齊政將為陳氏所有；叔向謂晉公室已衰，「政在家門」。
前 538 年 周景王七年	鄭子產「作丘賦」（即改革軍賦，規定以丘為單位，一丘之人出若干軍賦）。
前 536 年 周景王九年	鄭子產鑄刑書（將法律條文鑄在鼎上公佈）。晉叔向寫信表示反對，子產覆信以為目的在於「救世」。
前 513 年 周敬王七年	晉鑄刑書於鼎，公佈晉大臣范宣子根據西元前 621 年在「夷之蒐（夷地舉行閱兵典禮）」所頒法令而制定的刑書。
前 506 年 周敬王十四年	吳楚柏舉（今湖北麻城市東北）之戰，楚敗績。楚乞援於秦。
前 505 年 周敬王十五年	秦師、楚師擊吳，吳王闔閭大敗。闔閭之弟夫概率軍回吳自立。闔閭歸，將他擊敗。夫概逃至楚。
前 500 年	孔子為魯司寇，誅少正卯（一說其事難以確信）；又相魯

孔子　黃池之盟

周敬王二十年	定公，會齊景公。
前 497 年 周敬王二十三年	孔子出走，開始周遊衛、宋、陳、蔡、齊、楚等國，至西元前 484 年歸魯。
前 496 年 周敬王二十四年	吳伐越，被越王勾踐擊敗於檇李（今浙江嘉興西南），吳王闔閭死。
前 494 年 周敬王二十六年	吳王夫差於夫椒（一說今江蘇蘇州市西南太湖中洞庭西山）大敗越兵，越王求和，史稱「夫椒之戰」。
前 493 年 周敬王二十七年	趙簡子誓師：「克敵者，上大夫受縣，下大夫受郡，士田十萬，庶人工商遂（仕進），人臣隸圉免。」
前 484 年 周敬王三十六年	孔子返魯。晚年致力教育，整理《詩》、《書》等古代文獻，並把魯史官所記《春秋》加以刪修，成爲中國第一部編年體的歷史著作。
前 483 年 周敬王三十七年	魯「用田賦」（即計畝徵收軍賦）。
前 482 年 周敬王三十八年	吳王夫差北上與中原諸國在黃池（今河南封丘西南）會盟，爭得霸主，史稱「黃池之盟」。越王勾踐率兵襲擊吳國。
前 481 年 周敬王三十九年	齊田常殺其君簡公，從此田氏專政。 魯《春秋》記事至本年止（魯哀公十四年），學界有以本年爲春秋時代的結束及戰國時代的開始。
前 479 年 周敬王四十一年	孔子卒（前 551～前 479 年）。現存《論語》一書，記有孔子的談話以及孔子及門人的問答，是研究孔子及其學說的主要資料。
前 475 年 周元王元年（一說西元前 476 年）	周元王元年，司馬遷《史記・六國年表》以本年爲戰國時代的開始。

前473年 周元王三年	越攻入吳都，吳王夫差自殺，吳亡。 越王勾踐與齊、晉等諸侯會盟，周元王命以爲伯，越王勾踐稱霸。
前470年 周元王六年	衛國諸大夫與工匠起義，衛出公被逐，奔越。後卒於越。
前453年 周貞定王十六年	晉韓、趙、魏氏聯合，決水灌智伯軍隊，擒殺智伯，三分其地。* *楊寬《戰國史》認爲本年三家分晉局面形成，由此七強並立，率相變法爭勝，應爲戰國時代的開始。
前421年 周威烈王五年	魏西門豹修漳水十二渠，引漳水灌溉民田，改良土壤，發展農業生產。
前408年 周威烈王十八年	秦「初租禾」（按田畝數徵收租稅）。
前406年 周威烈王二十年	魏文侯起用李悝爲相，推行「盡地力之教」、平糴法、廢世卿世祿之制等措施，又制定《法經》。
前403年 周威烈王二十三年	周威烈王命韓虔、趙籍、魏斯爲諸侯。《資治通鑑》記事始於此年，故學界有以本年爲戰國時代的開始。
前402年 周威烈王二十四年	趙國公仲連主持改革，內容有：講求仁義，實行王道；舉賢使能，廣攬人才；節財儉用，對官吏進行考核和監督，兼用儒法政策。
前397年 周安王五年	聶政受韓大臣之命刺殺韓相俠累，兼傷韓烈侯，聶政亦自刎而死。
前389年 周安王十三年	楚悼王任命吳起爲令尹，開始楚國的變法，內容有：明法審令，廢除世卿世祿之制，裁減冗官，選賢任能等，變法使楚國實力大增。

前 385 年 周安王十七年	秦出子年幼，由其母與宦官掌權，引起國人不滿，庶長菌改殺出子，靈公之子公子連被菌改迎回國即位，是爲秦獻公。
前 384 年 周安王十八年	秦「止從死」（廢除人殉制度），以法令形式正式廢除殉葬制。
前 381 年 周安王二十一年	楚悼王死，宗室大臣作亂，殺吳起。射殺吳起時，吳起伏悼王屍體上，王屍中箭。
前 376 年 周安王二十六年	周王室內亂，韓、趙分周爲東西二周。 墨子卒（約前 468 ～前 376 年）。墨子名翟。初習儒術，後別創墨家。主張「兼愛」、「非攻」、「非樂」、「節用」、「節葬」等。現存《墨子》五十三篇，是研究墨子和墨家學說的基本材料。
前 375 年 周烈王元年	秦「爲戶籍相伍」（將全國人口按五家爲一「伍」的單位加以編制）。
前 362 年 周顯王七年	秦攻魏少梁（今陝西韓城市南），破魏軍，俘魏相公叔痤。
前 361 年 周顯王八年	秦孝公以諸侯輕視秦國，下令國中求賢。衛鞅（公孫氏，名鞅，亦稱公孫鞅）聞令自魏入秦。
前 359 年 周顯王十年	衛鞅進說秦孝公變法。
前 356 年 周顯王十三年	秦用衛鞅爲左庶長，開始變法，遂次推行什伍連坐、獎勵軍功、重農抑商、燔燒詩書等措施。 齊立稷下之宮以招致學士，約在此年。
前 355 年 周顯王十四年	齊任用鄒忌進行改革，推行法家政策，謹修法律而督奸吏，又起用孫臏改革軍事。 韓以申不害爲相進行改革，用法家之「術」（偏重於君主

	駕馭臣下的策略和手段）。
前 353 年 周顯王十六年	魏、齊桂陵（今河南長垣西南，一說今山東菏澤市東北）之戰，齊勝魏。
前 350 年 周顯王十九年	衛鞅第二次變法，遷都咸陽（今陝西咸陽東北），合併鄉邑爲三十一縣（一說四十一縣）；廢除井田制，准許土地買賣；創立按丁男徵賦辦法，規定一戶有兩丁男者必須分居，否則加倍徵賦；頒佈法定的度量衡器，統一度量衡制。
前 348 年 周顯王二十一年	秦「初爲賦」（按戶口徵收人頭稅），是爲獎勵開墾、擴大稅收而推行的「舍地而稅人」之法。
前 346 年 周顯王二十三年	秦太子犯法，衛鞅刑太子師傅。
前 344 年 周顯王二十五年	魏惠王稱王，會諸侯於逢澤（今河南開封市東南），史稱「逢澤之會」。 商鞅方升作於此年。
前 341 年 周顯王二十八年	齊、魏馬陵（今河北大名東南）*之戰，魏敗，魏將龐涓自殺。惠施相魏。 *馬陵，一說今河南范縣西南，一說今山東郯城南，一說今山東莘縣西南。
前 340 年 周顯王二十九年	秦衛鞅設計擒魏公子卬，魏軍大敗。 秦封衛鞅於商十五邑，號爲「商君」，也稱「商鞅」。
前 338 年 周顯王三十一年	秦孝公卒，惠文王立，商鞅遭誣害，被殺，處以車裂，但新法仍沿襲不變。
前 328 年 周顯王四十一年	秦以張儀爲相。張儀採用連橫策略，秦國勢力大增，他以功封五邑，號武信君。秦武王即位，入魏爲相，一年後去世。
前 319 年	孟子見魏惠王。惠王卒（前 400～前 319 年），子襄王嗣位。

周慎靚王二年	孟子約於襄王即位後赴齊，說齊宣王行「仁政」。
前 318 年 周慎靚王三年	公孫衍發動魏、趙、韓、楚、燕五國合縱攻秦，失利而回。
前 309 年 周赧王六年	秦初置丞相，樗里疾、甘茂為左右丞相。掌輔弼國君管理軍政要務。一改春秋以來列國政出私門、諸卿共執國政的局面。
前 307 年 周赧王八年	趙武靈王進行軍事改革，令胡服騎射（改穿胡人服飾，短衣束帶，學習其騎馬和射箭之術）。
前 301 年 周赧王十四年	楚莊蹻起義（一說此莊蹻即後來入滇為王的楚將莊蹻）。
前 300 年 周赧王十五年	孟嘗君田文專齊政。 蘇秦約於本年前後奉燕昭王命入齊，從事反間活動，使齊疲於對外戰爭，以便攻齊為燕復仇。前 289 年任齊相。
前 299 年 周赧王十六年	楚懷王入秦被扣留。孟嘗君入秦為相，次年回齊。前 294 年出奔魏，主張聯秦伐齊。 屈原作《離騷》。
前 296 年 周赧王十九年	楚懷王卒於秦，楚人憐之，故云「楚雖三戶，亡秦必楚」。
前 289 年 周赧王二十六年	孟子卒（約前 372～前 289 年）。孟子名軻，字子輿。鄒（今山東鄒城東南）人。受業於孔子之孫子思的門人。把孔子「仁」的觀念發展為「仁政」學說。提出「民貴君輕」說，其學說對後世儒者影響很大。被認為是孔子學說的繼承者，有「亞聖」之稱。著作有《孟子》。
前 288 年 周赧王二十七年	秦昭王約齊湣王並稱東西帝。蘇秦勸說齊王取消帝號。秦也廢帝號。

前286年 周赧王二十九年	莊子卒（約前369年～前286年）。其學說主張齊物我，強調事物的自生自化。著作有《莊子》。
前284年 周赧王三十一年	燕樂毅率五國(燕、秦、韓、趙、魏)之師伐齊，破臨淄(今山東淄博市東北)。蘇秦在齊國的反間活動暴露，被車裂而死。
前279年 周赧王三十六年	齊田單破燕軍於即墨（今山東平度東南），悉復所失故城。楚莊蹻入滇稱王。
前278年 周赧王三十七年	秦攻破楚都郢（在今湖北荊州市荊州區西北）。楚割地求和，遷都陳（今河南淮陰）。屈原約於本年卒（約前340年～約前278年）。戰國楚詩人，屈原名平，字原。運用楚地的文學樣式、方言聲韻等，創造出騷體這一新形式，所作詩篇以《離騷》最爲著名。他的傳世作品，都保存在劉向輯集的《楚辭》中。
前276年 周赧王三十九年	魏封公子無忌爲信陵君。 楚收復黔中十五邑，建郡以拒秦。
前266年 周赧王四十九年	秦昭王用范雎爲相。范雎制定「遠交近攻」策略，殲滅列國主力。
前265年 周赧王五十年	趙孝成王新立，太后掌權。秦攻趙，趙求救於齊。齊必欲以太后所愛少子長安君爲質，始肯出兵。太后不許。觸龍說服太后，送愛子入質齊國，以解除國危。
前262年 周赧王五十三年	楚考烈王即位，任黃歇爲令尹，封春申君。執政時，權勢隆盛，廣致賓客，與齊孟嘗君、趙平原君、魏信陵君並稱戰國四公子。
前261年 周赧王五十四年	趙將廉頗拒秦師於長平（今山西高平西北）。次年，趙以趙括代廉頗，與秦軍大戰於長平，趙大敗，秦白起活埋趙軍戰俘四十多萬。

前 257 年 周赧王五十八年	魏信陵君、楚春申君救趙，解邯鄲（今河北邯鄲市）之圍。
前 256 年 周赧王五十九年	楚滅魯。 李冰任蜀郡太守，在岷江流域興建都江堰等水利工程。
前 249 年 秦莊襄王元年	秦滅東周，東周亡。 呂不韋為秦相國。
前 247 年 秦莊襄王三年	秦莊襄王卒，子嬴政年幼即位。呂不韋繼為相國，主持國政，尊為「仲父」。呂不韋聚門客編《呂氏春秋》，匯合先秦各派學說，內容以儒、道思想為主，兼及名、法、墨、農及陰陽家言，為雜家代表作。 李斯遊秦，為呂不韋舍人。
前 246 年 秦王政元年	秦採納韓國水利家鄭國建議開渠。自中山西瓠口（谷口，今陝西涇陽西北）引涇水東流，經今三原、富平、蒲城等，注入洛水。全長三百多里，灌田四萬餘頃，名鄭國渠。渠成後，關中成為沃野。唐代以後鄭國渠逐漸堙廢。
前 238 年 秦王政九年	秦王嬴政親政。嫪毐起兵叛亂，兵敗被殺。 荀子卒（約前 313～前 238，一說約前 313～前 230 年）。荀子名況，時人尊為「荀卿」。曾提出性惡說、「制天命而用之」等觀點。著作有《荀子》。韓非、李斯皆其學生。
前 237 年 秦王政十年	呂不韋免相。秦下逐客令，李斯上《諫逐客令》。秦王召還李斯，除逐客令。
前 235 年 秦王政十二年	呂不韋遷蜀郡（治今四川成都市），憂懼自殺。
前 233 年 秦王政十四年	韓非入秦，旋被害（約前 280～前 233 年）。韓非為先秦法家集大成者，提出法術勢合一之學，有《韓非子》一書。

秦滅六國

前 230 年 秦王政十七年	秦派內史騰攻韓，虜韓王，韓亡。
前 228 年 秦王政十九年	秦將王翦攻入趙都邯鄲，俘趙王遷，趙亡。公子嘉奔代（今河北蔚縣東北），稱代王。
前 227 年 秦王政二十年	燕使荊軻刺秦王嬴政。荊軻攜帶秦逃亡將軍樊於期的首級和夾有焠毒匕首的督亢（今河北易縣、涿州、固安一帶）地圖，進獻秦王。獻圖時，圖窮匕首見，刺秦王不中，荊軻被殺。
前 225 年 秦王政二十二年	秦將王賁攻魏都大梁（今河南開封），魏王假降，魏亡。
前 224 年 秦王政二十三年	秦將王翦大破楚軍，楚將項燕自殺（一說兵敗被殺）。
前 223 年 秦王政二十四年	秦軍攻入楚都壽春（今安徽壽縣西南），俘楚王，楚亡。
前 222 年 秦王政二十五年	秦在原吳、越地置會稽郡，至吳縣（今蘇州市）。秦將王賁攻燕，俘燕王，燕亡。又攻代，俘代王。
前 221 年 秦王政二十六年	秦將王賁攻齊，俘齊王，齊亡。

秦漢史

自西元前221年秦統一中國，至西元184年黃巾起義東漢王朝名存實亡，歷秦、西漢、東漢三朝四百餘年，為中國歷史上第一個大一統的帝國時代。

秦朝是中國歷史上第一個大一統王朝。秦雖短命而亡，卻典型地反映了大一統帝國的基本特徵和運行模式，即包括皇帝制度、官僚制度、郡縣制度、編戶制度在內的一系列中央集權體制，有效地控制著大一統的局面，保證了以賦稅徭役為主要內容的國家財政收入的最大化。

西漢王朝承繼秦制而有所改易，實施「清靜無為」、「與民休息」的政策，由此成就了經濟發展、社會穩定的「文景之治」。武帝時西漢王朝達到全盛，其後便是由盛轉衰而走向滅亡。新朝建立後，急切推行大規模的社會改革，其失敗不僅引起更大的混亂，也導致了新朝的覆滅。劉秀重建東漢，以「柔道」治國，一度出現「光武中興」的局面。然中期之後，朝廷外戚、宦官交替擅權，政治日趨敗壞。漢末的黃巾起義及軍閥割據最終導致東漢王朝的分崩離析。

始皇帝　廢封建，設郡縣

秦朝	
前 221 年～ 前 206 年	秦朝紀年。秦，也稱「嬴秦」，始於前 221 年秦王嬴政稱皇帝，至前 206 年爲劉邦所滅，共歷二世，15 年。
前 221 年 秦始皇帝二十六年	秦王嬴政統一全國，建立秦朝，都咸陽(今陝西咸陽東北)。嬴政自稱「始皇帝」，除謚法；廢封建，設郡縣；更「民」曰「黔首」；徙天下豪富十二萬戶於咸陽；又統一文字、貨幣、度量衡。
前 220 年 秦始皇帝二十七年	始皇第一次巡行，至隴西(治今甘肅臨洮)、北地(治今甘肅慶陽市西南)。 開始築馳道(專供帝王行駛馬車的道路)。是爲中國古代首次大規模的道路建設。
前 219 年 秦始皇帝二十八年	始皇第二次巡行，封禪泰山，立石刻頌秦功德。 方士徐市上書說海上有蓬萊、方丈、瀛洲三座神山。請得童男童女數千人，乘樓船入海，一去不返。
前 218 年 秦始皇帝二十九年	始皇第三次巡行，至琅邪(治今山東膠南市琅邪台西北)、上黨(治今山西長治市北)。 張良在博浪沙(今河南原陽東南)刺秦王，未果。始皇令天下大索十日。
前 216 年 秦始皇帝三十一年	秦使黔首(國民)自實田(自行陳報土地實際數量，按規定納稅)。
前 215 年 秦始皇帝三十二年	始皇第四次巡行，至東北方向。 派盧生等入海求仙藥。 蒙恬率軍三十萬北伐匈奴。次年，奪回河南地，置四十四縣。
前 214 年 秦始皇帝三十三年	秦平定南越，開靈渠(一說在西元前 219 年)。 發兵五十萬罪徒戍五嶺。

	築長城，西起臨洮，東至遼東，綿延萬餘里。
前 213 年 秦始皇帝三十四年	始皇下令「焚書」，所焚之書包括秦統一前的列國史記和民間所藏的《詩》、《書》、百家語。秦國史記、博士官收藏的圖書和民間醫學、卜筮、種樹等技藝之書則不在焚燒之列。同時宣佈，有敢偶語《詩》、《書》者棄市，以古非今者族。
前 212 年 秦始皇帝三十五年	始皇下令「坑儒」，其起因是盧生、侯生等方士、儒生以秦始皇貪權專斷、濫施刑罰爲由，相約逃亡。秦始皇派御史查究，將四百六十多名方士和儒生坑死在咸陽。修直道，修阿房宮。 長子扶蘇因諫「坑儒」，使監蒙恬軍於上郡。
前 211 年 秦始皇帝三十六年	隕石落於東郡，上刻「始皇帝死而地分」。始皇命御史查究，無結果，於是盡殺附近居民。 有人遮使者於華陰平舒道，上言：「今年祖龍死。」
前 210 年 秦始皇帝三十七年	始皇第五次巡行，死於沙丘。李斯、趙高立胡亥爲二世皇帝，賜扶蘇、蒙恬死。 始皇渡浙江時，項羽往觀，歎曰：「彼可取而代也。」
前 209 年 秦二世元年	二世殺諸公子、公主及宗室。 陳勝、吳廣於蘄縣大澤鄉(今安徽宿州市東南)起義。劉邦起兵於沛縣(今屬江蘇)，項梁、項羽起兵於吳縣(今江蘇蘇州)。匈奴奪取河南地(今内蒙古河套以南)，冒頓殺父自立爲單于。
前 208 年 秦二世二年	趙高誣李斯謀反，李斯被腰斬滅族。斯，楚上蔡(今河南上蔡西南)人。秦統一後，任丞相，反對分封制，主張「焚書」，禁私學；並以「小篆」爲標準，整理文字，對中國文字的統一有一定貢獻。工書，泰山、琅邪等處刻石，傳說均爲其所書。

楚漢戰爭　垓下之圍

前 207 年 秦二世三年	趙高殺秦二世。秦王子嬰殺趙高。 項羽在鉅鹿(今河北平鄉西南)摧毀秦軍主力。後秦將章邯率餘眾二十餘萬在殷墟(今河南安陽市西北小屯村)投降。
前 206 年 漢王元年	劉邦兵至灞上(今陝西西安市東)，秦王子嬰投降，秦朝滅亡。
前 206 年 ～前 202 年	楚漢戰爭。
前 206 年 漢王元年	劉邦攻入咸陽。劉邦約法三章(即殺人者死，傷人及盜抵罪)，除秦苛法。劉邦、項羽鴻門宴。 項羽尊楚懷王為義帝，自立為西楚霸王，又分封劉邦等十八人為王。漢王劉邦以蕭何為相。 趙佗自立為南越武王。
前 204 年 漢王三年	楚漢成皋(今河南滎陽東北)之戰。次年，楚漢約以鴻溝為界，西屬漢，東屬楚。
前 203 年 漢王四年	漢立張耳為趙王、韓信為齊王、英布為淮南王，次年又立彭越為梁王，吳芮為長沙王。史稱「異姓王」。
前 202 年 漢高祖五年	漢軍圍項羽於垓下(今安徽固鎮東北沱河南岸)，項羽突圍至烏江(今安徽和縣東北)自殺。
西漢	
前 202 年～ 西元 8 年	西漢紀年。西漢，也稱「前漢」，始於西元前 202 年劉邦稱帝，至西元 8 年王莽代漢止，共歷 13 帝，210 年。
前 202 年 漢高祖五年	劉邦稱帝，是為漢高祖，建立漢朝，都長安(今陝西西安西北)，史稱西漢。其時全國戶口僅秦時十分之二三。
前 201 年 漢高祖六年	匈奴圍馬邑(治今山西朔州市)，韓王信降。 叔孫通與儒生共立朝儀。

前 200 年 漢高祖七年	匈奴圍攻晉陽(治今山西太原西南)，高祖率軍迎戰，被圍困於平城白登山(今山西大同市東北)達七日，後用陳平計，始得突圍。史稱「白登之圍」。 蕭何築未央宮。
前 198 年 漢高祖九年	採婁敬之議，與匈奴結和親，開關市。 徙齊楚大姓豪傑於關中。
前 196 年 漢高祖十一年	呂后殺韓信、彭越。 遣使陸賈至南越，封趙佗爲南越王。
前 195 年 漢高祖十二年	高祖在殲滅異姓王的同時，大封同姓王，本年同姓爲王者九人，異姓王僅餘一長沙王。 高祖卒(前 256 或前 247～前 195 年)，太子劉盈即位，是爲漢惠帝，呂后掌政。
前 194 年 漢惠帝元年	呂后殺趙王如意及其生母戚夫人。 令民得買爵，以免死罪。
前 193 年 漢惠帝二年	蕭何死，曹參代爲相國，沿襲成規，無所變更，史稱「蕭規曹隨」。
前 192 年 漢惠帝三年	發長安六百里內男女十六萬餘築長安城，三十日罷。
前 190 年 漢惠帝五年	再發長安六百里內男女十四萬餘築長安城，三十日罷。長安城成。
前 189 年 漢惠帝六年	詔女子年十五以上至三十不嫁，五算(罰交五倍的賦稅年)。 張良卒(生年未知，卒年有約前 186 年或前 189 年兩種記載)。 張良字子房。爲劉邦重要謀士。漢朝建立後封爲留侯。
前 188 年 漢惠帝七年	惠帝卒(前 211～前 188 年)，養子劉恭即位，是爲漢少帝，高皇后呂氏臨朝稱制。

前 183 年 漢高后五年	趙佗自稱南越武帝，舉兵攻長沙邊縣，並控制閩越、西甌。
前 180 年 漢高后八年	呂后卒（前 241～前 180 年）。陳平、周勃定計，誅殺諸呂，迎立代王劉恒爲帝，是爲漢文帝。少帝亦被殺。
前 179 年 漢文帝前元年	以周勃爲右丞相，陳平爲左丞相。旋，周勃免相。 除收孥相坐律令（即秦連坐律，重者處死，輕者沒入官奴婢）。 以陸賈使南越，趙佗稱臣奉貢。 賈誼上疏請改正朔，定官名，興禮樂，以立漢制。未許。
前 178 年 漢文帝前二年	陳平卒（？～前 178 年）。周勃復爲丞相。 詔舉賢良、方正、能言極諫者。
前 177 年 漢文帝前三年	張釋之爲廷尉。 淮南王劉長殺審食其。審爲呂后所親信。
前 176 年 漢文帝前四年	賈誼遷爲長沙王太傅。 匈奴大破月氏，西域諸國盡依附之。
前 175 年 漢文帝前五年	除盜鑄錢令，民得自鑄。 賈誼上疏諫除盜鑄錢令，文帝未採納。文帝賜鄧通蜀嚴道銅山，使鑄錢；吳王濞開豫章銅山鑄錢，吳鄧錢布天下。
前 174 年 漢文帝前六年	賈誼上《治安策》，建議「眾建諸侯而少其力」，以削弱諸侯王勢力，文帝未採納。
前 169 年 漢文帝前十一年	太子家令晁錯上書言兵事。 採晁錯言，募民徙塞下。
前 168 年 漢文帝前十二年	晁錯上《貴粟疏》。詔民入粟於邊，拜爵。 賈誼卒（前 200～前 168 年）。賈誼，洛陽（今屬河南）人。曾任梁懷王太傅。所著政論有《陳政事疏》、《過秦論》等，爲西漢鴻文。另傳有《新書》十卷。

前 167 年 漢文帝前十三年	齊太倉令淳于意女緹縈上書，願自沒爲官婢以贖父罪。漢因此而廢肉刑，以笞刑代之。
前 165 年 漢文帝前十五年	詔諸侯王、公卿、郡守舉賢良、能言極諫者。 晁錯任中大夫，上言宜削諸侯等，凡三十篇。
前 164 年 漢文帝前十六年	分齊爲六國，淮南爲三國。 方士新垣平獻玉杯，文帝信爲祥瑞，改明年爲元年，是爲帝王改元之始。
前 162 年 漢文帝後二年	匈奴連年入邊，雲中（治今內蒙古托克托縣東北）、遼東損失頗重。 復與匈奴和親。
前 158 年 漢文帝後六年	匈奴騎兵入上郡(治今山西榆林東南)、雲中，漢派兵駐守灞上、棘門(今陝西咸陽市東北)、細柳(今咸陽市西南渭河北岸)等以備匈奴。
前 157 年 漢文帝後七年	文帝卒（前 202～前 157 年）。太子劉啓繼位，是爲漢景帝。 文帝、景帝統治時期，輕徭薄賦，與民休息，社會經濟得以恢復發展，史稱「文景之治」。
前 156 年 漢景帝前元年	免除田租之半，三十稅一，後成定制。 減笞法：五百減爲三百，三百減爲二百。後再減笞法。
前 155 年 漢景帝前二年	令天下男子二十始傅(登入名籍，承擔徭役)。 晁錯任御史大夫。
前 154 年 漢景帝前三年	晁錯議削藩，吳楚等七國以誅晁錯而清君側爲名，發動叛亂。史稱吳楚七國之亂。景帝殺晁錯（前 200～前 154 年），七國仍不罷兵，遂遣周亞夫率軍平定叛亂。
前 150 年 漢景帝前七年	立劉徹爲皇太子。 任郅都爲中尉，行法不避貴戚，號爲「蒼鷹」。

　　罷黜百家　張騫出使西域　察舉制

前 143 年 漢景帝後元年	周亞夫下獄，絕食死（？～前 143 年）。 蜀郡太守文翁在成都興學，招收屬縣子弟入學，是爲地方政府最早創辦的官學。
前 141 年 漢景帝後三年	景帝卒，太子劉徹繼位，是爲漢武帝。西漢王朝進入鼎盛時期。
前 140 年 漢武帝建元元年	漢武帝建元元年，本年始建年號。 董仲舒對策，請黜刑名，崇儒術，後爲武帝採納。
前 139 年 漢建元二年	竇太后不悅儒術，太尉田蚡、丞相竇嬰免官。 張騫第一次出使西域（大月氏，一說在西元前 138 年），至前 126 年歸。
前 136 年 漢建元五年	漢置五經博士，職掌議政、制禮、藏書、顧問應對、策試官吏、在太學中教授儒家經典，有時亦奉命出使，或到各地巡行。
前 135 年 漢建元六年	王恢、韓安國平定閩越，王恢遣唐蒙至南越，知水道可通番禺（今廣州）。漢許匈奴和親。
前 134 年 漢武帝元光元年	令郡國舉孝、廉(選拔官吏的科目。孝，即「善事父母者」；廉，即「清潔有廉隅者」)，行察舉制(選官制度。由公卿、列侯、刺史及郡國守相等推舉人才，由朝廷考核後任以官職)。
前 133 年 漢元光二年	武帝遣方士入海求神仙。 漢誘匈奴入馬邑，未果。漢絕和親，漢、匈戰事再啓。
前 130 年 漢元光五年	唐蒙通夜郎，置犍爲郡；司馬相如通邛、笮，置都尉，漢通西南夷。 張湯、趙禹定律令。
前 128 年 漢武帝元朔元年	令二千石(郡、國長官)不舉孝、廉者以「不敬論」和免官。

推恩令　桑弘羊改革　五銖錢

前 127 年 漢元朔二年	武帝採主父偃策，行推恩令（諸侯王將其封地分封給繼承王位的嫡長子以外的子弟）。 衛青擊敗匈奴，奪取河南地，漢設置朔方郡（治今內蒙古杭錦旗北），徙民十萬口充實朔方。
前 126 年 漢元朔三年	張湯任廷尉，用法嚴峻苛刻，治獄以皇帝意旨為準繩。
前 124 年 漢元朔五年	為博士置子弟五十人，免除其本身徵役。 命衛青等出朔方，攻匈奴右賢王，獲勝。衛青拜大將軍。
前 123 年 漢元朔六年	大司農經費用竭，詔民得買爵贖罪。丞相公孫弘約於本年前後，奉武帝命主持董仲舒與江公論《春秋》之優長，弘因習《公羊傳》，祖於仲舒。此後公羊學盛行。
前 122 年 漢武帝元狩元年	頒左官律（規定王國官為「左官」，以示歧視），為貶抑諸侯王國官吏的政治地位，規定曾仕王國官吏者不得任職中央。
前 121 年 漢元狩二年	霍去病兵出隴西，大破匈奴，渾邪王殺休屠王率眾來降。 休屠王太子金日磾沒入官，輸黃門養馬。
前 119 年 漢元狩四年	令東郭咸陽、孔僅領鹽鐵事，桑弘羊以計算用事。禁私鑄鐵器及煮鹽。初算緡錢、舟車。 衛青、霍去病率軍度漠追擊匈奴，從此漠南無王庭，漢士卒、馬匹亦損失慘重。 李廣因為出兵迷失道路受責，憤而自殺。 張騫再次出使西域（烏孫），至前 115 年歸，絲綢之路暢通。 置酒泉、武威（治今甘肅民勤縣東北）二郡，徙民實之。
前 118 年 漢元狩五年	漢行五銖錢，幣制始定。錢重五銖，上有「五銖」二字，故名。以後歷代都有鑄造，重量形制大小不一。621 年（唐武德四年）廢止。是中國歷史上數量最多、流通最久的錢幣。

前 117 年 漢元狩六年	大農令顏異坐腹誹死，自此有腹誹之罪。 霍去病卒（前 140～前 117 年）。霍去病，河東平陽（今山西臨汾市西南）人，西漢名將。前後六次出擊匈奴，解除了匈奴對漢王朝的威脅。武帝為其建府第，他拒絕說：「匈奴不滅，無以家為。」
前 115 年 漢武帝元鼎二年	孔僅為大農令，桑弘羊為大農中丞，置均輸官於郡國，平準官於京師。禁郡國鑄錢，令上林三官鑄錢。
前 114 年 漢元鼎三年	行告緡令（隱匿財產不報，或報而不實者，沒收其財產；並賞給告發者以沒收財產之半），楊可主其事，商賈中家以上大都破產，史稱「楊可告緡」。
前 112 年 漢元鼎五年	南越相呂嘉殺南越王、王太后及漢使者終軍等，起兵反漢，漢遣兵擊南越。
前 111 年 漢元鼎六年	漢平南越，俘呂嘉等。置南海（治今廣州）、蒼梧（治今廣西梧州）、鬱林（治今廣西桂平市西故城）、合浦（治今廣西合浦北）、交趾（轄境相當於今越南北部）、九真（轄境相當於今越南清化全省及義安省部分地區）、日南（治今越南廣治省廣治河與甘露河合流處）、珠崖（治今海南海口市瓊山區東南）、儋耳（治今海南儋州市西北）等九郡。由酒泉分置張掖（治今甘肅張掖西北）、敦煌（治今甘肅敦煌西），前 101 年再設武威郡。
前 110 年 漢武帝元封元年	行均輸（將各郡國應繳貢物，按當地市價折換為商人一向販運出境的豐饒廉價的土特產品，由均輸官將其中一部分運京師，除供官需外，餘交平準出售，其他部分則運往價格較高的地區出售，以控制運銷，增加收入）、平準（通過各地均輸官，利用充足貨源，賤則買，貴則賣，以調劑市場價格），鹽鐵酒官營專賣，桑弘羊主其事。

前 109 年 漢元封二年	滇王降漢，賜其王印，置益州郡(治所在今雲南晉寧東)。
前 108 年 漢元封三年	將軍趙破奴率輕騎俘樓蘭王，破車師(前部至交河城，今新疆吐魯番市西交河古城遺址；後部至務塗谷，今新疆吉木薩爾縣南山中)。 置樂浪、臨屯、玄菟、眞番四郡。
前 106 年 漢元封五年	設十三部刺史，以六條察問郡縣。六條是：一、限制地方大族兼併土地，不許其橫行鄉里、以強凌弱。二、打擊地方高官以權謀私、侵漁百姓。三、打擊地方高官執法不公。四、打擊地方高官推薦士人苟阿所愛。五、打擊地方高官子弟違規不法。六、打擊地方高官和地方大族相互勾結。
前 105 年 漢元封六年	西域諸國遣使來漢，葡萄、苜蓿逐漸傳入中原。此時已遍種於離宮別館(正宮以外的宮室)之旁。
前 104 年 漢武帝太初元年	李廣利率軍出征大宛(古西域國名，地在今中亞費爾干納盆地)，次年敗退敦煌。編定《太初曆》。 司馬遷開始撰寫《史記》，是爲中國第一部紀傳體通史。記事起於傳說的黃帝，迄於漢武帝。以本紀、世家、列傳記不同人物和國家、民族，以八書記制度沿革，立十表以通史事的脈絡，爲後世各史所沿用。至前 91 年書成。 董仲舒卒(約前 179～前 104 年)，著有《春秋繁露》等。
前 103 年 漢太初二年	將軍趙破奴擊匈奴，出朔方二千餘里而還，中途全軍覆沒。
前 102 年 漢太初三年	再發囚徒、邊騎六萬，戍卒十八萬，牛、馬、驢等各以萬數均隸李廣利，攻大宛，天下爲之騷動。次年，李廣利軍還長安，封海西侯。

輪台罪己詔　代田法　鹽鐵會議

前 100 年 漢武帝天漢元年	蘇武出使匈奴，被羈留其地凡十九年，至前81年，歸漢。
前 99 年 漢天漢二年	李陵擊匈奴，兵敗而降。下司馬遷腐刑。 漢作「沉命法」(規定太守以下官吏若不能及時發現、鎮壓民眾暴動，罪至於死)。
前 97 年 漢天漢四年	漢兵分三路出擊匈奴。一路深入匈奴迎李陵，無功而還，傳言李陵教匈奴爲兵以備漢軍。於是族誅李陵家。
前 92 年 漢武帝征和元年	巫蠱事起。次年，江充治巫蠱獄，太子劉據舉兵反抗，被圍自剄。
前 89 年 漢征和四年	武帝下「輪台罪己詔」，罷征伐之事，任趙過爲搜粟都尉，推行「代田法」(將一畝田做成三畎三壟，每畎寬深各一尺，作物種在畎內，即種在低畦裡，畎和壟的位置逐年調換。此法既有利於抗旱保墒，又可使地力獲得休養)。
前 87 年 漢武帝後元二年	武帝卒(前156～前87年)，子劉弗陵即位，是爲漢昭帝，金日磾、上官桀、桑弘羊、霍光等輔政。
前 81 年 漢昭帝始元六年	鹽鐵會議，令召集郡國所舉賢良文學六十餘人至京師，問以百姓疾苦及施政教化等要務。賢良文學與桑弘羊等，就鹽鐵問題、對匈奴戰爭及德教與法治之得失等問題展開論戰。會後，漢政府罷郡國榷酤及關內鐵官。
前 80 年 漢昭帝元鳳元年	上官桀父子、桑弘羊等與燕王旦通謀政變，事發被殺。
前 78 年 漢元鳳三年	符節令眭弘上書「當求賢禪帝位」，被殺。 匈奴右賢王等兵分三路攻張掖。時漢軍已有防備，發兵反擊，大破匈奴軍。
前 74 年	昭帝卒(前94～前74年)，霍光立戾太子劉據之孫病已即位，

西域都護　王嬙

漢昭帝元平元年	是爲漢宣帝。
前68年 漢宣帝地節二年	霍光卒（？～前68年）。宣帝始親政事。光字子孟，霍去病異母弟。昭帝年幼即位，他前後執政凡二十年，輕徭薄賦，有助於生產發展。其子孫女婿皆爲大官，顯赫一時。
前66年 漢地節四年	詔民有祖父母、父母喪事，可免徭役，以盡其孝道。 霍氏謀反族誅。
前62年 漢宣帝元康四年	羌侯遣使至匈奴借兵，欲擊鄯善、敦煌，以阻絕漢道。命遣使者行視羌地。次年，後將軍趙充國擊西羌。 連年豐稔，穀石五錢，是爲西漢穀價之最賤。
前60年 漢宣帝神爵二年	置西域都護，於烏壘城（今新疆輪台東小野雲溝附近）設都護府，遂爲常制。 司隸校尉蓋饒款奏事，言易姓受命。
前57年 漢宣帝五鳳元年	匈奴內亂，分裂爲南、北兩部。 漢議者多請乘機攻滅匈奴，御史大夫蕭望之獨持異議。
前53年 漢宣帝甘露元年	太子議「陛下持刑太深，宜用儒生」。宣帝斥之曰：「漢家自有制度，本以霸王道雜之。」
前51年 漢甘露三年	宣帝令圖畫功臣霍光、張安世、趙充國等十一人於麒麟閣。 王政君（王莽姑母）入宮，後爲漢元帝皇后。
前49年 漢宣帝黃龍元年	宣帝卒（前91～前48年），太子劉奭即位，是爲漢元帝，在位期間，西漢由盛轉衰。
前47年 漢元帝初元二年	宦官中書令弘恭、石顯典樞機，擅朝政。蕭望之奏言中書爲施政根本，建議選用士人；遂被誣陷，免爲庶人。不久被迫自殺。
前33年 漢元帝竟寧元年	匈奴呼韓邪單于來朝，漢廷以後宮良家子王嬙（昭君）嫁單于。

	元帝卒（前 76 ～前 33 年），太子劉驁即位，是爲漢成帝，外戚王氏專權。
前 27 年 漢成帝河平二年	外戚王氏五人同日封侯，世稱「五侯」。 夜郎王興、鉤町王禹、漏臥侯俞舉兵互相攻戰。不久平息。
前 20 年 漢成帝鴻嘉元年	成帝微行民間，鬥雞走馬，自稱富平侯家人。富平侯張放乃是許皇后妹夫。
前 18 年 漢鴻嘉三年	許皇后被趙飛燕所譖，廢黜。成帝專寵趙飛燕，後立爲皇后。飛燕本爲陽阿公主家歌女。
前 16 年 漢成帝永始元年	劉向奏上《新序》、《說苑》等。兩書性質相類，分類纂輯先秦至漢代史事和傳說，雜以議論，藉以闡明儒家的政治思想和倫理觀念。
前 7 年 漢成帝綏和二年	成帝卒（前 51 ～前 7 年），太子劉欣即位，是爲漢哀帝。 劉向奏上《七略》，是爲中國古代第一部官修目錄書，爲古典目錄學的奠基之作。 丞相孔光、大司空何武奏請限田、限奴婢，因貴戚近臣反對而未行。
前 5 年 漢哀帝建平二年	哀帝採夏賀良之議，改號「陳聖劉太平皇帝」。然言而無驗，夏氏下獄死。
前 3 年 漢建平四年	哀帝寵侍中董賢，與賢共臥起，並爲造第舍，修塚塋。次年任爲大司馬。
前 1 年 漢哀帝元壽二年	哀帝卒（前 27 ～前 1 年），董賢免官自殺，斥賣董氏家產四十餘萬。 哀帝從弟劉衎即位，是爲漢平帝，王莽秉政。
1 年 漢平帝元始元年	王莽爲太傅，號安漢公。 令太后下詔，除封爵之外，其他事均由安漢公等決定。

2 年 漢元始二年	郡國大旱，王莽上書願出錢獻田以助貧民，公卿效仿之。 本年，全國有戶一千二百二十三萬三千，口五千九百五十九萬四千九百七十八，墾田八百二十七萬五百三十頃。
3 年 漢元始三年	王莽子宇與平帝外家衛氏通謀，反對其父。事泄下獄死。
4 年 漢元始四年	王莽奏起明堂、辟雍，築學舍，網羅天下異能之士居於長安，講論儒家經典。
5 年 漢元始五年	王莽加九錫。 武功(今屬陝西)浚井得白石，有文云「告安漢公莽爲皇帝」。莽乃居攝。
6 年 王莽居攝元年	平帝卒(前 9 〜 6 年)，一說爲王莽鴆殺。 王莽立宣帝玄孫劉嬰爲太子，號孺子。 王莽稱假皇帝。
8 年 王莽居攝三年 初始元年	符命大起。王莽即天子位，國號新，以 12 月朔爲始建國元年正月朔。
新朝	
9 年〜 23 年	新朝紀年。新，始於西元 9 年王莽稱帝，至西元 23 年爲綠林赤眉起義軍所推翻。
9 年 新始建國元年	廢孺子嬰。推行新制，改官名、爵名、地名；改變幣制；更名天下田曰王田、奴婢曰私屬，皆不得買賣。
10 年 新始建國二年	設五均(平準物價)六筦(酒、鹽、鐵、鑄錢、山澤樵稅及五均賒貸；筦同管)。與匈奴開邊釁。再造新幣，此後又多次改變幣制。
12 年	王莽下詔廢王田、私屬令。

新始建國四年	改句町王爲侯，西南夷起兵反莽。
13 年 新始建國五年	焉耆叛新朝，殺西域都護但欽。此後西域諸國相繼叛離。
14 年 新天鳳元年	改官名、郡縣名和行政區劃。如郡太守曰大尹，縣令長曰宰。行政區劃依《禹貢》改爲九州，或一郡五易名，吏民不能紀。
17 年～18 年 新天鳳四～五年	下詔申明六筦，每一筦設科條防禁，犯罪者至死。 綠林、赤眉起義。
22 年 新地皇三年	綠林軍遇疾疫，一支入南郡(治今湖北荊州市荊州區)，號「下江兵」；一支至南陽(治今河南南陽)，號「新市兵」。 平林兵起。劉縯、劉秀起兵。
23 年 新地皇四年	昆陽大戰，劉秀大敗新莽軍於昆陽(今河南葉縣)。 綠林軍攻入長安，王莽被長安市民所殺，新朝覆滅。
東漢	
25 年～220 年	東漢紀年。東漢，也稱「後漢」，始於西元 25 年劉秀稱帝，至西元 220 年曹丕代漢止，共歷 14 帝，196 年。
25 年 漢光武帝 建武元年	劉秀在鄗(治今河北柏鄉北)南即皇帝位，重建漢朝，旋都洛陽，史稱東漢或後漢，是爲漢光武帝。 此後十餘年，劉秀逐步鎮壓各地起義軍和割據勢力。 本年，赤眉軍入長安。
26 年 漢建武二年	光武帝封功臣爲列侯。 長安糧盡，赤眉軍撤出，西進。光武帝部將鄧禹入長安。
30 年 漢建武六年	減田租，三十稅一如舊制。罷郡國都尉官，廢都試制(漢時規定各郡每年舉行一次軍事演習，以加強地方武備)。次年，又罷郡國輕騎、騎士、材官等。

39年 漢建武十五年	因天下墾田多不以實自占（上報數目不實），戶口、年齡互有增減，光武帝下令檢核天下墾田戶口。
40年 漢建武十六年	河南尹張伋等，因度田不實，下獄死。各地並起抗拒度田。
43年 漢建武十九年	伏波將軍馬援擊破交趾、九眞等豪帥，嶺南悉定。 洛陽令董宣殺犯有殺人罪的光武帝姊湖陽公主家奴，以此被光武帝鞭責，董宣終不肯謝罪，有「強項令」之稱。
46年 漢建武二十二年	西域諸國復請都護，不許，西域降匈奴。 烏桓擊破匈奴。匈奴北徙數千里，漠南地空。
48年 漢建武二十四年	匈奴分裂爲南、北二部，南單于遣使至漢稱臣。次年，南單于擊北單于。
54年 漢建武三十年	鮮卑大人于仇賁等降漢，居於遼西至太原一帶。 班彪卒（3～54年）。彪字叔皮，扶風安陵（今陝西咸陽市東北）人。以《史記》所記史實，止於漢武帝太初年間，乃收集史料，作《後傳》六十五篇。其子固繼續修成《漢書》。
56年 漢光武中元元年	起明堂、靈台、辟雍，宣佈圖讖（附圖的隱語或預言）於天下。
57年 漢中元二年	倭奴國遣使來漢，漢贈「漢倭奴國王」印，是爲中日間官方往來之始。 光武帝卒（前5～57年），太子劉莊即位，是爲明帝。
60年 漢明帝永平三年	明帝念中興功臣，令圖畫鄧禹、馬成等二十八將於南宮雲台。
65年 漢永平八年	楚王英學爲浮屠齋戒祭祀，崇佛記載，始見於此。 設置度遼將軍，屯五原（治今內蒙古包頭市西北）曼柏，以阻斷南、北匈奴交通。

67 年 漢永平十年	蔡愔取佛經返回，建白馬寺於洛陽，以居同來之西域沙門迦葉摩騰、竺法蘭。
69 年 漢永平十二年	王景治理黃河。次年治河工畢。 哀牢王柳貌率眾內附，漢去其地置哀牢（治今雲南盈江東）、博南（治今雲南永平西南）二縣。
73 年 漢永平十六年	班超出使西域，絲綢之路中斷六十餘年後復通。次年復置西域都護、戊己校尉。
75 年 漢永平十八年	北匈奴進攻車師，殺其後王。被戊己校尉耿恭擊退。 明帝卒（28 ～ 75 年）。太子劉炟即位，是為漢章帝。
79 年 漢章帝建初四年	白虎觀會議，詔諸儒集白虎觀，論「五經」異同。章帝親稱制臨決。會議旨在重整今文經學，制定有關經學的標準疏釋。後班固等奉命整理講論記錄，編撰成《白虎通》，全稱《白虎通義》，亦稱《白虎通德論》。
81 年 漢建初六年	王景修復芍陂（在今安徽壽縣南，為淮河流域水利工程。引淝河入古白芍亭東成湖，故名）。陂周至二、三百里，灌田至萬餘頃。今安豐塘即其殘存的一部分。
88 年 漢章帝章和二年	章帝卒（57 ～ 88 年）。太子劉肇即位，是為漢和帝。 以章帝遺詔名義罷郡國鹽鐵之禁，聽民煮、鑄，由鐵官、鹽官徵稅。
89 年 漢和帝永元元年	竇憲大破北匈奴，登燕然山（今蒙古人民共和國杭愛山），令班固作頌詞，刻石紀功。 竇憲為大將軍，權勢益盛。
92 年 漢永元四年	和帝與中常侍鄭眾等謀，收竇憲大將軍印綬，更封為冠軍侯，旋迫令自殺。 因誅竇憲有功，鄭眾任大長秋，是為東漢宦官用權之始。

	班固受竇氏牽連死於獄中（32 ～ 92 年）。固字孟堅，扶風安陵（今陝西咸陽市東北）人。詔其妹班昭續成《漢書》。
97 年 漢永元九年	班超遣甘英使大秦，至安息（今伊朗境內）而返。 王充卒（27 ～ 97 年）。充字仲任，會稽上虞（今屬浙江）人。政論家，著作有《論衡》，反對「天人感應」說和災異、譴告、鬼神等迷信。
102 年 漢永元十四年	詔緣邊郡國口十萬以上歲舉孝廉一人；不滿十萬，二歲舉一人；五萬以下，三歲舉一人。 鄭眾封鄛鄉侯，宦官封侯始於此。 班超卒（32 ～ 102 年）。超字仲升，班固之弟。任西域都護。在西域三十一年，鞏固了漢朝在西域的統治。
105 年 漢永元十七年 漢和帝元興元年	蔡倫奏報造紙術，時稱「蔡侯紙」。
106 年 漢殤帝延平元年	和帝卒（79 ～ 106 年）。子劉隆即位，為殤帝，鄧太后臨朝。 殤帝卒（105 ～ 106 年）。殤帝即位時，生甫百餘日；在位八個月。劉祜即位，是為漢安帝。
107 年 漢安帝永初元年	司空周章誅宦官鄭眾、蔡倫，謀廢帝立平原王勝（和帝長子），事洩自殺。
109 年 漢永初三年	京師大飢，詔以鴻池、上林廣成苑可墾闢者假與貧民。
111 年 漢永初五年	詔隴西（治今甘肅臨洮）、安定（治今寧夏固原）、北地（治今甘肅慶城西北）、上郡四郡，迫令其民內遷，徙地以避羌擾。
121 年 漢安帝永寧二年	許慎《說文解字》撰成。簡稱《說文》，十四卷，敘目一卷。收字九千三百五十三。按文字形體及偏旁構造，分五百四十

建光元年	個部首,首創部首排檢法。每字下的解釋,先字義,次形體構造及讀音。是爲我國第一部系統分析字形、字原的文字學著作。
125年 漢安帝延光四年	安帝卒(94 ～ 125 年)。劉懿即位,是爲少帝,閻太后臨朝。閻顯等兄弟並處權要。 旋少帝卒(?～ 125 年)。宦官孫程等謀立劉保爲帝,是爲順帝。閻顯等下獄死。孫程等十九人封侯。
132年 漢順帝永建七年 陽嘉元年	規定郡國選舉孝廉法: 限年四十以上,儒生須通章句,文吏須能箋奏,乃得應選;茂才異行,不拘年齡。 張衡造候風地動儀。
144年 漢順帝漢安三年 建康元年	順帝卒(115 ～ 144 年)。太子劉炳即位,是爲沖帝,梁太后臨朝。 詔舉賢良方正之士。
145年 漢沖帝永嘉元年	沖帝卒(143 ～ 145 年)。劉纘即位,是爲質帝。
146年 漢質帝本初元年	詔郡國舉明經,詣太學受業,歲滿課試,拜官,自此太學生大盛。 梁冀殺質帝(138 ～ 146 年),立劉志爲帝,是爲桓帝,太后仍臨朝政。
151年 漢桓帝元嘉元年	崔寔(約 103 ～ 170 年)撰成《政論》,指切時要,抨擊時弊。另撰有《四民月令》,記載了各種農作物的種植方法。
156年 漢桓帝永壽二年	鮮卑盡據匈奴故地。 五斗米道創始人張道陵卒(34 ～ 156 年)。
159年 漢桓帝延熹二年	桓帝與宦官唐衡、單超等謀誅梁冀發兵圍冀第,冀自殺。收其財三十餘萬萬,減天下租稅之半。

黨錮之禍　黃巾起義

	封單超等五人爲侯，宦官專朝政。
166 年 漢桓帝延熹九年	司隸校尉李膺捕殺交結宦官的方士張成，被宦官等誣告結交太學諸生，共爲部黨，誹謗朝廷。膺與杜密、陳寔、范滂等二百餘人下獄考治。次年，被赦歸鄉里，禁錮終身，不得爲官。是爲第一次黨錮。
167 年 漢延熹十年 漢桓帝永康元年	桓帝卒（132～167 年）。立解瀆亭侯劉宏爲嗣，時年十二。竇太后臨朝。
168 年 漢靈帝建寧元年	劉宏即位，是爲靈帝。宦官王甫、曹節殺大將軍竇武、太尉陳蕃，重掌朝政。竇太后被幽禁。
169 年 漢建寧二年	宦官告張儉「共爲部黨，圖危社稷」，李膺下獄死，門生故吏並被禁錮，受誣指者數百人。是爲第二次黨錮。
172 年 漢建寧五年 漢靈帝熹平元年	竇太后卒（？～172 年）。 宮門外朱雀闕出現「曹節、王甫幽殺太后」等語。 鮮卑攻并州。其後連年攻幽州、并州。
175 年 漢熹平四年	詔諸儒正「五經」文字，刻石立於太學門外，後稱「熹平石經」。
178 年 漢熹平七年 漢靈帝光和元年	置鴻都門學，命州郡、三公舉民善爲尺牘、辭賦及書法者課試入學。 漢靈帝開西邸賣官。
179 年 漢光和二年	永樂少府陳球與司徒劉郃謀誅宦官曹節等，事泄下獄死。
181 年 漢光和四年	靈帝列肆於後宮，著商賈服，飲宴爲樂。中常侍呂強上書諫，不省。
184 年	黃巾起義，張角稱天公將軍，京師大震。

漢光和七年 漢靈帝中平元年	靈帝納呂強謀，赦天下黨人。 五斗米師張修在巴蜀起義。 皇甫嵩擊敗黃巾軍主力。
185 年 漢中平二年	宦官張讓、趙忠說靈帝斂天下田，每畝十錢，修宮室。 封張讓等十二人爲侯。 靈帝造萬金堂於西園，又於河間田宅起第觀。
188 年 漢中平五年	納太常劉焉議，改刺史爲州牧，選列卿、尚書出任州牧。 初置西園八校尉，以鎮壓黃巾軍。
189 年 漢中平六年 漢少帝光熹元年 昭寧元年 漢獻帝永漢元年	靈帝卒(156～189 年)。子劉辯即位，是爲少帝，何太后臨朝，大將軍何進掌朝政。 何進招董卓詣京師。 張讓殺何進，司隸校尉袁紹引兵入宮，殺宦官二千餘。董卓入洛陽，攬朝政。又廢少帝，立劉協，是爲漢獻帝。
190 年 漢獻帝初平元年	關東州郡起兵討董卓，推袁紹爲盟主。 董卓逼獻帝遷都長安。
192 年 漢初平三年	司徒王允使呂布殺董卓，蔡邕下獄死(133～192 年)。蔡邕，文學家、書畫家，有《蔡中郎集》。 董卓部屬李榷、郭氾攻陷長安，殺王允，呂布東逃。 曹操收降青州黃巾軍。
195 年 漢獻帝興平元年	孫策渡江南下，襲破揚州刺史劉繇，自此據江東，漢時稱今江蘇省長江以南之地爲江東。自領會稽太守。
196 年 漢獻帝建安元年	曹操迎獻帝於許(今河南許昌東)，採羽林監棗祗等建議，始興屯田。
197 年 漢建安二年	孫策據有吳郡。200 年，策遇刺死(175～200 年)，弟權襲其業。

198 年 漢建安三年	曹操攻殺呂布。 名士禰衡被殺(173～198 年)。
200 年 漢建安五年	官渡(在今河南中牟東北)之戰,曹操大敗袁紹,殲其主力。 經學家鄭玄卒(127～200 年)。玄字康成,世稱「後鄭」,以別於「先鄭」鄭興、鄭眾父子。以古文經說為主,兼採今文經說,遍注群經,成為漢代經學的集大成者,稱鄭學。
204 年 漢建安九年	曹操平定河北,頒戶調令(按戶徵稅之令)。 遼東公孫度卒,子公孫康嗣位。
206 年 漢建安十一年	哲學家仲長統撰成《昌言》,提出「人事為本,天道為末」的論點,暴露當時社會的黑暗現實,批判漢初以來的神學傳統思想。
207 年 漢建安十二年	曹操平定烏桓。 劉備到襄陽隆中(今湖北襄陽西)訪諸葛亮,亮陳〈隆中策〉。
208 年 漢建安十三年	曹操殺孔融(153～208 年)。 赤壁(今湖北武漢市西赤磯山)之戰,一說赤壁今湖北赤壁市西北。孫權、劉備聯軍大敗曹軍,初顯三分天下之勢。 華佗不從曹操徵召被殺(145～208 年)。佗幼名旉,沛國譙(今安徽亳州)人。精內、外、婦、兒、針灸各科,尤擅長外科。創醫療體操五禽戲。現存《中藏經》,為後人託名之作。
209 年 漢建安十四年	學者荀悅卒(148～209 年)。悅字仲豫。潁川潁陰(今河南許昌)人。據《左傳》體裁改寫《漢書》成《漢紀》三十篇。
210 年 漢建安十五年	曹操頒佈求賢令,「唯才是舉」。 周瑜卒(175～210 年)。周瑜,字公瑾,廬江舒縣(今安徽省廬江縣西南)人。東漢末年東吳傑出的軍事家,赤壁之戰時率領孫劉聯軍大敗曹操。

211 年 漢建安十六年	曹操入關中，破韓遂、馬超。 劉備入蜀。
212 年 漢建安十七年	孫權作石頭城（在今江蘇南京市清涼山），移至秣陵（治今南京市江寧區南秣陵關），改名建業。
213 年 漢建安十八年	曹操自稱魏公，以冀州十郡為封國。 曹操欲令淮南沿江人民北徙，民眾驚恐，江淮間十萬餘人渡江南遷。
214 年 漢建安十九年	劉備領益州牧。 曹操平定隴右。
215 年 漢建安二十年	曹操征漢中，張魯降，北方統一。
217 年 漢建安二十二年	「建安七子」之王粲、應瑒、陳琳、劉楨、徐幹皆死於疾疫。
219 年 漢建安二十四年	孫權派呂蒙襲殺關羽，佔據荊州。 孫權稱臣於曹操。 醫學家張仲景卒（約 150～219 年），仲景，南陽郡（治今河南南陽）人。著有中醫學名著《傷寒雜病論》，經其確立辨證施治的醫療原則，奠定了傳統中醫治療學的基礎。

三國兩晉南北朝史一

　　自西元184年爆發黃巾起義，統一
王朝解紐，地方政權分立割據，凡四百
餘年，可分為四個階段：先是東漢末年
的軍閥混戰，最終形成魏、蜀、吳三個
鼎立相峙的地區性政權；至三世紀中，
司馬氏代魏建晉，其後約有半世紀的短
暫統一；四世紀初，北方進入了政權林
立、戰亂相繼的十六國時期，東晉則偏
安江南，與之對峙；至五世紀後，南方
繼東晉後頻繁更迭了宋、齊、梁、陳四
個朝代，北方則經歷了北魏、東魏、西
魏、北齊、北周五朝。

　　此時代的大部分年代都處於政權分
立和戰亂的狀態，但歷史依然在委婉曲
折中進步。其一，分立並存的政權都重
視加強自己的國力，遂使區域經濟得以
長足發展，隨著經濟重心的逐步南移，
南方地區社會經濟的崛起尤為特出。其二，內遷
的北方少數民族與漢族混雜共處於中原地區後，
民間頻繁的接觸、交流和少數民族君主的宣導學
習，加速了民族融合的步伐。如匈奴、鮮卑等民
族，到隋唐已泯然無跡，而與漢族融為一體。歷
史進程中所增添的這些新動力，促使中國走向新
的統一。

三國	
220 年～ 280 年	三國時期，始於 220 年曹丕代漢稱帝，至 280 年吳亡止，歷時 61 年。
220 年～ 265 年	魏，三國之一，也稱「曹魏」。始於西元 220 年曹丕代漢稱帝，至 265 年司馬炎代魏稱晉，共歷 5 帝，46 年。
220 年 漢獻帝延康元年 魏文帝黃初元年	曹操卒（155 ～ 220 年）。子曹丕代漢稱帝，是爲魏文帝，國號魏，都洛陽（今河南洛陽東）。東漢遂亡。 尚書陳群制定九品中正制。推選各郡有聲望的人出任中正，將當地士人按才能分別評定爲九等（九品）。初時用人仍「不計門第」，後漸以家世爲重，遂成「上品無寒門，下品無士族」，以此維護世家大族的特權。
221 年～ 263 年	蜀，三國之一，也稱「蜀漢」、「劉蜀」、「季漢」。始於西元 221 年劉備稱帝，至 263 年爲魏所滅，共歷 2 帝，43 年。
221 年～ 280 年	吳，三國之一，也稱「東吳」、「孫吳」。始於西元 221 年孫權稱吳王，229 年稱帝，至 280 年爲晉所滅，共歷 4 帝，52 年。
221 年 魏黃初二年 蜀漢昭烈帝章武 元年	劉備稱帝，國號漢，都成都（今屬四川）。 劉備率軍東下伐吳，吳以陸遜爲將拒之。 孫權遣使赴魏稱臣。 孫權受魏封號，稱吳王。
222 年 魏黃初三年 蜀漢章武二年 吳王黃武元年	夷陵（今湖北宜昌市東南）之戰，劉備被吳陸遜所敗。劉備退入白帝城（今重慶奉節東白帝山上）。 魏大舉攻吳，孫權臨江拒守，改元黃武。 吳與蜀漢通使。
223 年 魏黃初四年	劉備卒（161 ～ 223 年）。劉禪繼位，是爲蜀後主，諸葛亮輔政。 南中（在今四川大渡河以南及雲南、貴州，因在巴蜀之南，故名）

〈出師表〉

蜀漢章武三年後 主建興元年 吳黃武二年	諸郡起兵反蜀。 諸葛亮遣鄧芝修好於吳。孫權絕魏聯蜀。
225 年 魏黃初六年 蜀漢建興三年 吳黃武四年	諸葛亮征南中。豪帥雍闓率部往援叟帥高定元，至越巂(治今四川西昌市東南)，爲定元部曲所殺，孟獲代闓領殘部與蜀軍拒戰於青蛉(治今雲南大姚)，屢戰皆敗，傳有「七擒七縱」之說。遂平定南中。 扶南(今柬埔寨)遣使至吳。
226 年 魏黃初七年 蜀漢建興四年 吳黃武五年	曹丕卒(187～226 年)。子曹叡即位，是爲魏明帝。 吳派朱應等出使南海諸國。 大秦(古羅馬帝國)商人秦論至交趾，後北上武昌，受孫權接見。
227 年 魏明帝太和元年 蜀漢建興五年 吳黃武六年	諸葛亮進駐漢中，上〈出師表〉，籌北伐中原。自次年起，多次率兵北上攻魏，至 234 年，卒於軍中。相傳諸葛亮曾六出祁山攻魏。 魏司馬懿都督荊、豫州諸軍事，鎮宛。 六出祁山爲：一、 228 年，亮攻祁山(今甘肅禮縣東)，戰於街亭(今甘肅莊浪東南)；二、 同年冬，出散關(今陝西寶雞市西南大散嶺上)，圍陳倉(今陝西寶雞市東)；三、 229年，遣陳式拔武都(今甘肅成縣西)、陰平(今甘肅文縣西北)，亮率軍至建威(今甘肅西和北)；四、 230 年秋，魏攻漢中(今屬陝西)，亮屯軍成固(今陝西城固東)赤阪禦之，魏軍旋即撤退；五、 231 年春，再出祁山；六、 234 年，亮由斜谷(今陝西眉縣西南)出，同年，死於五丈原(在今陝西岐山南)。六役中，一次係防禦戰，故亮攻魏實爲五次，出祁山僅兩次。

229 年 魏太和三年 蜀漢建興七年 吳大帝黃龍元年	孫權即皇帝位，改元，國號吳，是爲吳大帝，都建業（治今江蘇南京市），史稱「孫吳」或「東吳」，三國鼎立格局最終形成。 魏命陳群等制訂新律、州郡令、尚書官令、軍中令。
230 年 魏太和四年 蜀漢建興八年 吳黃龍二年	吳派衛溫、諸葛直率船隊抵夷洲（東漢、三國至南朝時稱今臺灣爲「夷洲」）。次年返回。 鍾繇卒（151～230 年）。繇字元常，潁川長社（今河南長葛東北）人。三國魏大臣、書法家。與晉王羲之並稱「鍾王」。
234 年 魏明帝青龍二年 蜀漢建興十二年 吳大帝嘉禾三年	諸葛亮卒（181～234 年）。 蜀長史楊儀等率軍還漢中。將軍魏延與楊儀不睦，亦引軍歸。兩人均上表稱對方叛變。旋魏延兵敗被殺。 蜀以蔣琬爲尚書令，總領國事。
235 年 魏青龍三年 蜀漢建興十三年 吳嘉禾四年	機械製造家馬鈞製作指南車。馬鈞又改進絲織綾機，創造提水機具「翻車」、用作攻城器具的輪轉式發石機和以大木雕爲輪、用水力轉動的「水轉百戲」等，時有「天下之名巧」之稱。
237 年 魏青龍五年 景初元年 蜀漢建興十五年 吳嘉禾六年	魏明帝命遼東公孫淵入朝。公孫淵拒命，自立爲燕王，改元紹漢，置百官，又誘鮮卑出兵擾北方。魏遣毌丘儉攻公孫淵，不克。 吳國平定山越，降者「強者爲兵，羸者補戶」。
238 年 魏景初二年 蜀漢後主延熙元年 吳嘉禾七年	魏司馬懿攻遼東，殺公孫淵。公孫淵，公孫康之子。公孫康死，時年幼，眾立公孫康之弟公孫恭。228 年奪公孫恭位，魏明帝遂以之領遼東。自公孫度於 189 年據遼東，至公孫淵三世，凡五十年亡。

赤烏元年	倭女王卑彌呼遣使入貢於魏，魏封卑彌呼爲親魏倭王。
239 年 魏景初三年 蜀漢延熙二年 吳赤烏二年	魏明帝卒 (205 ～ 239 年)。曹芳即位，大將軍曹爽與司馬懿輔政。曹爽欲制司馬懿，請帝發詔轉授懿爲太傅，削其實權。 吳建蕪湖城隍，是爲建城隍的最早記載。
249 年 魏齊王正始十年 嘉平元年 蜀漢延熙十二年 吳赤烏十二年	司馬懿利用少帝曹芳、曹爽出城謁「高平陵」(魏明帝曹叡之墓)之機，發動政變，奪取曹爽之權，控制洛陽，殺曹爽、何晏、丁謐、鄧颺、桓範等，史稱「高平陵之變」。自此曹魏大權，歸於司馬氏。政變始起時，桓範勸曹爽以天子赴許昌，發四方兵自衛。曹爽不聽。
251 年 魏嘉平三年 蜀漢延熙十四年 吳太元元年	司馬懿卒 (179 ～ 251 年)。懿字仲達，三國河內溫縣(今河南溫縣西南)人。子司馬師爲撫軍大將軍、錄尚書事，專國政。 魏皇甫隆爲敦煌太守，於當地教民耬犁，以水灌溉。 吳命諸葛恪以大將軍領太子太傅，統軍國大政。
252 年 魏嘉平四年 蜀漢延熙十五年 吳太元二年 神鳳元年 會稽王建興元年	吳大帝孫權卒 (182 ～ 252 年)。少子孫亮繼位，年十歲，由諸葛恪輔政。諸葛恪罷視聽，息校官(專門從事偵探的人員)，免逋債，除關稅。又修東興大堤(在今安徽含山縣西南，與巢湖市相接)，左右結山夾築兩城，以防魏兵。魏三路攻吳南郡、武昌、東興。諸葛恪率軍馳援東興，擊退魏東路軍。
254 年 魏嘉平六年 高貴鄉公正元元年 蜀漢延熙十七年 吳會稽王五鳳元年	魏中書令李豐等謀廢司馬氏，事泄被殺。 司馬師廢曹芳，立高貴鄉公曹髦。 本年，蜀姜維出兵攻狄道(治今甘肅臨洮)。次年，姜維擊敗魏軍，復進圍狄道，魏援兵至，撤退。256 年，姜維進位大將軍，率眾出祁山，爲魏將鄧艾敗於段谷(今甘肅天水西南)，

	遂引咎求貶爲後將軍，行大將軍事。
260 年 魏高貴鄉公 甘露五年 元帝景元元年 蜀漢後主景耀三年 吳景帝永安三年	曹髦討相國司馬昭。中護軍賈充率眾迎戰，命太子舍人成濟殺曹髦。司馬昭立曹奐。 司馬昭諉罪於成濟，殺之，滅其族。 258 年，吳主孫亮被廢爲會稽王。孫休立，是爲景帝。本年，會稽郡謠言亮當還爲天子，遂被黜爲候官侯，遣送途中自殺 (一説鴆殺)。 魏僧人朱士行從長安往西域求經。是漢族往西域求取梵本佛經的最早僧人。
263 年 魏景元四年 蜀漢景耀六年 炎興元年 吳永安六年	魏將鍾會、鄧艾分率大軍攻蜀。姜維守劍閣，與鍾會相持。鄧艾軍抵成都，後主降魏。蜀亡。至 265 年，晉代魏，魏亡。280 年，晉滅吳，統一全國，三國時代結束。 本年，姜維受命降於鍾會。264 年，以鍾會謀據蜀叛魏，姜維乃僞與聯結，圖藉機復漢。謀泄，同爲亂軍所殺。 數學家劉徽 (約 3 世紀) 注《九章算術》。
晉朝及十六國	
266 年～ 316 年	西晉始於西元 266 年初 (魏元帝咸熙二年 12 月) 司馬炎代魏稱帝，至西元 316 年被漢國所滅，共歷 4 帝，52 年。
265 年 魏元帝咸熙二年 晉武帝泰始元年 吳孫皓元興二年 甘露元年	司馬炎廢魏主，稱帝，是爲晉武帝，國號晉，都洛陽，史稱西晉。 晉追尊司馬懿爲宣皇帝，司馬師爲景皇帝，司馬昭爲文皇帝。大封宗室爲王，授以職任。又詔諸王皆得自選國中長吏。 本年，吳徙都武昌 (治今湖北鄂州市)。
268 年 晉泰始四年	晉頒行賈充等所修律令。 扶南、林邑遣使入貢於晉。

吳寶鼎三年	吳攻晉江夏(治今湖北武漢市新洲區西)、襄陽(治今襄樊市襄陽區)、合肥(今屬安徽),均敗還。
270 年 晉泰始六年 吳建衡二年	大宛、焉耆遣使入貢於晉。 南匈奴五部居并州諸郡。
280 年 晉武帝咸寧六年 太康元年	晉滅吳,統一全國。頒佈占田制(晉初限制占有土地的制度,農民墾種官有土地,男子一人七十畝,女子三十畝;官員按職官品級的高低占田)、課田制(規定交納課稅的田額制度)、戶調制(按戶徵收絹、棉的稅制)。
285 年 晉太康六年	史學家陳壽《三國志》撰成。《三國志》六十五卷,分魏、蜀、吳三志。南朝宋時裴松之為之作注,博引群書,保存的史料甚富。
291 年 晉惠帝永平元年 元康元年	八王之亂(291～306 年)。晉初大封同姓子弟為王,握有軍政實權。晉武帝死後,惠帝妻賈后與輔政的外戚楊駿爭權,汝南王亮、楚王瑋、趙王倫、齊王冏、成都王穎、長沙王乂、河間王顒、東海王越因之互相攻殺,史稱「八王之亂」。
299 年 晉元康九年	江統撰《徙戎論》,建議將氐、羌等族遷離關中。 魯褒撰《錢神論》。
304 年～439 年	十六國時代。從西元 304 年劉淵稱王起,到西元 439 年北魏統一中國北方止,一百三十五年間,先後在北方和巴蜀地區建立的割據政權,計有成漢、二趙(前、後)、三秦(前、後、西)、四燕(前、後、南、北)、五涼(前、後、南、北、西)和夏十六國,史稱十六國。另有冉魏、翟魏、西燕、蜀、段部、仇池、宇文部,及北魏前身代國也在這時建立。
304 年	匈奴劉淵稱漢王,308 年稱帝,國號漢。後改國號「趙」,

晉惠帝永安元年 建武元年 永興元年	史稱「前趙」(十六國之一)，至 329 年為後趙所滅。十六國開始。 巴氐李雄稱成都王，國號成漢(十六國之一)，至 347 年為東晉桓溫所滅。
307 年 晉懷帝永嘉元年	晉令司馬睿都督揚州、江南諸軍事、假節，移鎮建業。睿以王導為謀主。
309 年 晉永嘉三年	石勒攻巨鹿、常山，招集士大夫編為「君子營」，用張賓為謀主。
311 年 晉永嘉五年	劉淵之侄劉曜攻入洛陽，俘晉懷帝，中原士族大批南遷，史稱「永嘉之亂」。
313 年 晉永嘉七年 潛帝建興元年	漢劉聰殺晉懷帝。潛帝(司馬鄴)在長安即位。 祖逖北伐。司馬睿任祖逖為豫州刺史，率部渡江，誓復中原。320 年，祖逖進屯雍丘(今河南杞縣)，收復黃河以南地區。321 年，司馬睿派遣戴淵鎮合肥，劉隗鎮淮陰，名為北伐，實防王敦。祖逖憂任非其人，內亂堪虞，終於激憤病死。
316 年 晉建興四年	劉曜進兵關中，攻陷長安，晉潛帝降，被送至平陽(今山西臨汾西北)，旋被殺。西晉亡。
317 年～420 年	東晉紀年。與西晉合稱兩晉。始於西元 317 年司馬睿重建政權，至 420 年為劉宋所代，共歷 11 帝，104 年。
317 年 晉元帝建武元年	司馬睿在建康即晉王位，都建康(今江蘇南京)，史稱東晉。 張寔據涼州成割據之勢，史稱「前涼」(十六國之一)，至 376 年為前秦所滅。 葛洪《抱朴子》撰成。
318 年 晉建武二年	司馬睿稱帝(元帝)，任王導為丞相，王敦為大將軍，時稱「王與馬共天下」。

大興元年	劉曜即帝位。次年，遷都長安，改國號爲趙，史稱「前趙」（十六國之一）。
319 年 晉大興二年	羯石勒稱大將軍、大單于、領冀州牧、趙王，史稱「後趙」（十六國之一），至 351 年爲冉魏所滅。
322 年 晉元帝永昌元年	王敦之亂（322 ～ 324 年）。敦與堂弟王導一起擁立司馬睿建立東晉，任大將軍、荊州牧。以元帝司馬睿抑制王氏勢力，起兵攻入建康，元帝無奈任其爲丞相，遂還屯武昌。明帝時，敦再令部將統兵攻建康，明帝親自率軍抗拒，不久王敦病死，餘黨爲朝廷平定。
325 年 晉明帝太寧三年	干寶撰《晉紀》。 晉以尚書令郗鑒車騎將軍，都督徐、兗、青三州諸軍事。
327 年 晉成帝咸和二年	蘇峻、祖約之亂。晉成帝即位後，外戚庾亮執政，謀加強皇室實權，收歷陽（今安徽和縣）內史蘇峻兵權。本年，蘇峻聯結壽陽（即壽春，今安徽壽縣）鎮將祖約，起兵叛亂。次年攻入建康（今江蘇南京）。荊州刺史陶侃與江州刺史溫嶠組聯軍攻殺蘇峻等。後祖約奔降後趙石勒，被殺。
337 年 晉成帝咸康三年	鮮卑慕容皝稱燕王，建割據政權，史稱「前燕」（十六國之一），至 370 年爲前秦所滅。
343 年 晉康帝建元元年	晉以琅邪內史桓溫都督青、徐、兗三州諸軍事、徐州刺史。
349 年 晉穆帝永和五年	冉閔令殺胡羯，死者二十餘萬。
350 年 晉永和六年	冉閔稱帝，改元永興，國號大魏，史稱「冉魏」。 時中原大亂，晉以殷浩都督揚、豫、徐、兗、青五州諸軍事。352 年出軍北伐。

352 年 晉永和八年	氐苻健稱帝，國號秦，史稱「前秦」（十六國之一），至 394年為西秦所滅。
353 年 晉永和九年	書法家王羲之書《蘭亭集序》。 殷浩北伐，無功而返。
354 年 晉永和十年	桓溫北伐，發江陵伐關中，破前秦軍於藍田，進軍灞上，三輔郡縣皆歸降，民爭持牛酒迎勞。桓溫臨長安咫尺而不渡灞水，遂失人心。尋敗於白鹿原（在陝西藍田西灞、二水之間）。秦芟麥清野，晉軍糧盡，退襄陽。356 年、369 年又二次北伐，均未果。
357 年 晉穆帝昇平元年	苻堅即帝位，去帝號，稱大秦天王，改元永興。任用漢人王猛為謀主。
364 年 晉哀帝興寧二年	桓溫大閱戶口，令所在土斷，史稱「庚戌土斷」。 葛洪卒（284～364 年）。洪，晉道士、道教理論家、煉丹術家，著有《抱朴子》。
366 年 晉廢帝海西公 太和元年	敦煌石窟開鑿。 支遁卒（314～366 年）。遁本姓關，字道林，晉名僧，佛教學者，擅長書法，著有《即色游玄論》。
371 年 晉太和六年 簡文帝咸安元年	苻堅移關東民戶十餘萬戶於關中，命烏桓居馮翊（今陝西大荔）、北地（今陝西銅川市耀州區、富平縣地），丁零翟斌居新安、澠池。 桓溫廢晉帝，立司馬昱，是為簡文帝。
372 年 晉咸安二年	簡文帝卒（320～372 年）。子司馬曜即位，是為孝武帝。
375 年 晉孝武帝寧康三年	王猛卒（325～375 年）。猛字景略，北海劇縣（今山東壽光南）人，前秦大臣。臨終勸苻堅勿攻東晉。

	晉以謝安爲中書監錄尚書事。
376 年 **晉孝武帝太元元年**	謝安執政，命桓沖自解徐州刺史，遷車騎將軍、都督豫、江二州六郡諸軍事，改鎮姑孰。以郗愔爲鎮軍大將軍、都督浙東五郡諸軍事。
	前秦滅前涼、代，統一北方。
377 年 **晉太元二年**	東晉建北府兵(廣陵相謝玄招募徐、兗二州驍勇組成的精銳軍隊)。
379 年 **晉太元四年**	王羲之卒(321～379 年，又作 303～361 年，一作 307～365 年)。羲之字逸少，琅邪臨沂(今屬山東)人。官至右軍將軍、會稽內史，人稱王右軍。東晉書法家。
383 年 **晉太元八年**	東晉、前秦淝水之戰，前秦大敗，北方再陷分裂。苻堅北還，385 年，自長安出奔，爲後秦兵所俘，被殺。
384 年 **晉太元九年**	鮮卑慕容垂稱燕王，國號燕，史稱「後燕」(十六國之一)，至 407 年爲北燕所滅。
	羌人姚萇稱萬年秦王，後稱帝，國號大秦，史稱「後秦」(十六國之一)，417 年爲東晉所滅。
385 年 **晉太元十年**	鮮卑乞伏國仁自稱大單于，史稱「西秦」(十六國之一)，至 431 年爲夏所滅。
	謝安卒(320～385 年)。司馬道子執晉政。
386 年～ 534 年	北魏，北朝之一，也稱「後魏」、「拓跋魏」。始於拓跋珪建國，至 534 年分裂爲東魏、西魏。北魏共歷 12 帝，2 王，148 年。
386 年 **晉太元十一年**	氐人呂光割據涼州，後自稱天王，國號大涼，史稱「後涼」(十六國之一)，至 403 年爲後秦所滅。
	鮮卑拓跋珪稱王，改國號魏。
397 年	鮮卑禿髮烏孤自稱平西王，建年號，建割據政權，史稱「南

晉安帝隆安元年	涼」(十六國之一)，至 414 年爲西秦所滅。 匈奴沮渠蒙遜擁建康(今甘肅高臺西南)太守段業爲建康公，建割據政權。401 年殺段業，自稱張掖公，後稱涼王，史稱「北涼」(十六國之一)，至 439 年爲北魏所滅。
398 年 晉隆安二年 北魏道武帝 天興元年	鮮卑慕容德稱王，後又稱帝，史稱「南燕」(十六國之一)，至 410 年爲東晉所滅。 魏遷都平城(今山西大同市東北)，始營宮室，建宗廟，立社稷，建立塔寺。
399 年 晉隆安三年 北魏天興二年	孫恩起義。 名僧法顯(約337～約422年)往印度取經，412年由海道回國。後將其十餘年的巡禮行程，寫成《佛國記》，是 5 世紀初亞洲史的重要史料。
400 年 晉隆安四年 北魏天興三年	漢人李暠自稱涼公，在敦煌(今甘肅敦煌西)建立政權，史稱「西涼」(十六國之一)。405 年遷都酒泉(今屬甘肅)。至 421 年爲北涼所滅。
402 年 晉安帝元興元年 北魏天興五年	桓玄殺司馬道子。次年，桓玄逼安帝禪位，自稱皇帝。
404 年 晉元興三年 北魏天興七年 天賜元年	劉裕等在京口起兵討桓玄。劉裕連戰皆勝，入京師。桓玄挾安帝還江陵，旋兵敗西逃，被益州兵所殺(369～404 年)。晉帝復位。
405 年 晉安帝義熙元年 北魏天賜二年	晉畫家顧愷之卒(344～405 年)，畫跡現存於唐人《女史箴圖》摹本、宋人《洛神賦》摹本。

	後秦奉鳩摩羅什爲國師，譯經論數百卷，又大興佛寺，州郡事佛者十室而九。
407 年 晉義熙三年 北魏天賜四年	漢人馮跋立高雲爲天王，都龍城(今遼寧遼陽)，史稱「北燕」(十六國之一)，或以 409 年爲北燕建國之始，時高雲被部下所殺，馮跋平定事變後，即天王位。至 436 年爲北魏所滅。 匈奴赫連勃勃自稱大夏天王，建都統萬城(今陝西靖邊北)，史稱「夏」(十六國之一)，至 431 年爲吐谷渾所滅。
413 年 晉義熙九年 北魏明元帝 永興五年	劉裕下令禁止豪強佔據山湖川澤以迫民納稅等事，又重申「庚戌土斷」之令。 鳩摩羅什卒(344 ～ 413 年)。 高句麗、倭國遣使詣晉獻方物。
418 年 晉義熙十四年 北魏明元帝 泰常三年	劉裕以其子劉義隆爲都督荊、益、寧、雍、梁、秦六州諸軍事、西中郎將、荊州刺史。旋自爲相國宋公。年底，殺晉安帝，另立司馬德文爲帝，是爲恭帝。 赫連勃勃入長安，追晉軍。
419 年 晉恭帝元熙元年 北魏泰常四年	赫連勃勃還都統萬城，改元眞興。 晉宗室司馬順明等攻洛陽金墉城，劉裕將領王康堅守，及救兵至解圍，諸司馬氏多降於魏。 劉裕自爲宋王。
南北朝	
420 年～ 589 年	南北朝時期。始於 420 年東晉滅亡，至 589 年隋統一止。其中，南朝自 420 年至 589 年，歷宋、齊、梁、陳四代；北朝始於 439 年北魏統一北方，歷北魏、東魏、西魏、北齊、北周五朝，至 581 年北周爲隋所代止。其間 170 年，南北分裂對峙，史稱南北朝。

420 年～ 479 年	宋，南朝之一，也稱「劉宋」，始於西元 420 年劉裕稱帝，至西元 479 年爲南齊所代，共歷 9 帝，60 年。
420 年 晉元熙二年 宋武帝永初元年 北魏泰常五年	劉裕代晉，是爲宋武帝。晉恭帝被廢爲零陵王。東晉亡，南朝開始。 炳靈寺石窟(在今甘肅永靖)約在本年開鑿，延續至明代。
424 年 宋少帝景平二年 文帝元嘉元年 北魏太武帝 始光元年	宋宜都王劉義隆即帝位，是爲宋文帝。文帝元嘉年間(424～453 年)，社會安定，經濟復甦，史稱「元嘉之治」。 魏道士寇謙之在平城建天師道場，稱新天師道(後稱北天師道)。
429 年 宋元嘉六年 北魏太武帝 神二年	宋史學家裴松之《三國志》注。松之(372～451 年)，河東聞喜(今屬山西)人。奉宋文帝之命注《三國志》。他博採群書一百四十餘種，作補缺、備異、懲妄、論辯，開創了注史新例，並保存了大量古代史籍的佚文。
431 年 宋元嘉八年 北魏神四年	魏以崔浩爲司徒，定律令。曾大整流品，明辨姓族，因此得罪於衆。 宋謝靈運整理祕閣藏書，編《四部目錄》六萬餘卷。
439 年 宋元嘉十六年 北魏太武帝 太延五年	北魏滅北涼，統一北方。十六國結束，北朝開始。 西晉末年，中原人士爲避戰亂，多徙居河西，至此涼州遂成爲人文薈萃之地。 魏令崔浩、高允修國史。
440 年 宋元嘉十七年 北魏太延六年	寇謙之自稱老君復降，授魏主以太平眞君之號。本年魏改元爲「太平眞君」。此後道教遂在北魏廣爲傳播。 宋文帝以司徒、彭城王劉義康與領軍劉湛擅權，與僕射殷

太武帝禁佛　土斷

太平眞君元年	景仁定計，殺湛，出義康爲江州刺史，鎮豫章。
445 年 宋元嘉二十二年 北魏太平眞君六年	北魏蓋吳起義，次年失敗。 范曄被殺 (398～445 年)。范曄，順陽 (今河南淅川南) 人。歷遷左衛將軍、太子詹事，掌管禁旅，參與機要。本年末，因涉嫌陰謀迎立彭城王義康一案，被殺。曾刪取各家《後漢書》之作，著《後漢書》，成紀傳八十卷。
446 年 宋元嘉二十三年 北魏太平眞君七年	崔浩隨北魏太武帝出討蓋吳，至長安，見佛寺多藏兵器，乃以沙門與蓋吳通謀爲辭，請悉誅天下沙門。太武帝遂採納崔浩之言，毀佛寺，禁沙門。是爲中國佛教史上「三武一宗」滅佛事件之一。
450 年 宋元嘉二十七年 北魏太平 眞君十一年	北魏太武帝殺崔浩 (？～450 年)。時《國記》修成，立石於郊。鮮卑貴族忿其先世事被列於衢路，相與進讒言於帝。崔浩遂以修史「暴揚國惡」的罪名被殺，宗族與親戚范陽盧氏、太原郭氏、河東柳氏，都遭滅門之禍。 本年，宋軍攻魏。10 月，魏軍南下，揚言將渡長江。
451 年 宋元嘉二十八年 北魏太平 眞君十二年 正平元年	北魏改定律制。 本年初，魏軍圍攻盱眙 (今屬江蘇) 不克，北撤。 宋文帝恐魏軍南下臨江時發生內亂，逼彭城王劉義康自殺，義康遂被窒息致死。
457 年 宋孝武帝大明元 年 北魏文成帝太 安三年	宋竟陵王劉誕因戰功爲孝武帝所忌，出鎮廣陵 (今揚州市西北)。459 年被貶爲侯，旋被孝武帝遣軍攻殺。 宋行土斷，將雍州僑置三郡併爲一郡，流寓之人編入戶籍。 于闐、扶餘等五十餘國入貢北魏。
459 年	肅愼獻楛矢、石砮於宋。肅愼，商、周時居「不咸山 (長白山)

宋大明三年 北魏太安五年	北」,「東濱大海」,北至黑龍江中下游。從事狩獵。周武王、成王時,臣服於周。南北朝後的勿吉、靺鞨、女眞及今滿族等都和其有密切的淵源關係。
460 年 宋大明四年 北魏文成帝 和平元年	宋命沈慶之鎭壓沿江蠻族。 倭國遣使獻方物於宋。 雲崗石窟開鑿,至 494 年(北魏孝文武太和十八年)完成。
465 年 宋前廢帝永光元年 景和元年 明帝泰始元年 北魏和平六年	北魏文成帝卒(440〜465 年)。子拓跋弘立,是爲獻文帝,年十二歲。次年,馮太后臨朝稱制,命高允、高閭、賈秀參決大政。高允、李訴請立學校,乃立郡學,置博士、助教、生員。
471 年 宋泰始七年 北魏獻文帝 皇興五年 孝文帝延興元年	獻文帝崇尙佛道,傳位於太子拓跋宏,是爲孝文帝,年五歲。獻文帝稱太上皇帝。太上皇帝之號始此。 宋明帝病,以太子幼弱,忌諸弟,殺劉休祐、休仁、休若。以蕭道成爲散騎常侍、太子左衛率。
474 年 宋後廢帝元徽二年 北魏延興四年	宋桂陽王劉休範在潯陽起兵,蕭道成率兵禦之,使部將詐降,休範中計被殺。 北魏下令,除謀反、大逆、外叛以外,罪止本人,廢除門、房(大族的分支爲房)同誅之律。
476 年 宋元徽四年 北魏延興六年 承明元年	宋以蕭道成尙書左僕射。建平王劉景素在京口起兵,不久敗死。 馮太后殺太上皇帝(獻文帝拓跋弘),以太皇太后行臨朝稱制。

均田制　三長制　孝文帝改革　龍門石窟

479 年～502 年	齊，南朝之一，也稱「蕭齊」、「南齊」，始於 479 年蕭道成代宋稱帝，至 502 年為南梁所代，共歷 7 帝，24 年。
479 年 宋順帝昇明三年 齊高帝建元元年 北魏孝文帝太和 三年	宋以蕭道成為相國，封齊公，加九錫。蕭道成迫宋順帝禪位，宋亡。蕭道成稱帝，國號齊，是為齊高帝。不久，殺宋順帝。 北魏有候官數千人，專事勒索。本年撤廢候官，另用數百人巡邏街道，逮捕喧鬥之人，吏民始得安業。
484 年 齊武帝永明二年 北魏太和八年	北魏頒行俸祿之制。每戶增調帛三匹、穀二斛九斗，以供百官俸祿；另增調外帛二匹。頒行俸祿之制後，贓滿一匹者，處死。
485 年 齊永明三年 北魏太和九年	北魏行均田制，次年改宗主督戶為三長制（鄰、里、黨三長），其職責是檢查戶口，監督耕作，徵收租調，徵發徭役兵役等。 齊唐寓之起兵，次年稱帝於錢塘（今浙江杭州），旋兵敗被殺。
490 年 齊永明八年 北魏太和十四年	北魏馮太后卒（442～490 年），諡文明太皇太后。孝文帝親政。次年更定律令，命李沖議定輕重，孝文帝執筆書之。又大定官品。
493 年 齊永明十一年 北魏太和十七年	北魏孝文帝定遷都易俗之策。 齊王肅降北魏，孝文帝親自接見，任輔國將軍，使制定各種威儀文物。
494 年 齊郁林王隆昌元年 海陵王延興元年 明帝建武元年 北魏太和十八年	孝文帝遷都洛陽，其後推行一系列漢化政策，如禁胡服，次年又禁鮮卑語於朝。 龍門石窟約在此前後開鑿，延續至唐代，歷時四百餘年。分佈在河南洛陽城南伊河入口處兩岸的龍門山（西山）和香山（東山）。今存石窟 1352 個，龕 785 個，造像 9.7 萬餘尊，題記 3680 種。

496 年	魏詔改拓跋爲元氏，定族姓，清流品。
齊建武三年	魏太子恂因反對遷都廢爲庶人，後賜死。
北魏太和二十年	魏恒州刺史穆泰不樂南遷，謀反事泄，次年被殺。
499 年	孝文帝卒（467～499 年）。太子恪即位，是爲宣武帝。本年，
齊東昏侯永元元年	魏尚書令王肅依江南制度，定官品，凡九品，每品各分正
北魏太和二十三年	從。
500 年	數學家祖沖之卒（429～500 年），生前首次將圓周率準確數
齊永元二年	值推算到小數點後七位數。
北魏宣武帝	齊東昏侯在位兇暴嗜殺，科斂無度。本年大興土木，鑿金
景明元年	爲蓮花帖地，百姓苦於賦役，號泣於道。蕭衍在襄陽起兵，
	次年，進圍建康。東昏侯被所屬將領殺死。
502 年～557 年	梁，南朝之一，也稱「南梁」、「蕭梁」，始於西元 502 年蕭
	衍代齊稱帝，至 557 年爲陳所代，共歷 4 帝， 56 年。或列
	入豫章王蕭棟、武陵王蕭紀、貞陽侯蕭淵明，則爲 7 帝。
502 年	蕭衍爲梁公，備九錫，進爵爲王，不久即帝位，建立梁朝，
齊和帝中興二年	是爲梁武帝。廢齊和帝爲巴陵王，旋即殺害。
梁武帝天監元年	麥積山石窟（在今甘肅天水東南）本年已開鑿。隋、唐、五代、
北魏景明三年	宋、明、清各代續有修鑿。現尚存洞窟 194 個，各種造像
	7000 餘尊。
509 年	北魏宣武帝親講佛經，西域沙門數千人雲集洛陽。
梁天監八年	魏刻《石門銘》（原在陝西漢中石門東壁上，1969 年移至漢中
北魏宣武帝	漢台），記梁秦二州刺史羊祉重開漢褒斜道石門故道事。
永平二年	
510 年	哲學家范縝約本年卒（約 450～約 510 年）。縝字子眞，南
梁天監九年	鄉舞陰（今河南泌陽西北）人，所著《神滅論》，反對佛教和

北魏永平三年	因果報應說，對後來無神論思想的發展有重大作用。
515 年 梁天監十四年 北魏宣武帝 延昌四年	魏僧人法慶聚眾起兵。宣稱「新佛出世，除去舊魔」，所過之處，毀寺院，殺僧尼，燒經像。攻破勃海郡（治今河北東光縣）。旋敗亡。 本年北魏境內寺院有 13700 餘所。
518 年 梁天監十七年 北魏孝明帝 熙平三年 神龜元年	魏遣僧惠生、使者宋雲赴西域取經，至 522 年（北魏孝明帝正光三年）攜佛經一百七十餘部回至洛陽。 梁文學批評家鍾嶸約卒於本年。嶸字仲偉，潁川長社（今河南長葛西）人，著有《詩品》。
519 年 梁天監十八年 北魏神龜二年	梁慧皎作《高僧傳》。 蘇州楓橋寒山寺始建於梁天監年間，名妙明普利塔院，後因唐初僧人寒山居此而改名。
522 年 梁武帝普通三年 北魏孝明帝 正光三年	梁司馬達等入日本傳佛教。 梁蕭統（501～531 年）招聚文學人士編撰《文選》（亦稱《昭明文選》），選錄自先秦至梁的詩文辭賦七百餘首，為現存最早的詩文選集。
523 年 梁普通四年 北魏正光四年	北魏六鎮起義。 梁阮孝緒撰成《七錄》，這是隋以前重要的目錄著作。
527 年 梁普通八年 大通元年 北魏孝明帝 孝昌三年	梁武帝捨身同泰寺，經臣下贖還，至 529 年再次捨身該寺。 地理學家酈道元（466/472～527 年）被雍州刺史蕭寶夤所殺。道元字善長，范陽涿縣（今河北涿州）人，所著《水經注》，為古代水文地理的巨著，且文筆深峭，頗有文學價值。

528 年 梁大通二年 北魏孝明帝 武泰元年 孝莊帝建義元年 永安元年	北魏孝明帝與其母胡太后爭權，密詔權臣爾朱榮入洛，以威脅太后。太后等毒死孝明帝，立幼主元釗。爾朱榮以爲孝明帝復仇爲名，舉兵南下，至河陽（今河南孟州西），立長樂王元子攸爲帝，即孝莊帝；然後渡河攻入洛陽，將胡太后、幼主送至河陰（今河南孟津東北），拋入黃河溺殺，又於河陰行宮大殺宗室諸王及公卿百官兩千餘人，史稱「河陰之變」。
532 年 梁武帝中大通四年 北魏節閔帝（前廢帝）普泰二年 後廢帝中興二年 孝武帝太昌元年 永興元年 永熙元年	文學理論家劉勰約本年卒（約 465～約 532 年）。勰字彥和，東莞莒縣（今屬山東）人，居京口（今江蘇鎮江）。入梁，官步兵校尉。晚年爲僧，法名慧地。所撰《文心雕龍》十卷，五十篇，分上、下編。著重論述各體作品的特徵和歷史演變，並探討了創作、批評的原則和方法，以及文學和時代的關係等。主張文學創作須有發展變化、文學須有社會政治內容，文質應該並重。爲古代文學理論的名著。
534 年～550 年	東魏，北朝之一，始於元善見即帝位，至 550 年爲高洋所代，共歷 1 帝，17 年。
534 年 梁武帝中大通六年 北魏永熙三年 東魏孝靜帝 天平元年	高歡立元善見爲帝，是爲孝靜帝，遷都鄴（今河北臨漳西南），史稱東魏，北魏亡。 是時洛陽有寺 1367 所，各地寺院 3 萬餘所，僧尼 200 餘萬。
535 年～557 年	西魏，北朝之一。始於元寶炬稱帝，至 557 年被宇文覺所代，共歷 3 帝，23 年。
535 年 梁武帝大同元年	東魏拆毀洛陽宮殿，將材料運鄴城。發民七萬六千人，築新宮。

西元 535 年～ 548 年 記憶・關鍵字	《齊民要術》　侯景之亂
西魏文帝 大統元年 東魏天平二年	宇文泰立元寶炬爲帝，是爲文帝，都長安(今陝西西安西北)，史稱西魏。宇文泰定新制二十四條，用蘇綽爲大行台左丞，參典機密。
541 年 梁大同七年 西魏大統七年 東魏興和三年	西魏頒佈蘇綽所制定六條詔書，即：治清心、敦教化、盡地利、擢賢良、恤獄訟、均賦役。命百司誦習，規定牧守令長照此辦事。 東魏頒行新訂法制《麟趾格》。
544 年 梁大同十年 西魏大統十年 東魏孝靜帝 武定二年	東魏以高澄爲大將軍，領中書監，並將門下省機事移歸中書省，以重兵權。 農學家賈思勰《齊民要術》成書，該書是中國現存最早的古農書，是漢魏以來黃河流域農業生產技術的總結著述。
546 年 梁武帝大同十二年 中大同元年 西魏大統十二年 東魏武定四年	梁武帝第三次捨身同泰寺。次年再次捨身同泰寺。 東魏斛律金作《敕勒歌》，當在此時前後。 東魏遷洛陽漢「熹平石經」五十二塊碑刻於鄴。 西魏蘇綽卒(498 ～ 546 年)。綽字令綽，京兆武功(今陝西扶風東南)人，爲宇文泰所信任，助泰改革制度。著有《佛性論》、《七經論》。
547 年 梁中大同二年 太清元年 西魏大統十三年 東魏武定五年	侯景之亂起。侯景，東魏河南道大行台。本年，先以河南叛降西魏，旋又降梁。 東魏孝靜帝密謀殺高澄，事泄，遭幽禁。 楊衒之作《洛陽伽藍記》，記北魏洛陽城內佛寺的緣起、變遷、規制及相關的奇聞軼事。
548 年 梁太清二年	侯景在壽陽起兵反梁，連下譙州(今安徽滁州)、歷陽(今和縣)，渡江直取建康。石頭城(今南京清涼山)守軍投降，侯

西魏大統十四年 東魏武定六年	景遂圍台城（宮城），梁諸王援軍均敗於景。
549 年 梁太清三年 西魏大統十五年 東魏武定七年	梁武帝卒（464 ～ 549 年）。侯景立蕭綱爲帝。551 年，又廢蕭綱立豫章王蕭棟。旋廢蕭棟，自立。 梁始興太守陳霸先起兵討侯景。 高澄進位相國，遇刺死。次年，其弟高洋代東魏，建北齊。
550 年～ 577 年	北齊，北朝之一，也稱「高齊」。始於高洋代東魏稱帝，至 577 年爲北周所滅，共歷 7 帝，28 年。
550 年 梁簡文帝 大寶元年 西魏大統十六年 東魏武定八年 北齊文宣帝 天保元年	高洋廢東魏帝自立，國號齊，史稱「北齊」，東魏亡。 西魏始行府兵制。 東魏北齊間的綦毋懷文，用熔態的生鐵灌注到未經鍛打的熟鐵中，使鐵滲碳而成鋼。後世稱爲「灌鋼」，爲中國煉鋼技術之獨創。又以熟鐵爲刀背，使富於韌性；用牲畜的溺和脂來浴淬，使刀鋒剛利，稱爲「宿鐵刀」。 本年，侯景先爲相國、漢王，繼稱宇宙大將軍。
552 年 梁元帝承聖元年 西魏廢帝元年 北齊天保三年	梁王僧辯、陳霸先擊破侯景。侯景被部下所殺（503 ～ 552 年）。蕭棟亦遇害。 梁湘東王蕭繹在江陵即位，是爲梁元帝。時岳陽王蕭詧、武陵王蕭紀各據一方。
554 年 梁承聖三年 西魏恭帝元年 北齊天保五年	西魏攻江陵，梁元帝令所藏圖書十四萬卷全部燒毀。江陵破，元帝被俘殺。 魏收撰成《魏書》。 西魏立梁王蕭詧爲梁主，居江陵東城，魏兵留屯西城。
555 年 梁貞陽侯天成元年	陳霸先殺王僧辯，立蕭方智爲帝，是爲敬帝。以陳霸先爲尚書令、都督中外諸軍事。

敬帝紹泰元年 西魏恭帝二年 北齊天保六年	梁王蕭詧在江陵稱帝，改元大定，爲西魏附庸，是爲後梁。突厥破柔然，又西擊嚈噠，東逐契丹，成爲北方一大國。本年，齊築長城，東起幽州北夏口（今居庸關北）、西至恒州（今山西大同）九百餘里。
557 年～589 年	陳，南朝之一。始於西元 557 年陳霸先代梁稱帝，至 589 年爲隋所滅，共歷 5 帝，33 年。
557 年～581 年	北周，北朝之一，也稱「後周」、「宇文周」。始於西元 557 年宇文覺代西魏稱帝，至 581 年爲隋所代，共歷 5 帝，25 年。
557 年 梁敬帝太平二年 陳武帝永定元年 北周孝閔帝元年 明帝元年 北齊天保八年	宇文覺稱帝，是爲周孝閔帝，建立北周，西魏亡。同年，宇文護廢覺，字文毓，是爲明帝。封陳霸先爲陳公，備九錫。後封陳王。旋陳霸先稱帝，是爲陳武帝，建立陳朝，梁亡。齊在長城內築重城（內長城），從庫洛枝（枝一作拔）到塢紇戍，凡四百餘里。
558 年 陳永定二年 北周明帝二年 北齊天保九年	夏，齊大旱，齊文宣帝以祈雨不靈，毀西門豹祠，掘其塚。陳武帝捨身大莊嚴寺。陳武帝殺梁敬帝。
564 年 陳文帝天嘉五年 北周武帝 保定四年 北齊武成帝 河清三年	北齊頒佈均田令。齊文宣帝命群臣議造齊律，本年完成，共有《律》十二篇，《令》四十卷。是爲隋、清律之藍本。齊定制，使民十八歲受田輸租調，二十充兵，六十免力役，六十六還田，免租調。一夫受露田八十畝，婦人四十畝，奴婢依良人的畝數，牛一頭受六十畝。一夫一婦調絹一匹，綿八兩，墾租二石，義租五斗；奴婢減半；牛調二尺，墾租一斗，義租五升。

568 年 陳臨海王光大二年 北周武帝天和三年 北齊後主天統四年	北周隋國公楊忠卒（507～568 年）。忠，弘農華陰（今陝西華陰東南）人。曾隸北魏爾朱兆、獨孤信等爲將。後爲西魏宇文泰部將，屢從攻戰。魏恭帝初立，受賜姓普六茹。從於謹攻陷梁江陵。559 年，封隋國公。子楊堅襲爵，堅即隋文帝。
574 年 陳宣帝太建六年 北周武帝建德三年 北齊後主武平五年	上年（573 年），周武帝（宇文邕）集群臣與沙門、道士辨三教先後，以儒爲先，道次之，佛爲後。本年，周武帝禁佛、道兩教，毀經、像，命沙門、道士還俗。是爲中國佛教史上「三武一宗」滅佛事件之一。 陳沙門智周等十一人往西方求經。
577 年 陳太建九年 北周建德六年 北齊幼主 承光元年	北周滅北齊。 北周下令廢止北齊境內佛教，寺院四萬盡賜王公爲第宅，沙門三百萬皆勒令還俗。 本年，周下詔： 凡諸雜戶，悉放爲民（北魏俘西涼人，沒爲隸戶，北齊沿而不改，至是始免）。又詔： 自永熙三年（534 年）以來，東土之民掠爲奴婢，及克江陵之日，良人沒爲奴婢者，悉免爲良。
578 年 陳太建十年 北周建德七年 宣政元年	突厥侵幽州，周武帝伐之，以疾還，旋卒（543～578 年）。子贇立（宣帝）。楊堅爲上柱國、大司馬。次年，宣帝傳位其子衍，是爲周靜帝。宇文贇自稱天元皇帝。
580 年 陳太建十二年 北周靜帝大象二年	周天元帝卒（559～580 年），靜帝年幼，楊堅總國政。 周相州總管尉遲迥起兵討楊堅，兵敗自殺。次年，楊堅代周稱帝，國號隋，北周亡。

自西元 581 年至 960 年的隋唐五代的歷史，可分為兩段：三個多世紀的隋、唐兩朝，是前後相繼的兩個統一王朝；其後約半個世紀，中國南北方先後出現了梁、唐、晉、漢、周五個朝代和十個割據政權。此段歷史也可以安史之亂為界來劃出其盛、衰、治、亂的更替。

隋朝結束了長達六個世紀的分裂割據而重建大一統局面，其創設的三省六部制、科舉制為唐代所沿襲。唐朝統治者的施政實踐對後人有啓迪意義。太宗行寬政安民、輕徭薄賦的政策，虛心納諫，善於用人，社會呈現昇平的氣象。「貞觀之治」遂成後代「治世」的典範。然而，建立在「人治」基礎上的治世並不可靠，玄宗後期的昏庸荒怠更引發「安史之亂」，唐朝就此一蹶不振，由盛轉衰。

隋唐時代是對兩晉南北朝民族融合的一次總結，集民族文化之大成造就了唐朝文化的壯麗恢弘、豐富多彩。同時，隋唐時代也是對北方勞動力和生產技術大舉南遷成果的一次收穫。北方經濟的恢復使之重回全國中心的地位，而長江中下游經濟發展也漸顯後來居上的態勢。當時的中國，以寬容、開放的心態全方位接納外部世界，中外經濟文化交流呈現空前活躍的景象。

隋唐五代史一

隋朝	
581 年～ 618 年	隋，也稱「楊隋」，始於 581 年楊堅代北周稱帝，至 618 年煬帝被殺止，共歷 3 帝，如列入皇泰帝楊侗，則隋朝共歷 4 帝。西元 618 年，煬帝被殺，東都隋臣立楊侗為帝，年號皇泰。次年，楊侗被王世充所殺。38 年。
581 年 隋文帝開皇元年 陳宣帝太建十三年	楊堅受周禪，稱帝，國號隋，改元開皇，是為隋文帝。 隋減輕賦役。鑄五銖錢，禁用古錢、私鑄錢。錢幣始統一。頒隋律。 隋詔任民出家及造經像。
582 年 隋開皇二年 陳太建十四年	頒均田及租調令。建新都，於次年遷都大興城（今陝西西安）。 突厥分裂成東、西兩部。
583 年 隋開皇三年 陳後主至德元年	突厥侵入隋北邊，隋發兵擊破之。 隋於沿河置黎陽倉（今河南浚縣西南）、常平倉（今陝縣東北）等，運粟以供長安。
584 年 隋開皇四年 陳至德二年	開廣通渠，起自大興城（今陝西西安市）西北，引渭水東絕灞水，略循西漢漕渠故道，東至潼關達於黃河。因渠經渭口廣通倉下，故名。604 年改名永通渠。 隋頒《開皇曆》，使用至 596 年（開皇十六年）。
585 年 隋開皇五年 陳至德三年	隋大索貌閱，得新附一百六十餘萬口。又定輸籍法，民間課輸都有紀錄，以絕舞弊。 突厥沙鉢略可汗上表稱臣於隋。
587 年 隋開皇七年 陳後主禎明元年	隋滅後梁（南朝）。 隋楊素在永安造戰艦。 隋文帝於本年設「志行修謹」、「清平幹濟」二科舉士。煬帝

	時始置進士科。通過各科考試，合格者可錄用爲官。唐代沿襲，增設武舉。
588 年 隋開皇八年 陳禎明二年	隋下詔伐陳。命晉王楊廣、秦王楊俊及楊素爲元帥，指揮水陸軍五十餘萬人，分路進兵。楊素率舟師從永安 (今重慶奉節) 出發，率戰船數千艘東下。
589 年 隋開皇九年 陳禎明三年	隋軍克建康，俘陳叔寶，陳朝遂亡，全國統一。 楊堅命將建康城邑宮室，平蕩耕墾，在石頭城置蔣州。 隋置鄉正、里正，以五百家爲鄉，百家爲里。
593 年 隋開皇十三年	隋令禁私撰國史。 築仁壽宮，丁夫死者以萬計。
595 年 隋開皇十五年	令收天下兵器，嚴禁私造。 鑿砥柱 (在今河南三門峽市北黃河中)，以便航運。
596 年 隋開皇十六年	詔工商不得仕進。 詔決死罪者，三奏然後行刑。
600 年 隋開皇二十年	立楊廣爲太子。 日本推古女皇遣使聘隋。
602 年 隋文帝仁壽二年	楊素率軍大破突厥達頭可汗數萬人，突厥勢力自此退出漠南。
604 年 隋仁壽四年	楊廣殺楊堅自立爲帝，是爲隋煬帝。 本年，除婦人、奴婢、部曲之課。
605 年 隋煬帝大業元年	開通濟渠，疏浚邗溝。隋煬帝巡遊江都 (今江蘇揚州)。營建東都洛陽。
606 年 隋大業二年	本年戶 8907546，口 46019956。 遷都洛陽。
607 年	遣朱寬出使流求。

隋大業三年	頒佈《大業律》。改州爲郡。
608年 隋大業四年	開永濟渠，引沁水南達於河(黃河)，北通涿郡(治今北京城西南隅)。 遣裴世清出使日本。日本小野妹子隨裴氏使隋，高向玄理來隋學佛，藥師惠日來隋學醫。
609年 隋大業五年	隋煬帝征吐谷渾，置西海(今青海青海湖西古伏俟城)、河源(今青海興海東南)、鄯善(今新疆若羌)、且末(今新疆且末南)四郡。 本年，全國郡190，縣1255，戶8907536，口46019956。
610年 隋大業六年	開江南河，起自京口(今江蘇鎮江市)，繞太湖之東，直達餘杭(今浙江杭州市餘杭區西南)。全長八百多里，廣十餘丈。爲今江南運河的前身。煬帝再遊江都。
611年 隋大業七年	徵兵百萬於涿郡(治所今北京西南)，徵民夫百萬運糧械，準備進攻高麗。 王薄起義、竇建德等起義。翟讓據瓦崗起義。
612年 隋大業八年	隋煬帝一征高麗，戰敗撤回。 詔江淮選貢美女。
613年 隋大業九年	隋煬帝二征高麗，圍遼東城，不下。 楊玄感起兵反煬帝，兵敗被殺。 杜伏威等據江淮起義。
614年 隋大業十年	隋煬帝三征高麗，高麗王遣使請和，煬帝撤兵。煬帝南還經邯鄲，後隊受起義軍楊公卿部襲擊。
615年 隋大業十一年	煬帝巡北邊，被突厥圍於雁門(今山西代縣西南)。後回東都(東京洛陽)，詔江南再造龍舟。616年隋大業十二年煬帝赴江都。李密投瓦崗軍。

江都兵變　玄武門之變

	隋以李淵爲太原留守。
617 年 隋大業十三年 恭帝義寧元年	李淵、李世民太原起兵，各地起兵反隋甚眾。 **竇建德擊敗隋主力。** 李淵入長安，立代王楊侑（恭帝）。
618 年 隋大業十四年 義寧二年	江都兵變，宇文化及殺煬帝（569～618 年），隋亡。化及等引兵北還。 開皇、大業年間（581～618 年），李春建造趙州橋（位於今河北趙縣城南洨河上）。單孔，拱圈由二十八條並列石卷組成，上設四個小拱，既減輕重量，節省材料，又便於排洪。
唐朝	
618 年～907 年	唐，也稱「李唐」。始於 618 年李淵稱帝，至 907 年爲後梁所滅止，共歷 22 帝，290 年。
618 年 隋越王皇泰元年 唐高祖武德元年	李淵廢隋恭帝楊侑，在長安稱帝，國號唐，改元武德，是爲唐高祖。 唐廢郡設州。
619 年 唐武德二年	初行租庸調法（即田租、力庸、戶調等三種賦役的合稱）。
621 年 唐武德四年	廢五銖錢，行開元通寶。 詔括天下戶口。
624 年 唐武德七年	封高麗、百濟、新羅諸王爲郡王。 頒佈均田令、租庸調法。
626 年 唐武德九年	玄武門之變，李世民殺太子李建成等。高祖退位爲太上皇，李世民即位，是爲唐太宗。 龜茲、突厥、高麗、百濟、新羅、党項遣使來朝。
627 年	太宗貞觀元年。貞觀年間（627～649 年），政府減輕賦役，

貞觀之治　遣唐使

唐太宗貞觀元年	與民休息，經濟復甦，人口繁衍，史稱「貞觀之治」。 玄奘啓程赴天竺求經（一説在貞觀三年），至645年回長安。
629 年 唐貞觀三年	松贊干布即吐蕃贊普位。 本年，以房玄齡、杜如晦爲左、右僕射，以魏徵守祕書監，參預朝政。
630 年 唐貞觀四年	李靖破突厥於陰山。西域諸族請上太宗尊號天可汗。 日本遣唐使抵唐，至894年，前後共任命使節十九次（其中一次迎入唐使，三次送唐客使），約有十三次抵達唐朝。
631 年 唐貞觀五年	令天下決死刑必三覆奏。 下詔「封建」宗室勳貴。
634 年 唐貞觀八年	營建大明宮（唐代的主要宮殿，位於陝西西安城北龍首原）。 662 年重建。
635 年 唐貞觀九年	李靖統諸軍大舉攻吐谷渾。 景教傳入唐。景教即唐代對首次傳入中國的基督教（聶斯脱利派）的稱謂，傳教者爲阿羅本。
636 年 唐貞觀十年	房玄齡、魏徵上《梁書》、《陳書》、《北齊書》、《周書》、《隋書》，詔藏於祕閣。 設折衝府，全國共置六百三十四府。府兵主要來自均田農民，平日務農，農隙教練。出征由朝廷命將統領，戰罷則兵歸於府，將歸於朝，以防將帥擁兵自重。
637 年 唐貞觀十一年	頒佈貞觀律令格式。 武則天以太宗才人入宮。
638 年 唐貞觀十二年	高士廉上《氏族志》，以皇族爲首，凡二百九十三姓。 吐蕃攻松州（治所今四川松潘）。
640 年	高麗、百濟、新羅、吐蕃遣子弟請入國學。

文成公主　《唐律疏議》

唐貞觀十四年	詔經學家孔穎達（574～648 年）等撰《五經正義》，653 年書成頒行，自此至宋初，此書爲考試經學的標準。
641 年 唐貞觀十五年	文成公主入吐蕃，與吐蕃贊普松贊干布聯姻。在她的影響下，漢族碾磨、陶器、紙、酒等製作工藝及曆算、醫藥等知識傳入吐蕃。據藏文史書云，今拉薩小昭寺是其所建。
643 年 唐貞觀十七年	魏徵卒（580～643 年）。 命圖繪功臣二十四人像於凌煙閣。 新羅與高麗相攻，向唐求援。
645 年 唐貞觀十九年	玄奘自天竺歸，於弘福寺譯經。 太宗親自率軍東征高麗，不克而班師。
647 年 唐貞觀二十一年	唐將李世率軍再征高麗，不果而返。 於鐵勒舊地置都督府、州。
649 年 唐貞觀二十三年	太宗卒（589 或 599～649 年）。太子李治即位，是爲唐高宗。 長孫無忌（高宗舅父）、褚遂良輔政。
651 年 唐高宗永徽二年	大食遣使來唐，是爲唐與大食官方聯繫之始。 頒《永徽律》。
652 年 唐永徽三年	令長孫無忌等對《永徽律》疏證解釋，於次年撰成《律疏》三十卷，與《律》合稱《永徽律疏》（後稱《唐律疏議》），具有中華法系「援禮入法」、「禮法合一」的特徵。 建大雁塔（在陝西省西安市南慈恩寺內）。玄奘爲貯藏印度取回的經像而建。
653 年 唐永徽四年	睦州（治今浙江建德）女子陳碩眞起義，稱文佳皇帝，旋敗。
654 年 唐永徽五年	以武則天爲昭儀，次年廢王皇后爲庶人，立武則天爲皇后。

656 年 唐高宗顯慶元年	長孫無忌進《梁書》、《陳書》、《周書》、《齊書》、《五代史志》等。
657 年 唐顯慶二年	唐遣蘇定方擊西突厥，大破之。 在西突厥地設都護府。
659 年 唐顯慶四年	改《氏族志》爲《姓氏錄》，立后族爲第一。 李延壽上所撰《南史》、《北史》。
664 年 唐高宗麟德元年	宰相上官儀請廢武后，被殺。從此高宗每視事，武后必垂簾於後，政權悉歸武則天。
668 年 唐高宗乾封三年 總章元年	高麗王降，以其地置安東都護府。 宰相楊弘武卒（？～ 668 年）。弘武，華州華陰（今屬陝西）人。高宗曾責其授官多非其人，他答乃悍妻所囑，不敢違，以諷高宗用武后之言。
682 年 唐高宗開耀二年 永淳元年	醫學家孫思邈卒（581 ～ 682 年）。思邈，京兆華原（今陝西銅川）人，所撰《千金方》（《備急千金要方》），總結唐以前的醫學理論與臨床經驗，後人尊稱爲「藥王」。
683 年 唐永淳二年 弘道元年	高宗卒（628 ～ 683 年）。太子李顯即位，是爲中宗。尊武后爲皇太后，武則天執政。 裴炎受遺詔輔政，爲中書令。
684 年 唐中宗嗣聖元年 睿宗文明元年 則天后光宅元年	中宗被廢，立李旦爲帝，是爲睿宗，武則天執政。徐敬業於揚州起兵反武則天，兵敗被殺。 裴炎請太后歸政皇帝，謂如此則叛者無所藉口，可不討自平。旋以謀反罪被殺。
688 年 唐則天后垂拱四年	武則天加號聖母神皇。 琅琊王沖等起兵，謀匡復唐室，未果。武則天大殺唐宗室。
689 年	武則天繼續殺害唐宗室、王公多人。

唐則天后永昌元年	武則天自名曌，改詔曰制。改用周正，以 11 月爲載初元年正月，12 月爲臘月，明年正月爲 1 月。
690 年 唐則天后載初元年 武周天授元年	武則天親自策問貢士於洛城殿，殿試自此始。 武則天稱帝，改國號周，稱神聖皇帝，改元天授，史稱「武周」。以皇帝爲皇嗣，賜姓武。 封武氏諸王。
694 年 武周長壽三年 延載元年	摩尼教始傳入中國。 徵天下銅五十餘萬斤，鐵三百三十餘萬斤，錢二萬七千貫，於洛陽定鼎門內鑄八棱銅柱，名爲「大周萬國頌德天樞」。
705 年 唐中宗神龍元年	宰相張柬之等發動政變，逼武則天退位，中宗復位，復國號唐。本年武則天卒（624 ～ 705 年）。
707 年 唐中宗景龍元年	以金城公主嫁吐蕃贊普，710 年送歸吐蕃。致力於唐蕃和好，屢促和盟。
710 年 唐景龍四年 少帝唐隆元年 睿宗景雲元年	中宗卒（656 ～ 710 年）。韋后專權，立李重茂爲帝。相王之子、臨淄王李隆基起兵誅韋后等，擁立相王，是爲睿宗。姚崇、宋璟爲相。 罷斜封官（中宗時，韋皇后與太平公主、安樂公主等人主政，直接下達皇帝親筆所書的命令，斜封交付中書省授給官職，稱之爲「斜封官」，計有數千人）。
712 年 唐睿宗太極元年 延和元年 玄宗先天元年	睿宗傳位太子李隆基，是爲唐玄宗。 尊睿宗爲太上皇。 三品以上官員的除授及大刑政由太上皇決定。 奚、契丹軍二萬攻入漁陽（今北京市密雲西南）。
713 年 唐先天二年	太平公主謀廢玄宗，事泄，賜死。 以高力士知內省事，宦官自此權力漸盛。

開元元年	玄宗改元為開元。開元年間（713 ～ 741 年），經濟發展，社會繁榮，國力達到極盛，史稱「開元盛世」。
717 年 唐開元五年	日本吉備眞備、阿倍仲麻呂（晁衡）從遣唐使入唐留學。
721 年 唐開元九年	宇文融爲勸農使，括民籍田，得戶八十餘萬及大量土地。 劉知幾卒（661 ～ 721 年），所著《史通》總結歷代史書編撰的利弊得失，是我國第一部史學評論的專著。
726 年 唐開元十四年	唐在黑水靺鞨置黑水都督府（駐地在今俄羅斯哈巴羅夫斯克，即伯力）。
727 年 唐開元十五年	僧一行（張遂）卒（683 ～ 727 年），曾與天文儀器製作家梁令瓚合作製成水運渾天儀，又主修《大衍曆》等。
728 年 唐開元十六年	詔全國今後放債宜四分收利，官本五分取利。 詔頒《開元大衍曆》。
729 年 唐開元十七年	禁止私賣銅、鉛、錫。 吐蕃尺帶珠丹上表，稱與唐「和同爲一家」。
731 年 唐開元十九年	唐贈與吐蕃所求《毛詩》、《左傳》、《禮記》。唐與吐蕃在赤嶺（今日月山，在今青海湟源西）互市（貿易）。
734 年 唐開元二十二年	唐以李林甫爲相。 日人吉備眞備攜《唐禮》、《大衍曆》、《樂書》等歸國。
738 年 唐開元二十六年	渤海求寫《唐禮》、《三國志》、《晉書》等書，許之。 皮邏閣統一六詔（詔，即王之意，六詔即分佈在今雲南洱海地區的蒙嶲、越析、浪穹、邆賧、施浪、蒙舍等六個最大的烏蠻部落），唐封其爲雲南王。
741 年 唐開元二十九年	唐以安祿山爲營州刺史、平盧軍節度副使、四府經略使。

742 年 唐玄宗天寶元年	是時有安西、北庭、河西、朔方、河東、范陽、平盧、隴右、劍南、嶺南等十節度使，鎮兵四十九萬。 唐改州爲郡，天下郡府 362，羈縻州八百。戶 8525763，口 48909800。 唐至德二載（757 年），又改郡爲州。
743 年 唐天寶二年	安祿山入朝。 唐僧鑑眞應日僧邀請東渡，爲風浪所阻而返。
745 年 唐天寶四載*	以楊太眞爲貴妃。 詔以《道德經》列於諸經之首，令集賢院將《南華經》由子部改入經部。 * 744 ～ 758 年改「年」稱「載」。
747 年 唐天寶六載	唐以哥舒翰爲隴右節度使。 以天下歲貢之物賜李林甫。
751 年 唐天寶十載	劍南節度使鮮于仲通擊南詔，敗績。南詔始依吐蕃。 安西四鎮節度使高仙芝率軍擊大食，大敗，唐在中亞的勢力轉弱。
752 年 唐天寶十一載	詔王公百官勳蔭等應置莊田不得逾於式令。 禁官奪百姓口分永業田。
754 年 唐天寶十三載	唐僧鑑眞一行東渡成功，到達日本，次年在日本奈良東大寺築壇傳法，是爲日本佛教徒登壇受戒之始。
755 年 唐天寶十四載	安祿山於范陽（治今北京）起兵反唐，安史之亂爆發。次年初攻入東京洛陽。
756 年 唐天寶十五載 肅宗至德元載	安祿山稱帝，叛軍攻入長安。玄宗奔蜀，至馬嵬驛（今陝西興平西），軍士嘩變，玄宗被迫殺楊貴妃、楊國忠。 太子李亨即位，是爲唐肅宗，尊玄宗爲太上皇。

757 年 唐至德二載	安祿山被其子慶緒所殺。 郭子儀率軍會合回紇兵收復長安、洛陽。
759 年 唐肅宗乾元二年	史思明殺安慶緒，旋稱帝。詩人杜甫撰《三吏》、《三別》。
761 年 唐肅宗上元二年	史思明欲廢長子朝義，立少子朝清爲太子，旋爲朝義所殺。
762 年 唐肅宗寶應元年	玄宗（685～762 年）、肅宗（711～762 年）相繼而卒。宦官擁立太子李豫即位，是爲唐代宗。 雍王李適率蕃漢軍大破史朝義，回紇兵入洛陽，大肆搶劫。 本年詩人李白卒（701～762 年），有《李太白集》傳世。
763 年 唐寶應二年 代宗廣德元年	史朝義自縊，餘黨降唐，安史之亂結束。 吐蕃軍入長安，代宗逃亡陝州（治今河南陝縣東北陝縣老城），後爲郭子儀軍擊退。
764 年 唐廣德二年	劉晏改革漕運，自此每歲運米數十萬石以給關中。 徵天下青苗錢以給官俸，又徵酒稅。
770 年 唐代宗大曆五年	日人晁衡（阿倍仲麻呂）卒於長安。 本年詩人杜甫卒（712～770 年），有《杜工部集》傳世。
780 年 唐德宗建中元年	德宗採納楊炎的建議，廢租庸調制，推行兩稅法（分春秋兩季徵收地稅和戶稅，地稅是按畝徵糧，戶稅則是按資產多少劃分戶等在現居地立籍徵銀）。
781 年 唐建中二年	大秦景教流行中國碑立（參見 635 年）。 本年，郭子儀卒（697～781 年）。
782 年 唐建中三年	是因藩鎮割據，叛亂迭起，朝廷用兵，月費百餘萬緡，財政困難，詔天下稅每貫增二百，鹽每斗增五百錢。
783 年	涇原節度使姚令言奉命率本鎮兵東征藩鎮李希烈。過京師

唐建中四年	時,既無賞賜,食品又粗劣,遂嘩變。德宗西逃奉天(治今陝西乾縣)。姚令言說變兵擁留居京師的鳳翔節度使朱泚稱大秦皇帝,改元應天。次年,唐軍收復長安,朱泚、姚令言敗亡,兵變被平。
784 年 唐德宗興元元年	李懷光反唐。懷光,781 年遷朔方節度使。本年,因涇原兵變,率兵至奉天救德宗,屢破叛軍。旋因讒言,起兵反唐,次年敗死。
788 年 唐德宗貞元四年	以咸安公主嫁回紇。 回紇改號回鶻。
793 年 唐貞元九年	始徵茶稅,在產茶州縣和茶山外要路估值,十分取一,歲入四十萬緡。
794 年 唐貞元十年	南詔王異年尋與唐使者在點蒼山(在今雲南大理市西北、洱海及漾濞江間)神祠令盟。
800 年 唐貞元十六年	唐詩人元稹(779～831 年)撰成《鶯鶯傳》,《鶯鶯傳》為後來《西廂記》故事所取材。
801 年 唐貞元十七年	唐史學家杜佑(735～812 年)撰成《通典》,是書專述歷代典章制度的沿革變遷,為我國第一部「典制體」的開創性史著。
805 年 唐貞元二十一年 順宗永貞元年	王叔文、王伾改革,旋敗。王叔文被殺,王伾及參與改革的柳宗元、劉禹錫等八人貶為司馬,史稱「二王八司馬事件」。
818 年 唐憲宗元和十三年	遣中使往法門寺迎佛骨。次年,韓愈諫迎佛骨被貶。
821 年 唐穆宗長慶元年	唐、吐蕃會盟,立長慶會盟碑(甥舅會盟碑)。 自定兩稅法以來,物價日賤,以實物計算,負擔增加三倍,令改納實物(布、絲、纊),但鹽、酒、茶用錢納稅。參見780年。

823 年 唐長慶三年	牛（僧孺）李（德裕）黨爭日趨激烈。
824 年 唐長慶四年	穆宗卒（795 ～ 824 年），太子湛即位，是爲敬宗。宦官請郭太后（郭子儀孫女）臨朝稱制，太后不許。 本年杭州築白堤。 本年文學家韓愈卒（768 ～ 824 年）。韓愈與柳宗元（773 ～ 819 年）並爲古文運動代表人物。
835 年 唐文宗大和九年	文宗與朝臣謀殺宦官失敗，宦官大殺朝臣，史稱「甘露之變」。
839 年 唐文宗開成四年	本年裴度卒（765 ～ 839 年）。裴度，河東聞喜（今山西聞喜東北）人。力主削除藩鎮。後升宰相。817 年督師攻破蔡州，擒淮西節度使吳元濟，河北藩鎮畏懼，多表示服從朝廷。藩鎮割據局面暫告結束。晚年以宦官專權，辭官退居洛陽。回鶻內亂，勢力轉衰。
845 年 唐武宗會昌五年	唐武宗篤信道教，惡僧尼，下令毀佛。期間天下毀寺 4600 餘，僧尼還俗 26 萬餘。是爲「三武一宗」滅佛事件之一。
874 年 唐僖宗乾符元年	王仙芝聚衆起義。次年，黃巢起兵回應，唐末農民大起義爆發，至 884 年起義失敗，黃巢自殺。
902 年 唐昭宗天復二年	楊行密受唐封爲吳王，是爲吳國（十國之一）的建立者。吳國至 937 年，爲南唐取代。
903 年 唐天復三年	王建受唐封爲蜀王，是爲蜀國（十國之一）的建立者，蜀國，亦稱「前蜀」，至 925 年爲後唐所滅。
五代十國	
907 年～979 年	五代十國時期，始於 907 年朱溫稱帝建梁，至 979 年宋滅北漢爲止，中原地區前後有後梁、後唐、後晉、後漢、後

	周等五個朝代，合稱「五代」；此外還相繼出現吳、前蜀、吳越、楚、閩、南漢、荊南、後蜀、南唐、北漢等十個割據政權，合稱「十國」。
907 年 唐昭宣帝天祐四年 後梁太祖開平元年	朱溫逼哀帝退位，唐朝亡。朱溫自稱帝，改國號梁，史稱「後梁」（五代之一）。至 923 年為後唐所滅。 後梁封錢鏐為吳越王，史稱「吳越」（十國之一），至 978 年降於北宋。 後梁封馬殷為楚王，史稱「楚」（十國之一），至 951 年為南唐所滅。 契丹首領耶律阿保機統一八部，即汗位。
909 年 後梁開平三年	後梁封王知審為閩王（十國之一），至 945 年為南唐所滅。
910 年 後梁開平四年	吳越築捍海石塘，廣杭州城，錢塘由此富庶。

西元 10 世紀至 14 世紀中葉，是遼、宋、金、元等王朝的歷史時期。此期可分兩個段落：自西元 960 年至 1279 年，是北宋重建統一王朝，及宋與遼、西夏、金、蒙古（元）諸政權長期的對峙並存；自西元 1279 年至 1368 年，則是元朝的興亡史。

宋立國之後，吸取前代的經驗教訓，對中央、地方的兵制、官制和財政等方面進行了一系列調整和改革。文官體制的建立和政治制度上的改革，雖有效地消除了分裂割據和武人亂政的隱患，也帶來了「冗官」、「冗兵」及龐大的財政開支，造成了積貧、積弱的嚴重後果。慶曆新政和熙寧變法的失敗，說明統治階層已喪失了通過體制內的改革實現自強自救的能力。宋的統一，不可與漢唐同日而語。周邊少數民族政權，控制的地域範圍極大，在政治、經濟、軍事等方面都足以與中原王朝相抗衡。南宋的偏安，只是北宋半壁江山的延續，政治上始終未能奮起振作。與北方的對抗，也始終處於下風。兩宋時期，南方地區的社會經濟堪稱突飛猛進，城市的發展及其格局和功能的演變，農業、手工業生產的顯著進步，商品貿易的空前活躍等，皆使當時的社會呈現前所未有的新面貌，經濟重心的南移終告完成。

元朝為在遼闊的疆域內實行有效統治，創置了行省制度，後為明清所沿襲，影響深遠。元朝的海、陸交通空前發達，中西交往盛極一時，西方使者多次來華，馬可‧波羅即為著名的事例。然而，元朝為維護蒙古貴族特權而推行的民族分化政策，導致社會矛盾日益激化，元朝的國祚不長實與之有關。

遼宋金元史 一

	遼、宋、金、元
916 年～1125 年	遼朝。阿保機稱帝，建契丹國。947 年改國號為遼（983～1066 年間曾復稱契丹）*，至 1125 年為金所滅，共歷 10 帝，210 年。 *為了行文方便，下文 983～1066 年間仍稱遼。
916 年 後梁末帝貞明二年 遼太祖神冊元年	耶律阿保機稱帝，建元神冊，建立契丹國。至 947 年，改國號為遼。耶律阿保機在位時，任用漢人韓延徽等，改革禮俗，建築城郭，製作契丹文字，發展農商。並行漢制與草原行國體制。南攻代北及河北州縣，向西征服游牧諸部。
917 年 後梁貞明三年 遼神冊二年	劉龑稱帝，國號越，建都廣州（今屬廣東），據有今廣東和廣西，次年改為漢，史稱「南漢」（十國之一），至 971 年為宋所滅。
920 年 後梁貞明六年 遼神冊五年	契丹頒行契丹大字，後又製小字。兩種文字並用於遼金時代。現今發現的契丹文字資料，主要是墓誌、碑刻、摩崖和洞穴墨書等。
923 年 後梁末帝龍德三年 後唐莊宗同光元年 遼太祖天贊二年	李存勖稱帝，建都洛陽，建國號唐，史稱「後唐」（五代之一），有今河南、山東、山西、河北、北京、天津等省市和陝西大部，寧夏、甘肅各一部分，湖北漢水流域，安徽和江蘇的淮河以北。吳越、閩、楚、荊南奉其正朔。至 936 年為後晉所滅。
924 年 後唐同光二年 遼天贊三年	唐封高季興為南平王，史稱「荊南」或「南平」（十國之一），據有今湖北荊州、公安一帶，建都荊州（今荊州市荊州區）。至 963 年為宋所滅。
926 年 後唐同光四年	契丹滅渤海國。改渤海國為東丹，以契丹太子耶律倍為東丹王。

明宗天成元年 遼太祖天顯元年	契丹（遼）太祖卒（872 ～ 926 年），述律后攝國政。
933 年 後唐明宗長興四年 遼天顯八年	唐封孟知祥爲蜀王，次年孟知祥稱帝，建都成都（今屬四川），國號蜀，史稱「後蜀」（十國之一），至 965 年爲北宋所滅。
936 年 後唐末帝清泰三年 後晉高祖天福元年 遼天顯十一年	石敬瑭反唐，求助於契丹，契丹軍大破唐兵。 石敬瑭割讓燕雲十六州給契丹。 契丹冊封石敬瑭爲帝，建都汴（今河南開封），國號晉，史稱「後晉」（五代之一），至 946 年爲契丹所滅。除割讓的燕雲十六州外，疆域略同後唐。
937 年 後晉天福二年 遼天顯十二年	李昇代吳稱帝，建都金陵（今江蘇南京），國號唐，史稱「南唐」（十國之一），極盛時範圍達今江蘇、安徽淮河以南和福建、江西、湖南及湖北東部。958 年後周軍南下，割江北十四州，去帝號、年號，稱臣於後周。至 975 年爲宋所滅。
947 年 後漢高祖 天福十二年 遼太宗會同十年 大同元年 世宗天祿元年	遼太宗率兵攻後晉，縱兵剽掠，謂之「打草穀」。旋席捲寶貨北歸。 後晉河東節度使劉知遠稱帝，建都汴（今河南開封），國號漢，史稱「後漢」（五代之一），至 950 年爲後周所滅。 後漢初建國，以河東節度判官蘇逢吉爲相。
951 年 後周太祖廣順元年 遼天祿五年 穆宗應曆元年	後漢鄴都留守郭威稱帝，建都汴（今河南開封），國號周，史稱「後周」（五代之一），至 960 年趙匡胤廢恭帝，後周亡。 劉旻在太原稱帝，國號漢，史稱「北漢」（十國之一），至 979 年爲宋所滅。

954 年 後周太祖顯德元年 遼應曆四年	郭威卒（904 ～ 954 年）。養子柴榮即位，是爲周世宗。在位時改革政治，整頓軍事，獎勵生產，國力大增。
955 年 後周世宗顯德二年 遼應曆五年	周世宗令天下寺院除敕賜寺額者外，全部廢去。共廢寺院三萬零三百餘所。是爲「三武一宗」滅佛事件之一。
959 年 後周顯德六年 遼應曆九年	後周以趙匡胤爲殿前都點檢。 周世宗北伐攻遼，收復莫、瀛、易三州，因疾班師，旋卒（921 ～ 959 年）。
960 年～ 1279 年	宋，也稱「趙宋」，包括北宋與南宋，始於960年趙匡胤稱帝，終於1279年爲元所滅。宋共歷18帝，320年。其中北宋共歷9帝，167年；南宋9帝，153年。 北宋定都開封，南宋則定都臨安。
960 年 後周恭帝顯德七年 宋太祖建隆元年 遼穆宗應曆十年	陳橋驛兵變，趙匡胤廢後周恭帝，建立宋朝，定都開封（今河南開封），是爲宋太祖。 廢宰相坐議之禮。 後周昭義節度使李筠起兵反宋，不久敗死。 淮南節度使李重進起兵反宋，不久敗死。
961 年 宋建隆二年 遼應曆十一年	宋太祖設宴，諭典領禁軍的將領罷兵權，史稱「杯酒釋兵權」。 王溥等撰成《唐會要》一百卷。
962 年 宋建隆三年 遼應曆十二年	女眞貢於宋。次年，再貢馬於宋。 縣令考課以戶口增減爲黜陟。 宋屯兵北方各重鎮，以禦契丹、北漢。

964 年 宋太祖乾德二年 遼應曆十四年	宋設置參知政事以副宰相。 宋太祖任舊幕僚趙普為相。 命王金斌等攻後蜀。入利州（治今四川廣元）。
965 年 宋乾德三年 遼應曆十五年	後蜀滅。降兵受虐待，起而反抗，首領全師雄稱興蜀大王。 選強壯兵為定樣，詔籍郡國饒勇兵以充禁軍。 行更戍法，定期換防，自此將不得專其兵。
969 年 宋太祖開寶二年 遼應曆十九年 景宗保寧元年	罷各地節鎮，諸藩鎮州府多代之以文官。 宋馮繼昇、岳義方發明「火藥箭」。 宋太祖統兵攻北漢太原，遼兵救援北漢。不久，宋軍疾疫 流行，退兵。
971 年 宋開寶四年 遼保寧三年	宋設市舶司於廣州。 僧延壽奉吳越王錢俶命於錢塘江邊建六和塔。 本年宋滅南漢。革除南漢無名賦斂，放免奴婢。
973 年 宋開寶六年 遼保寧五年	宋太祖於講武殿親自複試舉人，自此殿試成為定制。975 年，又別為升降等第，始有省試、殿試之分。舉人經省試 中第，須再赴殿試，才算真正登科。從此，取士大權收歸 皇帝。
974 年 宋開寶七年 遼保寧六年	宋命曹彬等攻南唐。宋軍在石碑鎮（在今安徽懷寧）製渡江 浮橋。移浮橋於采石磯，大軍渡江，如履平地。次年滅南 唐。 史學家薛居正修成《五代史》（《舊五代史》）。
976 年 宋開寶九年 太宗太平興國元年 遼保寧八年	吳越國王錢俶朝宋，旋被遣南歸。 宋太祖卒（927～976 年）。傳有被其弟光義所殺之說。光 義即位，是為宋太宗。 令諸州大索知天文術數之人送京師。

977 年 宋太平興國二年 遼保寧九年	詔所在悉以七十七錢爲百，每千錢必及四斤半以上。 令李昉等編《太平御覽》、《太平廣記》。
979 年 宋太平興國四年 遼保寧十一年 乾亨元年	宋滅北漢，最後一個（十國）地方政權亡，北宋基本統一中原及長江以南地區。 北漢名將楊繼業（楊業）歸宋。 宋遼高粱河（今北京西直門外）之戰，宋軍敗。
986 年 宋太宗雍熙三年 遼聖宗統和四年	太宗決策攻遼，大敗，名將楊業敗死。 李昉、宋白等編成《文苑英華》，輯集南朝梁末至唐代的詩文，以續《文選》。
989 年 宋太宗端拱二年 遼統和七年	杭州置市舶司。 建築家喻皓在京師建開寶寺塔。 遼軍在宋境之唐州徐河（在今保定、滿城以北），被宋將尹繼倫襲敗，復被宋軍追擊，自此數年不大舉南下。
990 年 宋太宗淳化元年 遼統和八年	鑄淳化元寶錢。自此每改元更鑄錢，以年號元寶爲文。 遼封李繼遷爲夏國王。
992 年 宋淳化三年 遼統和十年	宋科舉始用糊名考校之法。 置磨勘院，以考課中外官員。 命詳定秤法，頒行天下。
993 年 宋淳化四年 遼統和十一年	高麗納貢於契丹。 王小波、李順起義，以「吾疾貧富不均，今爲汝均之」號召群眾。次年初，王小波戰死，李順繼爲首領。
994 年 宋淳化五年	李順克成都，稱大蜀王。不久失敗，李順被俘殺（一說脫險，三十年後在廣州被捕遇難）。

遼統和十二年	高麗乞師於宋，未果。高麗遂附於契丹。
997 年 宋太宗至道三年 遼統和十五年	宋太宗卒 (939～997 年)。子恒即位，是爲宋眞宗。 王禹偁上疏，請減冗兵、冗吏，汰僧尼，謹邊防，愼選舉。 宋始分天下爲十五路。
999 年 宋眞宗咸平二年 遼統和十七年	禮部試舉人始行試卷封彌制。 遼蕭太后、聖宗大舉攻宋。遼軍攻遂城，爲守將楊延昭擊退。
1000 年 宋咸平三年 遼統和十八年	宋神衛水軍隊長唐福獻所造火球、火蒺藜。 遼敗宋兵於瀛州 (今河北河間)。遼軍渡黃河，掠淄 (今山東淄博市西南)、齊 (治今濟南) 而去。
1001 年 宋咸平四年 遼統和十九年	宋汰冗吏十九萬五千餘人。 宋分川、峽爲益 (治今四川成都)、利 (治今陝西漢中市東)、梓 (治今四川三台)、夔 (治今奉節) 四路，後稱爲四川。
1003 年 宋咸平六年 遼統和二十一年	遼軍敗宋兵於望都 (今屬河北)。宋將王繼忠被俘降遼。 宋禁士庶家和黥僮僕。
1004 年 宋眞宗景德元年 遼統和二十二年	遼軍敗宋兵於洺州 (今河北永年東南)。宋眞宗親臨澶州 (今河南濮陽附近)，時澶州守軍射殺遼統軍使蕭撻凜。遼軍圍澶州，雙方議和。
1005 年 宋景德二年 遼統和二十三年	宋遼訂立澶淵之盟，互約爲兄弟之國，宋每年輸遼歲幣銀十萬兩、絹二十萬匹，雙方並開展邊貿。 緣邊各地募置邊民爲弓箭手。
1006 年 宋景德三年 遼統和二十四年	詔緣邊歸民給復 (免除徭役) 三年。 定江淮運米輸京師之定額，每年爲六百萬石。 宋本年較 1003 年戶增五十五萬，餘賦增三百四十餘萬。

1007 年 宋景德四年 遼統和二十五年	景德年間，因燒製青瓷而聞名的昌南鎮，改名景德鎮。 遼建中京大定府 (今內蒙古寧城西大明城)。
1008 年 宋眞宗大中祥 符元年 遼統和 二十六年	王欽若等屢造天書符瑞事，因而改元大中祥符。 眞宗封禪泰山。 眞宗至曲阜，祀孔子，加謚玄聖文宣王。封禪耗費達八百 餘萬貫。
1012 年 宋大中祥符五年 遼統和三十年 開泰元年	高麗王詢遣使遼稱臣。 占城稻是一種高產、早熟的旱稻良種，北宋初年傳入中國， 在福建種植。抗旱力強，不擇地而生。本年推廣到江、淮、 兩浙一帶種植。
1013 年 宋大中祥符六年 遼開泰二年	王欽若等撰《君臣事蹟》，書成，賜名《冊府元龜》，凡 一千卷。 詔農器免稅。
1014 年 宋大中祥符七年 遼開泰三年	宋高陽關副都部署楊延昭 (958～1014 年) 卒。延昭係楊業 之子，世稱楊六郎。 升應天府 (今河南商丘南) 爲南京。
1018 年 宋眞宗天禧二年 遼開泰七年	遼連年攻高麗。本年，敗績。 本年，立昇王受益爲太子，改名禎。爲後宮李氏所生，劉 皇后取爲己子。
1021 年 宋天禧五年 遼開泰十年 太平元年	本年墾田數爲 524758432 畝，是爲宋代官府最高的統計數。
1022 年	給兗州學田十頃，諸州給學田從此始。

宋眞宗乾興元年 遼太平二年	宋眞宗卒（968 ～ 1022 年）。子禎即位，是爲宋仁宗，劉太后聽政。
1023 年 宋仁宗天聖元年 遼太平三年	設益州交子務，次年始放交子，爲中國歷史上政府發行紙幣之始。 本年宋代官府人口統計數區分主、客戶，主戶 6144983、主口 19511844，客戶 3753138、客口 5944015。
1027 年 宋天聖五年 遼太平七年	令國子監摹印頒行醫術。 工部郎中燕肅請造指南車（用齒輪轉動）。內侍盧道隆上所造記里鼓車。
1029 年 宋天聖七年 遼太平九年	契丹飢民入宋界，以邊地閒田處之。 宋醫學家、針灸學家王惟一鑄腧穴銅人模型，著有《銅人腧穴針灸圖經》。
1031 年 宋天聖九年 遼太平十一年 興宗景福元年	詔公卿大夫勵名節。 遼聖宗死（972 ～ 1031 年）。子宗眞即位，是爲興宗。聖宗元妃（興宗生母）自稱太后，攝政。 遼封李元昊爲夏國公。
1032 年 ～ 1227 年	西夏紀年。西夏，本名「大夏」，始於西元 1032 年元昊嗣夏王位，至 1227 年爲蒙古所滅，共歷 10 帝，190 年。
1033 年 宋仁宗明道二年 遼興宗重熙二年	劉太后卒（968 ～ 1033 年），宋仁宗親政，詔還范仲淹等。 范仲淹請銷冗兵、削冗官、減冗費。 遼以太后之弟蕭孝先爲樞密使，孝先始專權。
1036 年 宋仁宗景祐三年 遼重熙五年	貶諫官范仲淹、歐陽修等，戒群臣越職言事。朋黨論起。 約在此時野利仁榮等創製西夏文字。
1038 年	党項族首領元昊稱帝，建國號大夏，年號天授禮法延祚，

宋景祐五年 寶元元年 遼重熙七年	史稱「西夏」。 宋以夏竦知永興軍（治今陝西西安），范雍知延州（治今延安市東北），以禦西夏。
1040 年 宋寶元三年 康定元年 遼重熙九年	括市京畿等地戰馬，括開封府等地驢五萬，移用常平倉錢以助軍費。 曾公亮著成《武經總要》，這是中國第一部官修兵書。
1041 年 宋康定二年 慶曆元年 遼重熙十年	西夏於好水川（今寧夏隆德西北好水，一說即今榆河），大敗宋軍，史稱「好水川之戰」。 北宋最大的一部官修目錄書《崇文書目》撰成。 宋慶曆年間（1041～1048 年），畢昇發明活字印刷術。
1042 年 宋慶曆二年 遼重熙十一年	遼以兵脅宋索地，宋遣富弼出使契丹。宋增歲幣銀絹各十萬與契丹以成和。 西夏於定川砦（今寧夏固原西北）大敗宋軍，史稱「定川砦之戰」。
1043 年 宋慶曆三年 遼重熙十二年	范仲淹任參知政事，上十事疏（內容為：明黜陟，抑僥倖，精貢舉，擇官長，均公田，厚農桑，修武備，減徭役，覃恩信，重命令），實行變法，史稱「慶曆新政」。不久即罷。
1044 年 宋慶曆四年 遼重熙十三年	歐陽修作《朋黨論》。 遼以所屬部族附西夏，發兵攻元昊，屢為西夏所敗。 宋夏和議成，元昊向宋稱臣，宋冊封元昊為夏國主，歲賜銀、絹、茶二十五萬五千，恢復互市，自此宋夏無大戰事。 詔戒朋黨相訐。次年，范仲淹、富弼以「朋黨」罷官。
1045 年 宋慶曆五年	歐陽修上書，稱范仲淹、富弼等人「朋黨專權」之說不符事實。不久歐陽修被誣，貶官。

遼重熙十四年	本年，西夏請和於遼。
1046 年 宋慶曆六年 遼重熙十五年	詔議裁節冗費。 裁汰官員及邊兵之不勝任者五萬人。 遼禁止賣奴婢與漢人。
1048 年 宋慶曆八年 遼重熙十七年	民間盜鑄錢幣甚盛，錢法大亂。 蜀中約於此時用「卓筒井」產鹽。 西夏元昊被其子寧令哥所殺（1003 ～ 1048 年）。子諒祚立。
1049 年 宋仁宗皇祐元年 遼重熙十八年	裁減陝西鄉兵歸農三萬餘人，每年省錢二百四十餘萬。 儂智高起兵，徙安德州（今廣西靖西西北），稱「南天國」。
1050 年 宋皇祐二年 遼重熙十九年	遼遣使問罪於夏，夏請和於遼。 遼規定：醫卜、屠販、奴隸、背父母及犯事逃亡者，不准應進士舉。
1052 年 宋皇祐四年 遼重熙二十一年	儂智高陷邕州（今廣西南寧），建大南國自稱「仁惠皇帝」。 范仲淹卒（989 ～ 1052 年）。仲淹字希文，蘇州吳縣（今江蘇蘇州）人。曾與富弼、歐陽修等推行慶曆新政。工詩詞、散文，《岳陽樓記》中「先天下之憂而憂，後天下之樂而樂」的名句，傳誦千古。著作有《范文正公集》。
1053 年 宋皇祐五年 遼重熙二十二年	狄青擊敗儂智高於邕州。 以狄青爲樞密使。詔武臣知州事，須與僚屬參議，勿專決。
1056 年 宋至和三年 嘉祐元年 遼道宗清寧二年	以包拯知開封府。佛宮寺釋迦塔（在今山西應縣）建成，後人稱爲「應縣木塔」。是爲中國現存最高的古代木構建築，僅存的一座木塔。平面八角形，共九層，其中四層是暗層，外觀五層，連同底層廊簷共六簷，高 67.31 公尺。

1058 年 宋嘉祐三年 遼清寧四年	鑿永通河、靈渠。 王安石上萬言書，主張變法。 命詳定省減冗費措施。
1060 年 宋嘉祐五年 遼清寧六年	王安石任三司度支判官。 歐陽修、宋祁修成《新唐書》。 遼於中京設置國子監。
1062 年 宋嘉祐七年 遼清寧八年	包拯卒（999～1062 年）。字希仁，廬州合肥（今屬安徽）人。 為官剛正，斷訟明敏，執法嚴峻，是古代清官的典型。他 的事蹟長期流傳民間，演為戲文，廣為流傳。
1063 年 宋嘉祐八年 遼清寧九年	宋仁宗卒（1010～1063 年）。嗣子曙即位，是為宋英宗。 遼皇太叔耶律重元發動政變，旋被平定。
1066 年 宋英宗治平三年 遼道宗咸雍二年	命司馬光編歷代君臣事蹟（後賜名《資治通鑑》）。先編成戰 國部分八卷，英宗命繼續編纂。 宋庠卒（996～1066 年）。庠初名郊，字公序，開封雍丘（今 河南杞縣）人，幼居安陸（今屬湖北）。文學家，與弟祁並稱「二 宋」。有《宋元憲集》。
1067 年 宋治平四年 遼咸雍三年	宋英宗卒（1032～1067 年）。子趙頊即位，是為宋神宗。 王安石出知江寧府，旋為翰林學士。
1068 年 宋神宗熙寧元年 遼咸雍四年	詔王安石越次入對，王安石建議變法。次年任參知政事， 實行變法，設置三司條例司，行青苗法、農田水利條約， 史稱「熙寧新法」。
1070 年 宋熙寧三年	禁諸路散青苗錢抑配。 韓琦上疏言青苗錢之弊。

遼咸雍六年	立保甲法，頒行免役法。以王安石爲相。
1071 年 宋熙寧四年	改革貢舉法，罷進士試詩賦，改用經義、策論取士。 罷差役法，行募役法。
遼咸雍七年	立太學三舍法。
1072 年 宋熙寧五年 遼咸雍八年	令河北民立弓箭社。戶出一人，設立社頭、社副、錄事，分番巡邏，遇警擊鼓聚衆，以防禦契丹侵犯爲主。北宋末年被解散。 行市易法、保馬法、方田均稅法。
1074 年 宋熙寧七年 遼咸雍十年	王安石罷相。 沈括主持製成渾儀、浮漏等天文儀器。 行置將法。
1075 年 宋熙寧八年 遼道宗太康元年	王安石復相。 頒王安石《三經新義》。 本年，遼耶律乙辛謀動搖太子地位，誣皇后私通伶人，逼皇后自殺。
1076 年 宋熙寧九年 遼太康二年	王安石復罷相。 宋在京師設太醫局賣藥所（後稱「和劑局」、「惠民局」），調製各種熟藥業售。後各地相繼仿照設立。
1077 年 宋熙寧十年 遼太康三年	理學家張載卒（1020～1077 年）。載字子厚，原籍大梁（今河南開封），後遷至鳳翔郿縣（今陝西眉縣）橫渠鎮，故稱橫渠先生，講學關中，其學派稱爲「關學」。著有《正蒙》、《經學理窟》等，後人編爲《張子全書》。
1080 年 宋神宗元豐三年 遼太康六年	王存等撰成《元豐九域志》，爲北宋中期詳確的官修地理總志。後陸續修訂，1086 年正式刊行。

《資治通鑑》　元祐更化　元祐黨爭

1084 年 宋元豐七年 遼太康十年	司馬光《資治通鑑》成書。神宗以此書「鑑於往事，有資於治道」，命名為《資治通鑑》。全書上起西元前 403 年，下迄西元 959 年，貫串一千三百六十二年史事，並有「考異」和「目錄」以備查閱。
1085 年 宋元豐八年 遼道宗大安元年	宋神宗卒（1048～1085 年）。子煦繼位，是為宋哲宗。太皇太后高氏臨朝，用司馬光主政，罷保甲、方田、保馬等法，次年罷免役法，史稱「元祐更化」。 理學家程顥卒（1032～1085 年）。顥字伯淳，河南洛陽人，世稱明道先生。講學洛陽，其學派稱「洛學」。其言論著作，後人編入《二程全書》。
1086 年 宋哲宗元祐元年 遼大安二年	罷青苗法。王安石（1021～1086 年）、司馬光（1019～1086 年）先後卒。 沈括創製《十二氣曆》。
1087 年 宋元祐二年 遼大安三年	禁科舉用王安石經義及字說。 宋朝臣形成洛黨（以程頤為主）、蜀黨（以蘇軾為主）、朔黨（以劉摯為首），意氣用事，互相攻訐。
1088 年 宋元祐三年 遼大安四年	蘇頌、韓公廉主持製成水運儀象台。據蘇頌《新儀象法要》，台分三層：上置渾儀（觀測日月星辰的位置）；中置渾象（有機械使渾象旋轉周期與天球周日運動一樣）；下設木閣（分五層，每層有門，每到一定時刻門中有木人出來報時）。木閣後有漏壺和機械系統，漏壺引水升降，轉動機輪。 沈括約在此年製成《天下郡縣圖》二十幅。
1089 年 宋元祐四年 遼大安五年	夏人通好，詔邊將勿生事。 蘇軾在杭州，時浙西飢荒，他奏請五十萬石救災。又疏浚西湖，以工代賑，築長堤，人稱蘇公堤。

1094 年 宋元祐九年 紹聖元年 遼大安十年	1093 年，高太后卒，宋哲宗親政，以「紹述」(繼承)其父神宗成法爲名，於本年改元紹聖，重新起用變革人士，貶逐守舊一派，恢復免役法，次年恢復青苗法。史稱「紹聖紹述」。 取消進士引用王安石《字說》之令禁。
1097 年 宋紹聖四年 遼壽昌三年	追貶司馬光、呂公著等元祐舊黨官。 進一步貶謫元祐時大臣呂大防、劉摯、蘇轍、梁燾、范純仁等。西夏屢攻宋境。
1100 年 宋哲宗元符三年 遼壽昌六年	宋哲宗卒 (1077 ～ 1100 年)。弟佶即位，是爲宋徽宗。追復司馬光、呂公著等官。 李誡撰成《營造法式》。
1101 年 宋徽宗建中靖國 元年 遼壽昌七年 天祚帝乾統元年	蘇軾卒 (1037 ～ 1101 年)。軾字子瞻，號東坡居士，與父洵弟轍，合稱「三蘇」。他詩、文、詞、書、畫均有名，爲「唐宋八大家」之一；詞開豪放一派；書法與蔡襄、黃庭堅、米芾並稱「宋四家」。有《東坡七集》等傳世。
1102 年 宋徽宗崇寧元年 遼乾統二年	命童貫置蘇杭造作局。 復貶司馬光等元祐舊黨官。詔司馬光等子弟不得在京爲官。 蔡京列文彥博、司馬光、蘇軾等爲奸黨，立元祐奸黨碑，禁元祐學術。
1103 年 宋崇寧二年 遼乾統三年	蔡京爲相。 毀「三蘇」、黃庭堅、秦觀、范祖禹等元祐黨人著作、文字。 令郡縣各立元祐黨人碑。
1105 年 宋崇寧四年 遼乾統五年	命朱勔領蘇杭應奉局，搜刮民間奇花異石，以綱船運至開封，建造園林，以供遊樂。運送花石之綱船往返淮、汴，號「花石綱」。

	除黨人父兄子弟之禁。詔元祐黨人貶謫徙於近地，惟不可至畿輔。
1106 年 宋崇寧五年 遼乾統六年	大赦元祐黨人，毀元祐黨人碑，除黨人一切之禁。 宋、夏通好。
1107 年 宋徽宗大觀元年 遼乾統七年	理學家程頤卒（1033～1107 年）。頤字正叔，學者稱伊川先生，與其兄程顥同爲北宋理學的奠基者，世稱「二程」，後人彙集二程著作，刊行《二程全書》。
1111 年 宋徽宗政和元年 遼天祚帝天慶元年	遼東北路邊將上書，言女直（即女眞）所爲叵測，請先發制之。未採納。 童貫使遼。燕（今河北北部）人馬植向童貫獻滅燕之策。改名李良嗣，隨童貫歸宋。徽宗納其言，受賜趙姓。
1113 年 宋政和三年 遼天慶三年	以蘇州爲平江府（轄境相當於今江蘇省蘇州市及吳縣、常熟、昆山、吳江和上海市的嘉定等地），時號稱東南都會。
1114 年 宋政和四年 遼天慶四年	女眞完顏阿骨打以二千五百人誓師反遼，首戰克寧江州（今吉林松原市東石頭城子）；繼戰出河店（今黑龍江肇源西南），破遼都統蕭嗣先軍，兵始滿萬。 詔廣南市舶司歲貢眞珠、犀角、象牙。
1115 年 ～ 1234 年	金，始於 1115 年阿骨打稱帝，至 1234 年爲蒙古和南宋軍攻滅，共歷 10 帝，120 年。
1115 年 宋政和五年 遼天慶五年 金太祖收國元年	阿骨打稱帝，國號大金，建都會寧（今黑龍江哈爾濱市阿城區南），是爲金太祖。後先後遷都中都（今北京西南隅）、開封（今河南開封）等。 金攻陷遼黃龍府（今吉林農安）。

1117 年 宋政和七年 遼天慶七年 金太祖天輔元年	徽宗崇奉道教，自稱教主道君皇帝。 令諸路監司兼措置起運花石。 由全國名醫收集民間經驗良方，選輯「內府」所藏祕方，彙編而成的《聖濟總錄》於本年成書。二百卷。以病分門，全書共六十八門，錄方二萬餘首，是為宋代醫學巨著。
1119 年 宋徽宗宣和元年 遼天慶九年 金天輔三年	朱勔以花石綱媚上，大擾民生。 宋江約於本年或本年以前起義。 金太祖命完顏希尹仿漢人楷字和契丹字，製作女真字。後金熙宗於 1138 年另頒新字，稱小字；稱完顏希尹所製為大字。
1120 年 宋宣和二年 遼天慶十年 金天輔四年	金攻陷遼上京 (今遼寧巴林左旗林東鎮)。 金遣使報夾攻遼事。 宋金訂立「海上之盟」，議定雙方夾擊攻遼，滅遼後，燕雲之地歸宋，宋將原送遼之歲幣轉送金。 方臘起義，次年失敗。
1121 年 宋宣和三年 遼天祚帝保大元年 金天輔五年	罷蘇杭造作局及花石綱。旋詔復花石綱。時蔡京、朱勔、王黼及宦官李彥、童貫、梁師成在位，貨賄公行，黨羽朝滿。
1122 年 宋宣和四年 遼保大二年 金天輔六年	金使至宋約夾攻遼。 宋括全國丁口錢二千六百萬緡，以備攻遼。 童貫攻遼，敗績。詔班師。
1123 年 宋宣和五年	宋以歲幣、代稅錢與金，贖回燕京與薊、景、檀、順、易、涿六州。

遼保大三年 金天輔七年 太宗天會元年	諸路轉運使送上供之錢物不足，被貶降者二十餘人。 金太祖西逐遼天祚帝，病死途中（1068～1123 年）。其弟吳乞買繼位，是爲金太宗。
1125 年 宋宣和七年 遼保大五年 金天會三年	金軍俘遼天祚帝，遼亡。遼宗室耶律大石率部西遷，同年（一說 1131 年）稱帝，後建都於虎思斡耳朵（今吉爾吉斯斯坦托克馬克東南），耶律大石仍用遼國號，史稱西遼。 金下詔攻宋，宋徽宗內禪，子桓繼位，是爲宋欽宗。尊徽宗爲教主道君太上皇帝。 任命李綱爲兵部侍郎。
1126 年 宋欽宗靖康元年 金天會四年	金兵圍汴京，李綱禦之。金索金帛，求割太原、中山、河間三鎮，宋許之。金兵旋北返。 太學生陳東及市民萬人請願。 詔禁人妄言金人復至。下哀痛詔。 金兵渡河，再圍汴京，京師陷，北宋亡。
1127 年 宋靖康二年 宋高宗建炎元年 金天會五年	金立張邦昌爲「大楚皇帝」，旋退位。 金軍擄宋徽宗、欽宗二帝，以及宗室、后妃等數千人，和樂工、工匠，又掠冠服、禮器、天文儀器、珍寶及皇家藏書北去。史稱「靖康之變」。 徽宗子趙構在應天府（今河南商丘）即位，是爲宋高宗，南宋始此。宋以李綱爲相，提出抗金建國十策。未採納。 陳東上書被殺。東字少陽，潤州丹陽（今屬江蘇）人。高宗即位後，三次上書，力言請親征迎歸徽、欽二帝等。著有《少陽集》、《靖炎兩朝見聞錄》。 金開貢舉，分南北榜，分取宋、遼之士。史稱「南北選」。
1128 年	1127 年宋將王彥北進戰敗，率所部七百人退入太行山。

八字軍　黃天蕩之戰　鍾相、楊麼起義

宋建炎二年 金天會六年	所部因面刺「赤心報國誓殺金賊」八字一作「誓竭心力不負趙王」，故稱「八字軍」。不久發展至十多萬人，勢力達到并(治今山西太原)、相(治今河南安陽)等州，多次擊敗金軍。本年，王彥率其中一萬多人南下，受東京(今河南開封市)留守宗澤領導，後被編入御營。餘部仍在各地繼續抗擊金軍。 馬擴據五馬山(在今河北鹿泉市東)，奉信王趙榛(一說是燕人趙恭冒充)抗金。 宗澤卒(1060～1128 年)。澤字汝霖，婺州義烏(今屬浙江)人。宋末任東京留守，修武備，儲糧食，招集義軍八字軍等協助防守，用岳飛為將，屢敗金兵。他多次上書，請高宗還都，收復失地。憂憤而死。
1129 年 宋建炎三年 金天會七年	金軍大舉南下，一路攻克揚州、臨安，宋高宗逃亡海上。
1130 年 宋建炎四年 金天會八年	金軍破明州(今浙江寧波)、定海(今浙江舟山)，高宗逃溫州。韓世忠敗金兵於黃天蕩(今江蘇南京市東北江面)。前後相持四十八日，迫使金軍退出江南。岳飛襲擊北撤金軍，獲勝，收復建康。 秦檜自金營返，建議與金議和。 鍾相、楊麼起義，至 1135 年失敗。 金立劉豫為「大齊皇帝」，建都大名(今河北大名東)，後遷汴京。配合金兵攻宋。1137 年被廢為蜀王，遷居臨潢(今內蒙古巴林左旗東南波羅城)而卒(1073～1146 年)。
1131 年	宋翰林學士王藻上書「馭將三說」，為武將所忌。

宋高宗紹興元年 金天會九年	宋以秦檜爲相，追贈司馬光等元祐黨人諡號官職。 吳玠在和尚原（今陝西寶雞市西南）大敗金軍。
1132 年 宋紹興二年 金天會十年	宋帝回臨安，大興土木。 秦檜罷相。 宋將陳規發明「火槍」，是爲世界最早的管形火器。
1133 年 宋紹興三年 金天會十一年	大理請入貢賣馬，宋卻其貢，買其馬。 金遣使至宋，迫宋以長江爲界。 楊麼稱大聖天王，立鍾相少子子儀爲太子，有眾二十萬人。 勢力東起岳陽，西及鼎（治今湖南常德）、澧（治今湖南澧縣）， 北抵公安（今湖北公安北），南到長沙界內。
1134 年 宋紹興四年 金天會十二年	吳玠在仙人關（今甘肅徽縣東南嘉陵江畔）大敗金軍。 岳飛收復襄陽、隨州、鄧州等。
1135 年 宋紹興五年 金熙宗天會十三年	岳飛破洞庭湖水寨，殺楊麼，並收編餘部。 金改定政治制度，推行漢官制度。 宋徽宗卒於五國城（今黑龍江依蘭，1082 ～ 1135 年）。在位 時廣收古物、書畫，使文臣編輯《宣和書譜》、《宣和畫譜》等。 擅書畫，工詩詞，其書有「瘦金體」之稱；存世畫跡有《芙蓉 錦雞》、《池塘秋晚》等圖；近人輯有《宋徽宗詩》、《宋徽宗詞》。
1138 年 宋紹興八年 金熙宗天眷元年	秦檜再爲相，專主議和，反對者多遭貶逐。 宋使王倫至金議地界。 宋始定都於臨安（今浙江杭州）。
1139 年 宋紹興九年 金天眷二年	宋以金人許和，大赦。 宋金交割地界。 金朝內訌，兀朮（完顏宗弼）掌權，反對宋金和議。

1140 年 宋紹興十年 金天眷三年	金毀盟，兀朮（完顏宗弼）分四路軍攻宋。 劉錡在順昌（治今安徽阜陽市）大敗金軍。岳飛在郾城（今河南漯河市）大敗金軍。 宋帝聽秦檜議，詔岳飛班師，盡罷諸軍。所復之地盡失。
1141 年 宋紹興十一年 金熙宗皇統元年	宋廷罷岳飛、張俊、韓世忠兵權。宋金議和，史稱「紹興和議」，宋向金稱臣，雙方以淮河至大關爲界，宋割唐（治今河南唐河）、鄧（治今河南鄧州）二州及商（治今陝西商洛）、秦（治今甘肅天水）二州之大半予金，宋每年向金納貢銀、絹各二十五萬兩、匹。
1142 年 宋紹興十二年 金皇統二年	岳飛被殺（1103 ～ 1142 年）。飛字鵬舉。北宋時隨宗澤守衛開封，任統制。所部軍紀嚴明，英勇善戰，稱「岳家軍」。反對與金議和，郾城大捷後，被召回。旋以「莫須有」罪名，下獄被殺。 金遣使冊封宋帝。宋與金定互市榷場之法。 金釋高宗之母韋氏回宋，並送還徽宗「梓宮」（棺槨）。
1143 年 宋紹興十三年 金皇統三年	蒙古反金，金不能制。 宋、金互遣使賀正旦。 金仿宋律，制定皇統新律。
1144 年 宋紹興十四年 金皇統四年	宋使臣王倫不受金官職被殺。 秦檜上書請禁野史；以其子秦熺領國史，毀棄與秦檜有關的詔書章奏。
1146 年 宋紹興十六年 金皇統六年	宋廷立獻遺書及晉唐眞跡的賞格。 金請和於蒙古，未允。 金右丞相韓企先卒。爲相十七年，以培植後進爲己任，時稱賢相。

陳旉《農書》

1147 年 宋紹興十七年 金皇統七年	金歲遣牛羊米絹予蒙古以和。 金帝選河南北女子四千餘以充後宮。 岳飛部將牛皋赴宴時中毒死。傳秦檜暗中指使。
1148 年 宋紹興十八年 金皇統八年	金兀朮（完顏宗弼）卒。他於 1129 年任統帥，渡長江，追宋 高宗入海。1130 年為韓世忠阻擊於黃天蕩。後連年進攻川、 陝。金熙宗時，撕毀與宋所訂的和約，於 1140 年進兵河南， 受到劉錡、岳飛等軍的阻擊。還朝後獨掌軍政大權。
1149 年 宋紹興十九年 金皇統九年 海陵王天德元年	金完顏亮殺熙宗及大臣多人，自即帝位。次年，又大殺宗 室和大臣。 宋農學家陳旉著成《農書》，是為我國現存時代最早的記載 江南地區農業生產技術的農書。
1151 年 宋紹興二十一年 金天德三年	金遷都燕京（今北京西南隅），調諸路工匠修燕京宮室。 目錄學家晁公武撰成《郡齋讀書志》，為宋代目錄學名著。
1153 年 宋紹興二十三年 金天德五年 貞元元年	金定五京之號，有上京會寧府（今黑龍江哈爾濱市阿城區南 白城）、東京遼陽府、北京大定府（今內蒙古寧城西大明鎮）、 西京大同府、南京開封府。以燕京（治今北京城西南隅）為 中都。改考試、車服之制。
1155 年 宋紹興二十五年 金貞元三年	秦檜卒（1090～1155 年）。遺表請「益固鄰國之歡盟」。檜字 會之，江寧（今江蘇南京）人。紹興年間兩任宰相，前後執 政十九年，為高宗所寵信。
1158 年 宋紹興二十八年 金正隆三年	金謀南侵，責宋收納叛亡以為口實。 宋因金有毀盟之意，令利州路團練義士。 宋收集民間銅器，用以鑄錢。
1159 年	金罷沿邊榷場，存留盱眙一處。籍壯丁，造戰船，造兵器。

宋紹興二十九年 金正隆四年	宋禁海商私往北界。
1160 年 宋紹興三十年 金正隆五年	金主完顏亮至汴京，屯兵五十萬，謀南攻。 宋戶部發行會子（紙幣），通行於東南地區。三年爲一界，常延期收換。面額有一貫、五百文及三百文、二百文等數種。1247 年，取消分界發行辦法，共發行十八界。
1161 年 宋紹興三十一年 金正隆六年 世宗大定元年	宋詔分經義、詩賦兩科取士。 史學家鄭樵（1104 ～ 1162 年）撰成《通志》。樵字漁仲，興化軍莆田（今屬福建）人。《通志》是網羅歷代史料而成的通史類著作。 金兵分四路南攻。 宋公佈金帝罪狀於軍民，又傳檄於契丹、西夏等。 宋軍自海道敗金兵於膠西唐島，又大敗金兵於采石（在今安徽馬鞍山市西南長江東岸）。 金完顏亮被部下所殺，遣使與宋議和。
1162 年 宋紹興三十二年 金大定二年	高宗趙構傳位於嗣子昚（太祖七世孫），是爲宋孝宗。 朱熹上書建策三事。 宋追復岳飛官職，以禮改葬。1169 年，宋爲岳飛立廟於鄂州，至 1178 年，賜諡爲武穆。
1163 年 宋孝宗隆興元年 金大定三年	宋孝宗即位後，銳意恢復。本年宋軍北伐，攻克靈璧、宿州，但在符離（治今安徽宿州市）被金軍擊潰。宋被迫再次議和。
1165 年 宋孝宗乾道元年 金大定五年	隆興和議成立，宋對金不再稱臣，改爲侄叔關係，宋輸金歲貢改稱歲幣，銀、絹減爲二十萬兩、匹，宋割商州、秦州予金。

1172 年 宋乾道八年 金大定十二年	朱熹撰成《資治通鑑綱目》，創綱目體。此書五十九卷，序例一卷。據司馬光《資治通鑑》、《舉要曆》和胡安國《舉要補遺》等書，以「明正統」為主旨，簡化內容，分綱目紀事。綱為提要，目以敘事。後世學者對綱目體多有推崇和仿效。
1174 年 宋孝宗淳熙元年 金大定十四年	交趾入貢，宋賜國名安南。 金令猛安謀克戶 2 月至 8 月不得飲宴，以免妨害農事。 金禁衛士講漢語，不善女眞語者，勒令學習。
1175 年 宋淳熙二年 金大定十五年	朱熹、陸九淵等在信州（治今江西上饒市西北）鵝湖寺舉行哲學辯論會，史稱「鵝湖之會」。在治學方法上，朱熹主張先「道問學」和「即物而窮其理」，即從博覽群書和對外物的觀察來啓發內心的知識；陸九淵主張先「尊德性」和「發明本心」，認為「心即理也」，不必多做讀書窮理工夫。此會由呂祖謙邀集，意圖調和朱熹和陸九淵兩派爭執。
1176 年 宋淳熙三年 金大定十六年	金以女眞文譯《史記》、《漢書》、《貞觀政要》、《白氏策林》等書。 金禁止商賈舟車用馬。
1180 年 宋淳熙七年 金大定二十年	宋禁書坊私刻書籍。 增印會子一百萬緡，代江、浙一帶受旱災影響的州縣繳納月樁錢（指籌措軍餉而加徵的稅年）。
1181 年 宋淳熙八年 金大定二十一年	朱熹社倉法推行於諸路。社倉，即為備荒而設置的糧倉。因設在里社（里中供奉土地神的處所），故名「社倉」。朱熹因義倉設在州縣，往往不能起救荒作用，又另設社倉於福建崇安（今武夷山市）開耀鄉，由「鄉人士君子」管理。本年開始推廣。
1183 年	史學家李燾（1115 ～ 1184 年）撰成《續資治通鑑長編》。撰

宋淳熙十年 金大定二十三年	者用長編之法，根據日曆、實錄、「正史」、會要以及諸家野史、家乘、行狀、志銘等纂輯而成，保存了大量史料。 金以女眞文譯《易》、《書》、《論》、《孟》等書。
1184 年 宋淳熙十一年 金大定二十四年	金世宗至上京，依舊俗射獵，宣導女眞風習。 宋婺州(治今浙江金華市)修治陂塘八百餘所，漑田二千餘頃。
1187 年 宋淳熙十四年 金大定二十七年	金再禁女眞人稱漢姓、著南人衣裝。 宋高宗卒(1107～1187 年)，傳位已二十五年。 本年，金戶口數爲 6789000。
1189 年 宋淳熙十六年 金大定二十九年	宋孝宗，傳位於太子惇，是爲宋光宗。 蒙古乞顏部鐵木眞被各部推舉爲部落首領。鐵木眞與札答蘭部首領札木合發生衝突。 南宋初年，每年財政收入不滿一千萬貫，至此時增至六千五百三十萬貫以上。
1190 年 宋光宗紹熙元年 金章宗明昌元年	西夏骨勒茂才編成《番漢合時掌中珠》，即西夏文漢文雙解字典。 札木合集合泰赤烏等十三部進攻鐵木眞。鐵木眞亦將所部分爲十三翼迎戰於答蘭版朱思之野(在今蒙古國溫都爾汗西北)，鐵木眞失利。史稱「十三翼之戰」。
1192 年 宋紹熙三年 金明昌三年	盧溝橋(在今北京市豐台區，跨永定河上)建成。永定河舊時稱盧溝河，亦作盧溝河。始建於 1189 年。1444 年重修。後因毀於洪水，1698 年重建。爲北京現存最古老的石造聯拱橋，由十一孔石拱組成。橋側建有石欄，上有精刻石獅四百八十五個。
1194 年	外戚韓侂冑與趙汝愚不和。

宋紹熙五年 金明昌五年	宋光宗被尊爲太上皇帝，子擴即位，是爲宋寧宗。宗室趙汝愚爲相，引用理學家朱熹。
1196 年 宋寧宗慶元二年 金章宗承安元年	韓侂冑掌權，趙汝愚被貶死，朱熹等也被貶逐。禁用「僞學」（「理學」）之黨，頒「僞學逆黨」黨籍，列名者五十九人，遂興「慶元黨禁」。
1200 年 宋慶元六年 金承安五年	朱熹卒（1130 ～ 1200 年）。熹字元晦，徽州婺源（今屬江西）人，在承繼二程的基礎上，集理學之大成，世稱程朱學派，其理學在明清時奉爲儒學的正統。著述後人編爲《朱子語類》、《朱文公文集》等。
1201 年 宋寧宗嘉泰元年 金章宗泰和元年	臨安大火，焚毀五萬三千餘家。 吳曦任興州都統制，吳氏遂重掌蜀中兵權。曦，名將吳璘之孫。在 1161 年金、宋戰爭中，吳璘力疾督戰，收復秦鳳、熙河、永興三路所轄十六州郡。
1202 年 宋嘉泰二年 金泰和二年	宋弛「慶元黨禁」。禁私史，凡涉及國事者，全令毀棄。 韓侂冑多擢用主張恢復中原的人士。
1204 年 宋嘉泰四年 金泰和四年	宋議伐金，追封岳飛等以激勵將士。 蒙古鐵木眞在杭愛山大敗乃蠻部，俘殺其首領太陽汗，子屈出律率部西走。
1205 年 宋寧宗開禧元年 金泰和五年	袁樞卒（1131 ～ 1205 年），所著《通鑑紀事本末》四十二卷（成書於 1173 年），因《資治通鑑》之文，按事列目，各自成篇，按年代順序編排，開創紀事本末新體。
1206 年 宋開禧二年 金泰和六年	宋嚴科舉回避之法。 宋帝下詔北伐，史稱「開禧北伐」。宋軍大敗。 宋吳曦降金，引金兵入宋境。

嘉定和議　成吉思汗西征

蒙古成吉思汗元年	鐵木眞統一蒙古草原諸部，被推爲大汗，稱成吉思汗，建蒙古汗國。
1207 年 宋開禧三年 金泰和七年 蒙古成吉思汗二年	宋禮部侍郎史彌遠與楊皇后合謀，殺韓侂冑，函首送金乞和。 宋吳曦以階（治今甘肅隴南市武都區東）、鳳（治今陝西鳳縣東北鳳州）等四州之地予金。不久，被部下所殺。
1208 年 宋寧宗嘉定元年 金泰和八年 蒙古成吉思汗三年	宋金再訂和約，史稱「嘉定和議」，雙方改稱侄伯之國，歲幣增爲銀三十萬兩、絹三十萬匹，宋另付金犒軍費銀三百萬兩。 臨安再大火，毀民舍五萬八千餘家。
1211 年 宋嘉定四年 金衛紹王大安三年 蒙古成吉思汗六年	成吉思汗伐金，金求和於蒙古，不許。自此連年用兵，金被迫於 1214 年遷都開封。 乃蠻部太陽汗之子屈出律奪取西遼政權。1218 年，成吉思汗西征時，派軍隊攻之。屈出律在可失哈耳（今新疆喀什）聞訊西逃，旋被俘殺。
1214 年 宋嘉定七年 金宣宗貞祐二年 蒙古成吉思汗九年	山東紅襖軍起義。較大的起義軍，山東益都（今青州）有楊安兒，濰州（治今山東濰坊）有李全，沂蒙山有劉二祖等。本年，金派重兵到山東鎭壓；楊安兒敗死，所部歸其妹楊妙眞統率。次年，劉二祖被金兵所殺；李全與楊妙眞結爲夫婦，合爲一軍。1218 年，李全等投宋。 宋罷金歲幣。
1215 年 宋嘉定八年 金貞祐三年 蒙古成吉思汗十年	蒙古軍攻陷金北京（今內蒙古寧城西南大明城）、金中都（今北京城西南隅）。成吉思汗在中都獲耶律楚材，命隨從左右，以備顧問。 金咸平招討使蒲鮮萬奴起兵反金，據遼東，稱天王，國號

	大眞(史稱束眞，或作東夏年)，建元天泰。1233 年，被蒙古軍擊敗，被殺。一說未死，後脫歸，於 1245 年復爲蒙古軍所敗。
1217 年 宋嘉定十年 金貞祐五年 興定元年 蒙古成吉思汗 十二年	金南攻，宋金戰事再起。金平章政事胥鼎奉詔發兵時，仍上書諫止攻宋，認爲：民間差役重繁，民生疲乏。如果西北二兵乘隙並至，將三面受敵。又說，金軍都是民間失業之人，烏合之衆，難保必勝。金宣宗不聽。 成吉思汗準備西征，封木華黎爲國王，命其經略對金戰事。
1219 年 宋嘉定十二年 金興定三年 蒙古成吉思汗 十四年	成吉思汗西征花剌子模，第一次西征至 1224 年返師。 金軍屯兵棗陽(今屬湖北)城下八十餘日，宋援軍至，與守將孟宗政內外夾擊，大破金軍。中原遺民歸宋者以萬數。
1220 年 宋嘉定十三年 金興定四年 蒙古成吉思汗 十五年	金封地方武裝首領九人爲公，史稱「九公封建」，以抵抗蒙古軍。九公皆兼宣撫使，總帥本路兵馬，可在境內署置官吏，徵收賦稅，賞罰號令。九公是：滄海公王福、河間公移剌衆家奴(又稱移剌眾哥、移剌中哥)、恒山公武仙、高陽公張甫、易水公靖安民、晉陽公郭文振、平陽公胡天作、上黨公張開、東莒公燕寧。
1223 年 宋嘉定十六年 金宣宗元光二年 蒙古成吉思汗 十八年	蒙古軍擊平西域諸國。 日本加藤四郎等來中國學習造瓷技術。加藤在日本被尊爲「陶祖」。 木華黎卒(1170～1223 年)。 葉適卒(1150～1223 年)。適字正則，溫州永嘉(今屬浙江)人，

	學者稱水心先生，哲學家，著作有《習學記言》、《水心先生文集》等。
1227 年 宋理宗寶慶三年 金哀宗正大四年 蒙古成吉思汗 二十二年	蒙古滅西夏。成吉思汗死(1162～1227 年)，子拖雷監國。 丘處機卒(1148～1227 年)。處機字通密，登州棲霞(今屬山東)人。道教全眞道北七眞之一，成吉思汗曾封其爲國師，總領道教。
1229 年 宋理宗紹定二年 金正大六年 蒙古窩闊台汗元年	窩闊台即蒙古大汗位，是爲元太宗。 金乞和於蒙古，不許。 本年，蒙古始置倉廩，立驛傳。命河北漢民以戶計出賦調；西域人以丁計出賦調。
1230 年 宋紹定三年 金正大七年 蒙古窩闊台二年	金將完顏彝率四百騎在大昌原(今甘肅寧縣東南)破蒙古軍八千人，號爲金人抗蒙二十年來第一次大捷。完顏彝以功升定遠大將軍。 蒙古遣使於金令納歲幣講和，爲金所拒。
1231 年 宋紹定四年 金正大八年 蒙古窩闊台三年	蒙古遣使假道宋境以攻金，中道被殺，藉此發兵攻宋。 蒙古始立中書省，改定官名，以耶律楚材爲中書令。 耶律楚材上奏：諸路州縣長吏專理民事，萬戶府專總軍政，課稅所專掌錢穀，各不相統攝。
1232 年 宋紹定五年 金開興元年 天興元年 蒙古窩闊台四年	蒙古軍圍攻金汴京開封。解圍後，再圍汴京。 蒙古遣使約宋聯合攻金。次年，金哀宗至蔡州(今河南汝南)。 宋、蒙會師於蔡州城下。 趙秉文卒(1159～1232 年)。秉文字周臣，號閑閑老人，磁州滏陽(今河北磁縣)人。金代文學家。其文長於辨析，以周程理學爲主。有《閑閑老人滏水文集》。

1234 年 宋理宗端平元年 金天興三年 蒙古窩闊台六年	宋、蒙聯合攻金，金亡。 宋軍赴汴（今河南開封），城中金軍殺崔立降宋。崔立原爲金汴京西面元帥，1233 年立梁王承恪監國，自稱太師、都元帥、尚書令、鄭王；旋以與蒙古軍議和爲名，送梁王和留汴皇族入蒙古軍營，欲效法劉豫，爲傀儡皇帝，史稱「崔立之變」。至後爲部下所殺。宋軍入洛陽，城中居民僅三百餘家。宋軍旋退。蒙古毀盟，決黃河水淹宋軍。
1235 年 宋端平二年 蒙古窩闊台七年	蒙古軍攻宋，宋蒙戰爭開始。 蒙古第二次西征，至 1242 年結束。 安南貢於宋。
1240 年 宋理宗嘉熙四年 蒙古窩闊台十二年	宋臨安大飢，飢民掠人以賣爲食。 蒙古軍進攻基輔，入波蘭，抵喀爾巴阡山之北而止。 知寧國府杜範上書痛陳當時危急之狀，認爲內憂外患是權相三十年所釀成。意指史彌遠、史嵩之叔侄。
1241 年 宋理宗淳祐元年 蒙古窩闊台十三年	蒙古於燕京置行省。 高麗請降，入貢，並以族子質於蒙古。 窩闊台死（1186～1241 年）。乃馬眞皇后稱制。
1244 年 宋淳祐四年 蒙古乃馬眞后三年	耶律楚材卒（1190～1244 年）。耶律楚材，字晉卿，蒙古大臣，窩闊台汗時日見重用，推行政治、經濟、文化等方面多項制度，爲元之立國奠定基礎。
1246 年 宋淳祐六年 蒙古貴由汗元年	窩闊台之子貴由即大汗位，即元定宗。 藏傳佛教薩迦派首領薩班奉蒙古闊端之請至涼州。次年議定歸附條款。薩班致書烏思藏僧俗首領，說明蒙古在藏設官授職、徵收貢賦辦法，烏思藏歸屬蒙古。元朝對西藏地方行政管理的基礎由此奠定。

1247 年 宋淳祐七年 蒙古貴由汗二年	蒙古以不奉歲貢為由，攻高麗。 蒙古括人戶，隱實者誅。 秦九韶（約 13 世紀）著成《數書九章》，發明「大衍求一術」，後人稱為「中國剩餘定律」。
1248 年 宋淳祐八年 蒙古貴由汗三年	貴由卒（1206 ～ 1248 年）。皇后海迷失氏稱制。 數學家李冶（1192 ～ 1279 年）《測圓海鏡》成書。李冶提出「天元術」，用「元」表示未知數項。
1251 年 宋淳祐十一年 蒙古蒙哥汗元年	拖雷子蒙哥即大汗位，即元憲宗。 忽必烈總領漠南漢地軍國事務，統軍南征。 蒙古免海內儒士徭役。 宋慈卒（1186 ～ 1251 年）。慈字惠父，建陽（今屬福建）童遊里人。宋法醫學家，所撰《洗冤集錄》五卷（1247 年成書），是世界最早的法醫學專著。
1253 年 宋理宗寶祐元年 蒙古蒙哥汗三年	忽必烈兵分三路，渡大渡河、金沙江，征大理。次年，俘大理王，大理亡。 蒙古第三次西征。
1255 年 宋寶祐三年 蒙古蒙哥汗五年	蒙古定漢民包銀額。包銀是對漢民戶所徵賦稅項目。本年開始陸續推行。初按戶徵收銀六兩，後改四兩。因戶等複雜，稅額參差不等。
1258 年 宋寶祐六年 蒙古蒙哥汗八年	蒙哥大舉攻宋，蒙哥自攻蜀，忽必烈攻鄂州（治今武漢市武昌區）。次年攻合州（今四川合州）不克，死於軍中（1209 ～ 1259 年）。
1259 年 宋理宗開慶元年 蒙古蒙哥汗九年	賈似道私議和於蒙古，忽必烈許之。 忽必烈北歸爭汗位。 宋壽春府（今安徽壽縣）守軍創製「突火槍」。

1260 年 宋理宗景定元年 蒙古世祖中統元年	賈似道匿請和事，假報諸軍大捷。忽必烈即大汗位，是為元世祖。蒙古阿里不哥稱帝於和林（今蒙古國哈爾和林），忽必烈將兵討伐，內戰始起。
1261 年 宋景定二年 蒙古中統二年	蒙古設翰林國史院，修遼史、金史。忽必烈大敗阿里不哥，至 1264 年，阿里不哥敗降。蒙古下令保護各地孔廟。 數學家楊輝（約 13 世紀）著成《詳解九章演算法》，書中記有賈憲（約 11 世紀）「開方作法本源圖」（即「賈憲三角」）。
1262 年 宋景定三年 蒙古中統三年	蒙古令郭守敬提舉諸路河渠，大興水利。 蒙古江淮大都督李璮起兵反，接受宋節度使官號。不久，被蒙古軍圍攻於濟南，被俘而死。
1269 年 宋度宗咸淳五年 蒙古至元六年	下詔頒行蒙古新字（即八思巴文）。 高麗入朝蒙古。 安南入貢蒙古。
1270 年 宋咸淳六年 蒙古至元七年	蒙古兵入高麗，立行省，設達魯花赤監督之。 元封藏傳佛教薩迦派首領八思巴為「大元帝師」，以管轄西藏地方事務，是為「政教合一」制之始。
1271 年 ～ 1368 年	元，始於忽必烈定國號「元」，至 1368 年朱元璋攻入大都（今北京）止，共歷 11 帝 *，98 年。 ＊自忽必烈定國號起，至 1368 年元滅亡，共歷 11 帝，或以 1206 年成吉思汗建國，為元朝開始。自成吉思汗起，至 1368 年元滅亡，共歷 15 帝，163 年。
1271 年 宋咸淳七年 元至元八年	宋地方官府編制本地舉人名籍「士籍」。凡舉人之家，皆編排成保伍。每家開具鄉貫、三代、年齡、娶妻姓氏、兄弟男孫人數。令鄉鄰結勘，於科舉條制無礙方許納卷。 忽必烈定國號「元」，次年定都大都（今北京）。

	元在各族聚居的府、州、縣設土官，是爲土司制之始，後爲明清兩代所沿襲。
1273 年 宋咸淳九年 元至元十年	元軍以回回炮攻襄陽，城破，宋軍降。 《農桑輯要》編成，是爲我國第一部官修官頒的綜合性農書。
1274 年 宋咸淳十年 元至元十一年	元軍征日本，敗還。 忽必烈下詔伐宋。 宋度宗卒（1240～1274 年）。子即位，是爲宋恭帝。
1275 年 宋帝德祐元年 元至元十二年	賈似道復請和於元，不許。 文天祥起兵勤王。 馬可・波羅到達上都（今內蒙古正藍旗東閃電河北岸）。
1276 年 宋德祐二年 帝昰景炎元年 元至元十三年	元軍攻佔臨安，宋恭帝降元。 趙昰即位於福州，是爲宋端宗。 元免儒生三千八百餘人賦役。 元軍入福建，端宗流亡海上。
1277 年 宋景炎二年 元至元十四年	元在泉州、慶元(治今浙江寧波)、上海、澉浦(今屬浙江海鹽)四處設市舶司，後又增設廣州、溫州、杭州三處。
1278 年 宋景炎三年 帝昺祥興元年 元至元十五年	端宗卒（1268～1278 年）。趙昺立，史稱帝昺。帝昺移駐厓山(在今廣東新會南)。 文天祥抗元，戰敗被俘，1283 年在元大都就義（1236～1283 年）。
1279 年 宋祥興二年 元至元十六年	元軍攻入厓山，陸秀夫負帝昺投海死，南宋亡，元統一全國。 元禁止漢人持兵器。

1280 年 元至元十七年	元頒佈郭守敬等制定的《授時曆》。 元世祖忽必烈派人勘探黃河河源。
1281 年 元至元十八年	元世祖忽必烈遣軍攻日本，遇颱風，生還者僅十之一二。
1282 年 元至元十九年	定民間貸錢取息以三分爲率。 阿合馬遇刺死（？～1282 年）。阿合馬，花剌子模細渾河（今錫爾河）畔費納克忒城人，忽必烈時權臣。1264 年任中書平章政事，後兼制國用使、平章尚書省事等。時值滅宋，費用浩繁，他以興鐵冶、鑄農具官賣、增鹽課、括戶口、推行鈔法、籍括藥材等措施，使財用無缺，得忽必烈信用。
1283 年 元至元二十年	定市舶抽分例，舶貨精者取十之一，粗者取十五之一。 定質子令，凡大官子弟均需遣赴京師。
1285 年 元至元二十二年	分漢地及江南所獲弓箭兵器爲三等，下等毀之，中等賜給近居蒙古人，上等藏於庫。
1286 年 元至元二十三年	禁漢民持鐵尺及杖之藏刃者，悉輸於官。漢人有馬，亦悉入官。 元廷參用南人，訪求江南人才。
1287 年 元至元二十四年	元軍攻安南，至交趾城，安南王逃入海。 立國子監。設江南各路儒學提舉司。
1289 年 元至元二十六年	於浙東、江東、江西等地置木棉提舉司。 江南反元起義數百起，均敗。 禁江南民挾弓矢。
1291 年 元至元二十八年	頒佈《至元新格》。 詔諸路府州除達魯花赤外，長官宜選用漢人。

1293 年 元至元三十年	郭守敬主持開通惠河（通州至大都）成。 根據宋制，制定市舶法規。
1294 年 元至元三十一年	忽必烈卒（1215～1294 年）。孫鐵穆耳即帝位，是爲成宗。 羅馬教廷駐元朝第一任大主教孟特・戈維諾抵達大都。
1296 年 元成宗元貞二年	學者王應麟卒（1223～1296 年），著述以《困學紀聞》最著名。
1300 年 元成宗大德四年	戲劇家關漢卿卒（約生於 1229～1241 年，卒於 1300 年左右）， 代表作爲《竇娥冤》，對元雜劇及以後的戲劇發展影響甚大。
1302 年 元大德六年	史學家胡三省卒（1230～1302 年），著有《資治通鑑音注》等。
1304 年 元大德八年	詔減江南私租，以十分爲率減二分，永爲定制。 本年，增設國子生二百人，選宿衛大臣子孫充當。
1313 年 元仁宗皇慶二年	議行科舉。元前期廢科舉。至此，規定經學用程、朱傳注； 蒙古人、色目人與漢人、南人分別命題。 農學家王禎（1271～1333 年）總結宋元時期的農業生產技術， 撰成《農書》。他曾請工匠刻木活字，並設計轉輪排字盤， 活字依韻排列，取用便捷。
1315 年 元仁宗延祐二年	詔江浙行省印《農桑輯要》一萬部，頒之官府，用以勸課。
1316 年 元延祐三年	郭守敬卒（1231～1316 年）。守敬字若思，順德邢臺（今屬河北） 人，精於天文、曆算和水利，創製渾天漏等天文儀器十餘種。
1323 年 元英宗至治三年	史學家馬端臨卒（約 1254～1323 年），代表作《文獻通考》 是研究中國古代典章制度的重要史籍。
1345 年 元順帝至正五年	《遼史》、《金史》、《宋史》修成。 《至正條格》修成，次年頒行。

1346 年 元至正六年	京畿、山東、河南民紛紛起義，旋敗。南方廣西等地亦爆發農民起義。
1348 年 元至正八年	黃岩(今浙江台州)人方國珍起事。 虞集卒(1272～1348 年)。集字伯生，號道園，祖籍仁壽(今屬四川)，遷崇仁(今屬江西)。文學家。主盟元中期文壇，與楊載、范梈、揭傒斯並稱爲「元詩四大家」。著作宏富，爲有元一代之冠。有《道園學古錄》、《道園類稿》等。
1351 年 元至正十一年	發民工十餘萬修治黃河，當年，黃河堤成。潁州(今安徽阜陽)劉福通起義，蘄州(今湖北蘄春)徐壽輝起義。
1352 年 元至正十二年	濠州(今安徽鳳陽)郭子興起義。朱元璋投奔郭子興。次年募兵得七百人，任鎮撫。
1353 年 元至正十三年	泰州(今江蘇大豐西南)白駒場人張士誠起義。次年稱王，建國號周。
1354 年 元至正十四年	京師飢疫，民有相食者；元順帝於內苑造龍舟，恣意淫樂。
1355 年 元至正十五年 宋小明王龍鳳元年	劉福通擁韓林兒爲帝，建國號宋，年號龍鳳，韓林兒號小明王。 朱元璋開始進軍江南。巢湖水軍歸附朱元璋。 本年，徐壽輝部攻克長江中游地區城市多處。
1356 年 元至正十六年 宋龍鳳二年	張士誠攻克平江(治今江蘇蘇州)，朱元璋攻取集慶(治今江蘇南京)。兩軍開始衝突。 劉福通遣軍進擊河南、山東、河北；次年分三路北伐，他自率一軍於 1358 年攻克汴梁(今河南開封)。
1360 年 元至正二十年	朱元璋聘浙東名士劉基、宋濂、章溢、葉琛到應天(治今江蘇南京)，參與機要。

宋龍鳳六年	陳友諒殺徐壽輝，稱漢帝，改元大義。旋順流東下攻應天，敗歸。
1362 年 元至正二十二年 宋龍鳳八年	明玉珍在四川稱帝，建國號夏。 陳友諒部將多人降朱元璋。次年，陳友諒、朱元璋兩軍在鄱陽湖決戰，友諒敗死。
1366 年 元至正二十六年 宋龍鳳十二年	朱元璋大舉進攻張士誠轄區，攻克城池多處。不久，圍攻湖州、杭州，進圍蘇州。 朱元璋溺死韓林兒，宋政權亡。
1367 年 元至正二十七年	朱元璋滅張士誠，興師北伐。方國珍投降朱元璋。次年，朱元璋攻入元大都，元亡。

自 1368 年至 1840 年的明清時期，包括明朝的興亡和清前期順治、康熙、雍正、乾隆諸朝的歷史。

明朝的經國方略和典章制度由太祖、成祖所奠定，傳統的宰相制度正式廢除，天下大權集於君主一人，廠衛肆虐，君臣疏隔，都表明君權達到了極度的強化。清康、雍、乾三朝，中央政府對邊疆地區的管理進一步加強，邊疆地區社會經濟的發展，也取得前所未有的成就。其政治體制基本承襲明朝，統治者尚能革除明末弊政，且勤於政事，故康、雍、乾時期頗有「盛世」的氣象。然而，表面的繁榮難掩社會的深層矛盾和中外的差距，統治者的盲目自大更喪失了追趕世界潮流的機會。

宋元以來，中國的海外貿易已呈逐漸發展的態勢，至明清時期卻歷經坎坷。明初嚴厲的海禁政策與民間的外貿需求形成尖銳矛盾，終於在嘉靖年間釀成為害甚烈的「倭患」。隆慶時開放海禁，然中外貿易的新路線都為外人壟斷，中國民間的海外貿易急劇衰落。清初也厲行海禁，乾隆時僅開廣東一口通商，閉關政策更趨嚴格。明清之際來華的耶穌會士雖以傳播基督教神學為己任，但也帶來了西方的科學技術和人文科學，早期的「西學東漸」開闊了中國人的眼界，在中西文化交流史上具有積極的意義。

明清史一

明朝	
1368 年～ 1644 年	明，也稱「朱明」，始於西元 1368 年朱元璋稱帝，至 1644年李自成攻破北京，明亡，共歷 16 帝，277 年。
1368 年 元至正二十八年 明太祖洪武元年	朱元璋即帝位，國號明，是爲明太祖。建都南京(今屬江蘇)。定田賦額，編定役法，設衛所制度。
1369 年 明洪武二年	定封建諸王之制，次年分封諸子爲藩王。藩王有護衛甲士，不理民政。 詔修《元史》，旋撰成。
1370 年 明洪武三年	定科舉制度，三年一舉，逢子、午、卯、酉年鄉試，逢辰、未、戌、丑年會試。本年先開鄉試。次年，詔以天下初定鄉試連舉三年，後三年一舉。 令地方官召流民給耕牛籽種。 大封功臣。
1371 年 明洪武四年	倭寇侵擾膠州。 命州縣選田多之民爲糧長，催督賦稅。 禁沿海人民私自出海。
1372 年 明洪武五年	宗喀巴入藏求佛法，是爲藏傳佛教格魯派(黃教)創始人。 小說家施耐庵卒(約 1296 ～ 1372 年)，著有《水滸傳》*。 *《水滸傳》的作者，學界尚無定論。或説該書是在民間傳説 　和話本的基礎上加工創作，且屢經文人修改。
1373 年 明洪武六年	暫停科舉，命察舉賢才。 置內正司，專糾宦官之不法。 頒行《大明律》。

1376 年 明洪武九年	空印案發，官吏下獄數百人。明初規定，各地布政使司和府州縣每年須到戶部核對錢糧、軍需。因路遠往返不便，上計吏員多持有空白蓋印文書，遇部駁即改，習以爲常。本年，太祖發現後認爲這是舞弊行爲，下令嚴辦，凡主印者處死，屬下杖一百，充軍邊防。
1377 年 明洪武十年	令民上書言事者，實封送達於帝前。 以胡惟庸爲左丞相，汪廣洋爲右丞相。
1380 年 明洪武十三年	胡惟庸在相位時專權樹黨，本年胡惟庸案發，株連甚眾。汪廣洋因此案被殺；宋濂因其孫牽涉胡案，全家謫茂州；1385 年，韓國公李善長亦因胡案被貶。罷中書省，廢丞相，改大都督府爲五軍都督府。罷御史台，廢御史大夫。
1381 年 明洪武十四年	定賦役籍，編里甲（以鄰近的一百十戶爲一里，從中推丁多田多的十戶輪流爲里長，餘分十甲，每甲十戶，輪流爲甲首。每年由里長一人率領十甲，甲首應役。十年一輪，期滿後按各戶人丁和田地增減重新編排。里甲人戶都載於黃冊），確立黃冊制度（黃冊詳列丁口、田產以及應負賦役，簿冊四份，分存各級政府，作徵收賦役根據。每十年編訂一次。清代取消）*。 *黃冊之名，一說因送戶部的簿冊封面爲黃色。
1382 年 明洪武十五年	置錦衣衛（原爲護衛皇宮的親軍，太祖特令兼管刑獄，賦予巡察緝捕權力）。置殿閣大學士。 復科舉，定試秀才之制。定鄉試、會試期。
1385 年 明洪武十八年	郭桓案發，株連數百人。本年，太祖懷疑北平(今北京)布政、按察二司官吏與戶部侍郎郭桓等作弊，吞盜官糧。命審刑司拷訊，殺郭桓等，並將六部左右侍郎以下全部處死，追贓至七百萬石。受此案牽連，各布政使司官吏繫獄擬罪達

	數萬人，民中產以上之家多破產。為平息眾怨，太祖公佈郭桓等罪狀，並以生奸擾民罪論右審刑吳庸等極刑。 明頒佈《大誥》，為明初特別刑法，由朱元璋親自寫定，規定每戶一本，家傳人誦。內有「寰中士夫不為君用」（即死罪）科，為前代所未有。次年又頒《大誥續編》、《大誥三編》。
1387 年 明洪武二十年	浙江沿海置衛所、福建沿海築城以備倭。 繪製魚鱗圖冊，與黃冊並行。
1389 年 明洪武二十二年	置朵顏、泰寧、福余三衛於兀良哈部落，也稱朵顏三衛。 更定《大明律》。 倭寇進犯寧海、山東。
1390 年 明洪武二十三年	賜李善長死（1314～1390 年）。 命死罪輸粟北邊以自贖。
1391 年 明洪武二十四年	天下郡縣賦役黃冊編成，戶 10684435，口 56774561。全國稅糧 32278800 石。
1392 年 明洪武二十五年	定全國衛所軍屯之制。 皇太子卒，立朱允炆為皇太孫。
1393 年 明洪武二十六年	藍玉案發，株連萬餘人。藍玉，1387 年升任大將軍，多次領兵出塞北征，打擊元朝的殘餘軍事力量，封涼國公。他恃功驕橫，奪占民田，所為不法。本年，以謀叛罪為太祖所殺，牽連致死者達一萬五千人。
1394 年 明洪武二十七年	劉三吾等編成《孟子節文》，刪去與尊君有礙之語。 禁止沿海民眾私往海外貿易。
1395 年 明洪武二十八年	命戶部編民，以百戶為里。 詔廢黥、劓、劊、閹割之刑。
1396 年	燕王朱棣率軍北邊，敗韃靼兵。

明洪武二十九年	定沿海捕倭賞格。
1398 年 明洪武三十一年	明太祖卒(1328～1398 年)。皇太孫朱允炆即位,是爲建文帝。 建文帝以齊泰爲兵部尚書,黃子澄爲太常卿兼翰林院學士,同參軍國事,定議削藩。
1399 年 明惠帝建文元年	燕王朱棣起兵北平,指齊泰等爲奸臣,稱「靖難」,史稱「靖難之役」。罷齊泰、黃子澄官。
1400 年 明建文二年	文學家羅貫中卒(約 1330～約 1400 年),著有《三國志通俗演義》。
1401 年 明建文三年	倭寇進犯浙江。 《太祖實錄》撰成。
1402 年 明建文四年	燕王軍攻入南京,宮中起火,建文帝不知所終。朱棣即帝位,是爲明成祖。 方孝孺(1357～1402 年)、齊泰、黃子澄等被殺。 命翰林院侍讀解縉、編修黃淮入午門內文淵閣當值,參預機務,稱爲「內閣」。仁宗以後,內閣權位漸高,入閣者多爲尚書、侍郎,實掌宰相權力。清代相沿。
1403 年 明成祖永樂元年	改北平爲北京。 遣宦官侯顯出使西域,是爲宦官擔任使臣之始。 明棄泰寧(在今內蒙古西拉木倫河以北至吉林洮兒河流域一帶)、福余(在今黑龍江省嫩江下游一帶)、朵顏(在今內蒙古洮兒河流域一帶)三衛地,開平衛(設於元上都)勢弱無援,北方邊防形勢遂壞。 設建州衛(在今圖們江一帶原女眞人所居地區,一說在綏芬河流域),以阿哈出(後賜姓名李思誠)爲指揮使。 徙蘇州等十府、浙江等九省富民實北京。

	重修《太祖實錄》成。 遣宦官出使爪哇、蘇門答臘、暹羅等。
1405 年 明永樂三年	鄭和等率船隊自蘇州劉家港出發，第一次遠航西洋。至1433 年，歷時二十八年，前後七次下西洋，經三十餘國。 遣宦官領兵出雲州(今山西大同)巡邊，此為明代宦官典兵之始。 設交趾、雲南市舶司，以接洽西南諸國朝貢者。
1407 年 明永樂五年	始建北京城。 《永樂大典》編成。 置交阯(阯一作趾)布政使司於安南。
1408 年 明永樂六年	安南人簡定起兵反明，交阯各地回應。
1409 年 明永樂七年	張輔敗交阯軍，俘簡定。 議置奴兒干都指揮使司，是明政府管轄黑龍江口、烏蘇里江流域的最高一級地方行政機構。
1410 年 明永樂八年	明成祖征韃靼。 倭寇進犯福建。 命宦官監軍，自此為常制。
1411 年 明永樂九年	開會通河。1415 年又開清江浦，以通北京漕運。 官軍千餘，船二十餘，至特林(今俄羅斯境內黑龍江下游東岸特林地方)，正式設置奴兒干都司。
1412 年 明永樂十年	設建州左衛(今朝鮮會寧一帶)，以猛哥帖木兒為指揮使。後幾經遷移，約 1436 年以後，建州衛、建州左衛的部眾分別居今渾江及蘇子河流域。
1413 年 明永樂十一年	始設貴州布政使司，改土歸流。 明成祖至北京，令太子南京監國。

	明立《敕修奴兒干永寧寺記》碑，1433 年又立《重建永寧寺記》碑，二碑文均記錄了明政府管理經營奴兒干都司的事實。
1414 年 明永樂十二年	明成祖率軍大敗瓦剌。 蘇、松、杭、嘉、湖五府因受水災影響，免田租四十七萬餘石。
1415 年 明永樂十三年	詔天下舉人會試北京。 封漢王朱高煦於青州。朱高煦遷延不往。
1416 年 明永樂十四年	議遷都北京。 朱高煦僭用天子法物，被削去兩護衛。
1418 年 明永樂十六年	安南人黎利起兵反明，大敗明軍。 重修《太祖實錄》，本年完成。
1420 年 明永樂十八年	山東唐賽兒起義，旋敗。 北京始設東廠（宦官偵緝機構。從事特務活動，權力在錦衣衛之上）。 北京內城及宮殿建成。
1421 年 明永樂十九年	遷都北京，以南京為留都。 遣官二十六人分巡各地，詢問民間疾苦。
1422 年 明永樂二十年	明成祖率軍再征韃靼。 遣中官朝臣核查全國倉糧出納數。
1423 年 明永樂二十一年	韃靼王子也先土干來降。 琉球中山王請封。
1424 年 明永樂二十二年	明成祖卒（1360 ～ 1424 年）。太子朱高熾即位，是為明仁宗。
1425 年 明仁宗洪熙元年	明仁宗卒（1378 ～ 1425 年）。太子瞻基即位，是為明宣宗。 明朝政權進入最穩定時期，與仁宗並稱「仁宣之治」。

1426 年 明宣宗宣德元年	平定漢王朱高煦叛亂。 因伐交阯屢敗，詔不究黎利之責，議撤交阯布政使司。 設內書堂教習，令宦官略通文墨。
1427 年 明宣德二年	設江南勸農官。 遣王通與黎利議和，撤交阯布政使司。
1430 年 明宣德五年	遷開平衛於獨石口(今河北赤城縣北)，棄地三百里，險要盡失，邊防益緊。 命于謙等巡撫兩京、山東等，是爲地方設巡撫之始。 築浙江海堤。
1433 年 明宣德八年	重修永寧寺、碑。 本年，鄭和下西洋結束。隨行人員著有《瀛涯勝覽》、《星槎勝覽》、《西洋番國志》，以記述其事。
1435 年 明宣德十年	明宣宗卒(1399～1435 年)。太子祁鎭即位，是爲明英宗。 宦官王振掌司禮監，明宦官亂政由此始。 詔衛所立學。
1439 年 明英宗正統四年	倭寇進犯浙東台州、寧波。 瓦剌部首領脫懽卒(？～1439 年)。子也先嗣位，稱太師。
1440 年 明正統五年	大修北京宮殿，役工匠等七萬餘。 因麓川宣慰使思任發起兵反明，司禮監太監王振力主用兵平定。次年攻克麓川。
1441 年 明正統六年	瓦剌太師也先貢馬。次年，也先遣使入貢，私易弓箭武器。
1442 年 明正統七年	設建州右衛。以猛哥帖木兒之弟范察爲指揮使。猛哥帖木兒之子董山領建州左衛。自此與阿哈出之孫李滿住襲職的建州衛指揮使合稱「建州三衛」。

土木堡之變　奪門之變

	王振毀宦官不得預政鐵牌。
1444 年 明正統九年	葉宗留聚眾數千人至福建開礦，被官禁止，遂起義。1448 年失敗。
1448 年 明正統十三年	鄧茂七在福建沙縣起義。稱鏟平王，在沙縣陳山寨建立政權，攻破延平等二十餘縣。次年失敗。
1449 年 明正統十四年	湖廣、貴州苗民大起義。 瓦剌也先南攻，王振勸英宗親征。明軍於土木堡 (今河北懷來東) 被瓦剌軍擊敗，英宗被俘，史稱「土木堡之變」。英宗之弟、郕王朱祁鈺即帝位，年號景泰，是為明代宗，遙尊英宗為太上皇帝。于謙在北京城下率軍擊退瓦剌。
1450 年 明代宗景泰元年	瓦剌也先與明議和。 英宗獲釋回京師，居於南宮。
1454 年 明景泰五年	也先為部下所殺 (？～1454 年)，瓦剌遂衰，韃靼孛來部興起。
1456 年 明景泰七年	徐循等修《寰宇通志》成書，為明修第一部全國地理總志。 明營建頻繁，任工匠蒯祥 (木匠)、陸祥 (石匠) 為工部侍郎。蒯祥、陸祥後負責或參與故宮、明陵等建造。
1457 年 明景泰八年 英宗天順元年	宦官曹吉祥、將軍石亨等乘代宗病危，迎英宗復位，史稱「奪門之變」。代宗被廢為郕王，1475 年復帝號，上尊號景帝。于謙被殺。
1458 年 明天順二年	為毀景帝修志之美譽，英宗令修《大明一統志》，在《寰宇通志》基礎上增補刪併而成。自《大明一統志》頒行後，《寰宇通志》毀版。
1459 年 明天順三年	禁止文武大臣、給事中、御史、錦衣衛官往來交通。 立連坐法。

1460 年 明天順四年	孛來分三路南下，旋退。 石亨病死獄中。「奪門之變」後，石亨權勢過盛，故被疑有異志，下獄。
1461 年 明天順五年	《大明一統志》撰成。 曹吉祥與侄曹欽發動兵變，旋敗死。 孛來攻河西，史稱「套寇」。旋上書乞和。
1464 年 明天順八年	英宗卒（1427～1464 年）。太子見深即位，是爲憲宗。 改內閣、吏部授官之制，由宦官傳旨授官，時稱「內批」。
1467 年 明憲宗成化三年	韃靼內訌，孛來爲毛里孩所殺，明遣將擊之，毛里孩請和，並准其互市。
1468 年 明成化四年	毛里孩攻遼東、延綏。 開成（今寧夏固原南）蒙古族首領滿俊起事，關中震動。同年失敗。 日本使臣入貢，傷人於市，命姑宥之。
1469 年 明成化五年	「總督軍務」始設爲專官。明初在用兵時派部院官總督軍務，事畢即罷。本年，專設兩廣總督，後各地逐漸增置，成爲定制。至清代，始正式以總督爲地方最高長官，轄一省或二、三省，總理軍民要政。
1474 年 明成化十年	明代爲防禦韃靼、瓦剌，自洪武至萬曆時，前後修築長城十八次。 本年，左副都御史于子俊所築「東起清水營，西抵花馬池，延袤千七百七十里」的邊牆竣工 *。 * 明代北部長城東起山海關東南老龍頭，西至嘉峪關，稱爲「邊牆」。宣化、大同二鎮之南，直隸山西界上，並築有內長城，稱爲「次邊」。東北爲防禦兀良哈三衛和建州女眞、海西女眞，

	在正統、成化年間修築了起自山海關附近鐵場堡，經今遼河東西岸，治今丹東市東北九連城鴨綠江邊的遼東邊牆。
1477 年 明成化十三年	設置西廠（宦官偵緝機構，從事特務活動，其人員、權力超過東廠），由汪直領之。
1479 年 明成化十五年	汪直領兵出遼東塞焚殺。次年，遼東塞外諸部入雲陽等地大掠。
1485 年 明成化二十一年	因災變求直言，言者多請罷修佛寺，遠方士妖僧，免傳奉官。
1487 年 明成化二十三年	憲宗卒（1447～1487 年）。太子祐樘即位，是為明孝宗。 汰傳奉官二千餘人，遣逐僧道等一千四百餘人。 邱濬進《大學衍義補》。 定會試採用八股文體。
1505 年 明孝宗弘治十八年	孝宗卒（1470～1505 年）。太子厚照即位，是為明武宗。宦官劉瑾用事，與馬永成等東宮舊人八人，號「八虎」，導武宗遊戲，內府開支大增。
1506 年 明武宗正德元年	宦官主管畿輔皇莊擾民，朝臣請召還之，不聽。 命宦官至南京督織彩緞，朝官諫止，不從。 閣臣劉健謀除宦官，未果。
1507 年 明正德二年	劉瑾矯詔，以劉健等三十五人為奸黨。 始授內臣父兄官職。
1508 年 明正德三年	劉瑾矯詔捕朝官三百餘人下獄，旋釋出。 設置內行廠，由劉瑾親領之。
1510 年 明正德五年	劉瑾不法行為被揭發，下獄，被殺。 劉六、劉七起義，至 1512 年失敗。
1514 年	乾清宮被火焚毀，為重修，全國加賦百萬兩。

明正德九年	武宗微服外出。 本年全國皇莊占地三萬七千五百餘頃。
1515 年 明正德十年	增飾太素殿，費銀二十萬。 御史奏沿海衛所軍紀敗壞。
1516 年 明正德十一年	遣太監往蘇、杭督織紗羅，工部請減，不從。 李東陽卒（1447～1516 年）。東陽字賓之，號西涯，茶陵（今屬湖南）人。以館閣大臣領袖文壇，開「前七子」宣導復古之先河。主編《大明會典》、《憲宗實錄》、《孝宗實錄》等。有《懷麓堂集》、《懷麓堂續稿》等。
1517 年 明正德十二年	武宗微服外出遊樂，夜入民宅。次年又巡遊宣府、密雲，掠良家女子數十家而還。 葡萄牙使臣至中國，要求通商，不許。
1519 年 明正德十四年	朱宸濠（明初寧王朱權後裔，1497 年嗣位）在江西南昌起兵反叛，不久，被巡撫南贛副都御史王守仁率軍平定。 武宗以親征為名，南下遊玩，官員因諫南巡而被杖於午門 146 人，死 11 人。次年，於清江浦泛舟捕魚，因舟翻落水而成疾。
1521 年 明正德十六年	武宗卒（1491～1521 年）。從弟厚熜即位，是為明世宗。 大學士楊廷和主朝政，革除先朝弊政。
1523 年 明世宗嘉靖二年	因「大禮議」之爭（爭議世宗本生父朱祐杬的尊號），廷杖大臣 134 人，杖死 16 人。
1529 年 明嘉靖八年	王守仁卒（1472～1529 年）。守仁字伯安，號陽明，浙江餘姚人，著有《傳習錄》等，後人稱其學為「心學」，亦稱「陽明學」。 明初工匠分輪班和住坐兩類：籍隸京師、在當地服役的稱

	「住坐匠」。由外地調到京師的爲「輪班匠」，每三年或一兩年到京師服役三個月，輪班更替。本年，廢除輪班匠役，改行按季徵銀。
1534 年 明嘉靖十三年	遣陳侃等出使琉球，途經釣魚嶼等島嶼。 1533 年，大同兵士苦於工役，發生兵變。本年，官軍攻大同。不久改用招降之法平息事變。
1535 年 明嘉靖十四年	葡萄牙商人賄賂明地方官員，將通商市場移至壕鏡澳（澳門）。
1539 年 明嘉靖十八年	聖章太后卒，世宗自此不親朝政。 以道士陶仲文爲秉一眞人。
1540 年 明嘉靖十九年	世宗欲令太子監國，專事修道，太僕卿楊最進諫，被杖死。
1542 年 明嘉靖二十一年	蒙古土默特萬戶首領俺答攻山西，民自募鄉勇抵禦。俺答勢力漸盛。 宮婢楊金英等謀刺世宗，未遂被殺，史稱「宮婢之變」。
1544 年 明嘉靖二十三年	嚴嵩爲首輔。前後專國政二十餘年。以子嚴世蕃和趙文華等爲爪牙，操縱國事，戰備廢弛。晚年漸爲世宗疏遠。1565 年世蕃被殺，嵩也革職，不久病死（1480 ～ 1567 年）。
1545 年 明嘉靖二十四年	世宗於宮中築壇求福。 建州女眞攻遼東。
1546 年 明嘉靖二十五年	曾銑建議築邊牆，又建復河套之議，得首輔夏言支援。嚴嵩與夏爭權，後唆使仇鸞誣陷曾銑，銑遂被殺。 俺答攻延安、慶陽。
1547 年 明嘉靖二十六年	葡萄牙人犯漳州。 倭寇犯寧波、台州。

1549 年 明嘉靖二十八年	浙江海盜汪直與倭寇勾結，大掠沿海。 葡萄牙人攻福建，爲明軍民擊退。
1550 年 明嘉靖二十九年	俺答大舉而入，掠通州，圍京師，擄掠人畜財物而退，史稱「庚戌之變」。兵部尚書丁汝夔秉承嚴嵩之意，按兵不動。事後嚴嵩諉過於丁汝夔等人，殺之。
1551 年 明嘉靖三十年	江南諸地增賦銀百十五萬兩，是爲加派之始。錦衣衛經歷沈鍊上書，劾嚴嵩、嚴世蕃父子納賄、誤國等十罪。
1553 年 明嘉靖三十二年	倭寇騷擾浙江，浙東南、江南北濱海等地告警。 俺答攻遼東、甘肅、大同等。
1555 年 明嘉靖三十四年	張經在王江涇(今浙江嘉興北)大敗倭寇。後以得罪嚴嵩黨羽趙文華，受其誣陷，被殺害。俞大猷在江陰大敗倭寇。 楊繼盛劾嚴嵩十大罪，下獄受酷刑，被殺。
1556 年 明嘉靖三十五年	戚繼光在浙江組織民壯爲「戚家軍」。 胡宗憲誘降導倭寇入侵的徐海，使他縛獻另一個導倭入侵的陳東後，加以圍殲。
1557 年 明嘉靖三十六年	胡宗憲誘殺導倭寇入侵的汪直。 葡萄牙人在壕鏡澳(澳門)築炮臺、建城垣，設官管理。
1558 年 明嘉靖三十七年	倭寇劫掠浙江、福建。俞大猷敗倭，將其逐出浙江界。
1561 年 明嘉靖四十年	倭寇侵浙，戚繼光在台州大破倭寇，浙東倭患漸平息。次年，倭寇入犯福建，戚繼光入閩抗倭。
1562 年 明嘉靖四十一年	時歲供京師四百萬石，而諸王府祿米達八百五十萬石。 嚴嵩罷官。
1563 年 明嘉靖四十二年	俞大猷、戚繼光等在福建大敗倭寇，福建倭患漸平息。

海瑞上疏　張居正改革

1565 年 明嘉靖四十四年	潘季馴任總理河道。 浙江試行一條鞭法。
1566 年 明嘉靖四十五年	海瑞上疏，論世宗久不視朝，專事齋醮，旋下錦衣衛獄。
1567 年 明穆宗隆慶元年	世宗因服丹藥中毒而死（1507～1567 年）。子裕王載坖繼位，是爲明穆宗。張居正入閣。 戚繼光北上防邊，旋修成薊鎮長城，調浙兵加強防務。
1569 年 明隆慶三年	戚繼光爲總兵官，鎮守薊州、永平、山海關等。 海瑞巡撫應天，整頓賦役，抑制豪強，疏浚吳淞江，銳意興革。
1571 年 明隆慶五年	封俺答爲順義王，開互市，北及西北邊境暫獲安寧。 詔江西燒製瓷器十二萬餘件，陝西織造羊絨三萬二千二百餘匹，所費百數十萬兩，言官諫，不聽。 雲南進寶石二萬塊，廣東採珠八千兩。 戚繼光編成《練兵紀實》。
1572 年 明隆慶六年	穆宗卒（1537～1572 年）。太子朱翊鈞繼位，是爲明神宗。 張居正任首輔，上《帝鑑圖說》。 張居正開始推行改革，先後推出考成法、清丈土地、一條鞭法、裁汰冗員等措施，均卓有成效。
1574 年 明神宗萬曆二年	修大同邊牆。次年，又築成遼東六堡。 建州女眞首領王杲攻遼東。
1577 年 明萬曆五年	本年，歲入四百三十五萬兩，出三百四十九萬四千兩。
1578 年 明萬曆六年	本年下令丈量全國土地，至 1580 年完成，總計全國田畝7013976 頃。

	黃河決堤數年，明廷令潘季馴治河。 醫藥學家李時珍（1518～1593 年）撰成《本草綱目》，此書總結了我國 16 世紀以前的藥物經驗，對後世的藥物學發展有重大的貢獻。 土默特蒙古俺答汗尊藏傳佛教格魯派（黃教）領袖人物索南嘉措為達賴喇嘛（即達賴三世，一、二世係追認）。 計全國戶 10621466，口 60692856。 歲入銀三百五十五萬兩，出三百八十萬兩。
1579 年 明萬曆七年	張居正請廢書院，全國毀書院六十四處。 築大同鎮屯堡二百五十餘。
1581 年 明萬曆九年	戶部上《萬曆會計錄》。 全國推行一條鞭法（通計一州縣的田賦、勞役和其他雜差，都折合為銀兩徵收；差役由原來按人丁徵派，改為按人丁、田畝徵收役銀，官府出錢僱人完成）。
1582 年 明萬曆十年	耶穌會士義大利人利瑪竇、羅明堅來華。利瑪竇居澳門習中文，羅明堅到肇慶傳教。 至 1593 年，羅明堅將翻譯的《大學》（部分）、利瑪竇將翻譯的《四書》寄回歐洲。 張居正卒（1525～1582 年）。 文學家吳承恩卒（約 1500～約 1582 年），著有《西遊記》等。
1583 年 明萬曆十一年	努爾哈赤始征建州諸部。 利瑪竇到肇慶傳教，將自鳴鐘、三稜鏡及自製地圖等陳列供人參觀。
1584 年 明萬曆十二年	利瑪竇在肇慶繪成《山海輿地圖》，是為新型世界地圖傳入中國之始。

	榜張居正罪於天下。
1586 年 明萬曆十四年	朝臣奏請立長子爲皇太子，遭拒絕，「國本」之爭由此開始。 開撫順、清河關，與女眞互市。
1587 年 明萬曆十五年	海瑞卒（1514 ～ 1587 年）。海瑞字汝賢，自號剛峰，廣東瓊 山（今屬海南海口）人，他爲政清廉，剛正不阿，深得民衆愛 戴，後人稱其爲「海青天」。
1589 年 明萬曆十七年	本年起，神宗不上朝。
1590 年 萬曆十八年	王世貞卒（1526 ～ 1590 年）。世貞字元美，號鳳洲、弇州山 人，太倉（今屬江蘇）人。與李攀龍同爲「後七子」首領，共 主文壇二十餘年，時稱「王李」；主張文必秦漢，詩必盛唐。 著述宏富，有《弇州山人四部稿》、《續稿》、《藝苑巵言》、 《弇山堂別集》、《嘉靖以來首輔傳》等。
1592 年 明萬曆二十年	日本侵朝鮮，明派軍隊入朝援朝抗倭。次年，明軍收復平 壤，倭寇敗退，被迫議和，明詔回援軍。史稱「朝鮮之役」。
1594 年 明萬曆二十二年	顧憲成革職回籍，在無錫修東林書院，與弟允成、高攀龍 等講學，諷議朝政，評論人物。後鄒元標、趙南星等相繼 講學。東林黨議始此。 努爾哈赤征服長白山諸部。
1595 年 明萬曆二十三年	遣使封豐臣秀吉爲日本國王。 水利學家潘季馴卒（1521 ～ 1595 年）。季馴曾四次主持治理 黃河，均卓有成效。所著《河防一覽》爲明代治黃的代表性 著作。
1596 年 明萬曆二十四年	明廷遣宦官分赴畿內及各地開礦、榷稅。礦稅使多行敲詐 勒索。

1597 年 明萬曆二十五年	日本再侵朝鮮，明軍再赴朝。 1590 年，播州宣慰使楊應龍起兵。本年攻四川，波及湖廣。 1600 年敗死。
1598 年 明萬曆二十六年	豐臣秀吉死，中朝水軍大破日軍，明將鄧子龍陣亡，日軍退出朝鮮。
1599 年 明萬曆二十七年	臨清、沙市、武昌、漢陽等發生殺稅使、焚稅使官署的民變。 次年，蘇州發生民變。 取戶部銀二千四百萬兩籌辦諸皇子婚禮。
1600 年 明萬曆二十八年	鳳陽巡撫李三才等力陳礦稅之害，皆不報。 利瑪竇至北京，向神宗贈天主、聖母像、十字架、《聖經》、《萬國圖志》、自鳴鐘、西琴等。神宗允其定居北京。
1602 年 明萬曆三十年	神宗暴病，詔撤礦稅使、停江南織造、江西燒造等，及病癒反悔，令追回前詔。 思想家李贄卒（1527～1602 年）。贄號卓吾，泉州晉江（今福建泉州）人，以「異端」自居，稱《論語》、《孟子》並非「萬世之至論」，反對「咸以孔子之是非為是非」。故死後明政府令毀其著作。
1604 年 明萬曆三十二年	顧憲成重建東林書院，與高攀龍等講學、議政。 大學士沈鯉、戶部尚書趙世卿上書言礦稅之害。
1605 年 明萬曆三十三年	下令停天下開礦，但稅使未撤。從 1597 年至本年，共得銀三百餘萬兩，金珠寶玩尚不在內。
1606 年 明萬曆三十四年	明將李成梁棄寬甸六堡（在今遼寧寬甸），遷徙其民六萬四千餘戶於內地，為時論所譴責。 利瑪竇、徐光啟合譯《幾何原本》，次年刊行。
1610 年	利瑪竇卒於北京（1552～1610 年）。

薩爾滸之役　廣寧之戰

明萬曆三十八年	東林黨領袖顧憲成推薦李三才入閣，另一部分官員群起反對，造成激烈的黨爭。時攻擊東林者有齊、楚、浙三黨。
1616 年 明萬曆四十四年 後金太祖天命元年	努爾哈赤正式建立八旗制度，次年稱汗，國號金，史稱後金。 劇作家、文學家湯顯祖卒（1550 ～ 1616 年）。顯祖字義仍，臨川（今江西撫州）人，代表作有《還魂記》（《牡丹亭》）、《紫釵記》、《南柯記》和《邯鄲記》，合稱「臨川四夢」，是我國古代與關漢卿齊名的戲劇大家。
1618 年 明萬曆四十六年 後金天命三年	努爾哈赤興兵反明，臨行以「七大恨」誓師告天。 明廷始加派遼餉。命楊鎬爲兵部左侍郎兼僉都御史，經略遼東。
1619 年 明萬曆四十七年 後金天命四年	明遣四路軍攻後金，主力在薩爾滸（今遼寧撫順東渾河南岸）被金軍擊破，另兩路軍也大敗，是爲「薩爾滸之役」，此後，明對後金只能取守勢。 爲應對後金戰事，本年及次年，兩次加天下田賦。
1620 年 明萬曆四十八年 光宗泰昌元年 後金天命五年	後金征朝鮮。 神宗卒（1563 ～ 1620 年）。太子常洛即位，是爲明光宗。在位二十九天卒，長子由校繼位，是爲明熹宗。封熹宗奶媽客氏爲奉聖夫人，魏忠賢爲秉筆太監，客、魏之禍由此始。
1621 年 明熹宗天啓元年 後金天命六年	後金攻取瀋陽、遼陽。 明以王化貞巡撫廣寧（今遼寧北鎮），以熊廷弼經略遼東，駐山海關，兩人不合。 荷蘭東印度公司成立。
1622 年 明天啓二年 後金天命七年	後金、明廣寧之戰，明軍大敗，後金攻克西平堡（今遼寧台安一帶）、廣寧（今遼寧北鎮）。遣袁崇煥築守寧遠城（今遼寧興城）。

	山東徐鴻儒白蓮教起義。
	兵部至澳門請耶穌會人士入華鑄西洋大炮。
	荷蘭殖民者入侵澎湖。
1624 年 明天啓四年 後金天命九年	遣南居益率軍驅逐荷蘭殖民者出澎湖。荷蘭殖民者轉而侵入臺灣南部。 漳州官員受紅夷（荷蘭）三萬金，許澎湖互市。
1625 年 明天啓五年 後金天命十年	後金攻取旅順，又遷都瀋陽，稱爲盛京。 魏忠賢興大獄，楊漣、左光斗等「前六君子」下獄，六君子先後死於獄中。 毀天下書院，東林書院首當其禍。榜東林黨人姓名，頒示天下。
1626 年 明天啓六年 後金天命十一年	興周起元、高攀龍等「後六君子」之獄，不久，高攀龍自殺，周起元等先後死於獄中。 各地建魏忠賢生祠。 後金攻寧遠，爲袁崇煥擊退，時稱「寧遠大戰」。 努爾哈赤死（1559 ～ 1626 年）。子皇太極繼爲後金汗。 西班牙殖民者侵佔臺灣北部。
1627 年 明天啓七年 後金天聰元年	熹宗卒（1605 ～ 1627 年）。弟朱由檢即位，是爲明思宗（即崇禎帝）。謫魏忠賢於鳳陽，魏於途中自縊死。命各地毀魏氏生祠。 本年陝西大飢，義軍紛起，是爲明末農民起義的開端。
1628 年 明思宗崇禎元年 後金天聰二年	明嚴申保甲連坐法。 鄭芝龍盜掠福建、浙江海上。後降明。 高迎祥等起義，明末農民戰爭開始。
1629 年	詔定魏忠賢逆案。

張獻忠　李自成　《天工開物》

明崇禎二年 後金天聰三年	後金大舉攻明。思宗中後金反間計，以為袁崇煥與後金有密約，欲「招兵脅和」，逮袁崇煥下獄，次年殺之。 張溥等創復社。1629 年、1630 年、1633 年復社召開尹山大會、金陵大會、虎丘大會。以繼承東林自居，要求消除閹黨殘餘勢力，重振朝綱。南明弘光帝時受馬士英、阮大鋮等排斥。清軍南下，成員多投入抗清鬥爭。1652 年解散。 設西洋曆局，造天文儀器。
1630 年 明崇禎三年 後金天聰四年	耶穌會士湯若望、羅雅谷入曆局供事。 張獻忠等起義。 後金主力撤退。本年，遼餉又於九釐外畝增三釐，再增賦一百六十五萬餘兩，連前共達六百八十萬兩。
1631 年 明崇禎四年 後金天聰五年	後金始製紅夷大炮。仿明設置六部。 李自成從高迎祥起義軍。 總督陝西三邊軍務楊鶴主招撫起義軍失敗，被劾下獄。以洪承疇總督陝西三邊軍務，進攻起義軍。
1632 年 明崇禎五年 後金天聰六年	荷蘭人在臺灣築城。 1631 年，明參將孔有德率軍援遼，中途起兵叛明。本年，與參將耿仲明佔據登州 (治今山東煙臺市牟平區)。
1633 年 明崇禎六年 後金天聰七年	明將孔有德、耿仲明、尚可喜先後降後金。 徐光啟卒 (1562 ～ 1633 年)。徐光啟字子先，號玄扈，上海人。曾任禮部尚書兼東閣大學士。師從利瑪竇等學習西方的天文、曆法、數學、測量和水利等科學技術，是介紹和吸收歐洲科學技術的積極推動者。主持編修《崇禎曆書》，著有《農政全書》，譯有《幾何原本》(前六卷)、《測量法義》等。
1634 年	宋應星撰成《天工開物》，三卷。全面系統記述中國古代農

明崇禎七年 後金天聰八年	業、手工業生產技術和經驗，並附插圖一百二十三幅加以說明。1637 年刊行。
1635 年 明崇禎八年 後金天聰九年	加全國田賦，名為助餉。凡士大夫家，賦銀每兩加二錢。民間十兩以上者，每兩加一錢。後一律每兩徵收一錢。因餉名義上出於捐助，故名。
清朝	
1636 年 ～ 1911 年	清，始於西元 1636 年皇太極改國號為清，終於 1911 年辛亥革命，共歷 11 帝，276 年。
1636 年 明崇禎九年 清太宗崇德元年	皇太極即帝位，改國號清，改元崇德，是為清太宗。 高迎祥為陝西巡撫孫傳庭所敗，被俘犧牲，眾擁李自成為「闖王」。
1638 年 明崇禎十一年 清崇德三年	洪承疇敗李自成於潼關。李自成以十八騎突圍。 清兵分路南下。明廷徵洪承疇入衛京師。 清改蒙古衙門為理藩院。
1639 年 明崇禎十二年 清崇德五年	以吳三桂為遼東總兵官。 李岩、牛金星、宋獻策加入李自成起義軍。 1637 年，明廷為鎮壓農民起義下令全國「因糧輸餉」，照原糧額每畝加徵六合，每石折徵銀八錢，又另加徵銀一分四厘九絲，以一年為期，名為「剿餉」。本年，為各地練兵，除續徵「剿餉」外，又加徵田賦每畝「練餉」銀一分。
1641 年 明崇禎十四年 清崇德六年	李自成克洛陽，張獻忠克襄陽，均發王府銀以濟民。 洪承疇會兵十三萬增援錦州，以抵禦清兵。 張獻忠敗投李自成，李自成不納。荷蘭敗西班牙，獨佔臺灣。 地理學家徐霞客卒（1587 ～ 1641 年）。霞客名宏祖，著有《徐霞客遊記》。

山海關之役　「揚州十日」

1642 年 明崇禎十五年 清崇德七年	清軍克松山，洪承疇降清。 明遣使與清議和，清約以平等相交，及歲幣疆界事。不久，消息洩漏，思宗大怒，殺受旨祕密與清議和的陳新甲，和議亦罷。
1643 年 明崇禎十六年 清崇德八年	李自成取潼關、西安，次年定國號為大順。 清太宗卒（1592 ～ 1643 年）。子福臨即位，是為清世祖（即順治帝），多爾袞輔政，旋稱攝政王。
1644 年 明崇禎十七年 清世祖順治元年 大順永昌元年	李自成率軍攻入北京，明思宗自縊死（1611 ～ 1644 年），明亡。 吳三桂降清，引清兵入關並聯合擊敗李自成，是為「山海關之役」。李自成退出北京，回師陝西。 清封吳三桂為平西王。 張獻忠在成都建立政權，國號大西。 多爾袞率清兵入北京。清下薙髮令。 清廷以明《萬曆會計錄》原額徵錢糧。 自本年起，明宗室在南方先後建有福王弘光政權、唐王隆武政權、魯王政權、唐王紹武政權、桂王永曆政權，合稱南明政權，先後被清軍所攻滅。
1645 年 清順治二年 大順永昌二年 南明福王弘光元年 唐王隆武元年	清廷頒圈地令。清兵入關後，清統治者以滿洲貴族、勳臣、旗人兵丁「無處安置」為由，下令凡京畿附近各州縣的「無主荒地」及明朝皇親國戚、貴族、太監走死逃亡後遺留的土地，盡數圈分給諸王、勳臣和兵丁。 清兵入陝西，李自成走襄陽、武昌，至通山被害（1606 ～ 1645 年）。 清兵屠揚州，史可法不屈被殺（1601 ～ 1645 年），史稱「揚州十日」。清再詔薙髮。清兵屠嘉定、江陰。

	清廷頒湯若望制定的《時憲曆》。
	和碩特蒙古固始汗尊藏傳佛教格魯派（黃教）領袖人物羅桑確吉堅贊爲班禪（即班禪四世，前三世係追認）。
1646 年 清順治三年 南明隆武二年 魯監國元年 唐王紹武元年	清始舉行鄉試、殿試。 清廷編造《賦役全書》，頒行《大清律》。 明將鄭芝龍降清，其子鄭成功在海上起兵抗清。 清兵入四川，張獻忠戰死。明桂王朱由榔在肇慶稱帝，年號永曆。是爲南明最後一個政權。
1647 年 清順治四年 南明桂王永曆元年 魯監國二年	因圈地擾民，令永禁圈地。自 1645 年 1 月起，先後三次大規模下令圈地。且常指民田爲官莊、私田爲無主，強行霸佔，致使大量農民失地流離，造成社會動盪不安。本年下令停止圈地後，各地零星圈地仍在進行。 清禁止澳門西方商人至省城貿易。定官民服飾制度。
1648 年 清順治五年 南明永曆二年 魯監國三年	禁止民間養馬和私藏兵器。 命修《明史》。未成而罷。1679 年再開史館纂修，至 1739 年修訂刊行。共三百三十二卷。 許滿漢通婚。
1649 年 清順治六年 南明永曆三年 魯監國四年	清封孔有德、尚可喜、耿仲明爲定南王、平南王、靖南王。 清禁止諸王及滿大臣干預各衙門政事。 俄人竊占雅克薩。
1650 年 清順治七年 南明永曆四年 魯監國五年	鄭成功攻取金門、廈門、漳浦。 多爾袞卒（1612 ～ 1650 年），福臨親政。 本年天主教徒達一萬五千人。

1651 年 清順治八年 南明永曆五年 魯監國六年	鄭成功部將施琅降清。 令將前所圈之地悉數退還原主。 張獻忠舊部孫可望、李定國、劉文秀入雲南聯明抗清。
1652 年 清順治九年 南明永曆六年 魯監國七年	李定國攻廣西，破桂林，孔有德自殺。劉文秀攻四川，吳三桂敗走保寧(今四川閬中年)。李定國破衡州，伏殺清帥尼堪，掀起反清高潮。 達賴喇嘛至北京朝覲。
1653 年 清順治十年 南明永曆七年 魯監國八年	清朝中央政府冊封達賴五世阿旺羅桑嘉措為「西天大善自在佛所領天下釋教普通瓦赤喇怛喇達賴喇嘛」，正式確定了達賴喇嘛的地位。此後歷世達賴喇嘛轉世確認，必經中央政府冊封批准，成為定制。 清令以「一條鞭法」徵賦。
1654 年 清順治十一年 南明永曆八年	兵部設督捕衙門專管逃人事。後因旗地逐步採用租佃制經營，逃人問題趨於緩和。1699 年，改督捕衙門為督捕司，隸刑部，逃人案件日漸稀少。 鄭成功水師入長江，清封其為海澄公，鄭成功不受。 清撥款重修布達拉宮。 清兵入關後，八旗貴族官兵將大量俘掠人口及投充漢人，或作為家內奴僕，或作為農業勞動力，安置旗地從事生產。他們備受凌虐，多離主逃亡，稱為「逃人」。
1655 年 清順治十二年 南明永曆九年	鄭成功收復舟山、普寧等。 清立鐵牌禁中官干政。 荷蘭使臣至北京，許其八年一貢。
1657 年	孫可望攻李定國，大敗，降清。

清順治十四年 南明永曆十一年	順天鄉試考官受賄舞弊被殺，江南考官舞弊事被揭發，史稱「丁酉科場案」。
1658 年 清順治十五年 南明永曆十二年	俄人築尼布楚城。尼布楚，在黑龍江(今黑龍江北源石勒喀河)與尼布楚河(今石勒喀河支流涅爾查河)合流處。本中國蒙古族茂明安部游牧地。1689 年《中俄尼布楚條約》簽訂後，劃歸俄人管轄，即今俄羅斯涅爾琴斯克。
1659 年 清順治十六年 南明永曆十三年	鄭成功自崇明入長江，攻克瓜洲、鎮江。旋敗退廈門。 比利時人南懷仁來華。次年，因湯若望舉薦，入欽天監供職。
1660 年 清順治十七年 南明永曆十四年	清禁民集會結社。 清定三藩兵制，吳三桂轄五十三佐領，另綠營十營，每營一千二百人；耿繼茂、尚可喜各轄十五佐領，綠營各六七千人。定八旗官職漢稱，牛錄章京為佐領、甲喇章京為參領、梅勒章京為副都統、固山額真為都統，昂邦章京為總兵官或將軍。
1661 年 清順治十八年 南明永曆十五年	清世祖卒(1638～1661 年)，子玄燁 8 歲繼位，是為清聖祖(即康熙帝)。 鄭成功從廈門進兵臺灣。次年，荷蘭侵略者投降，鄭成功收復臺灣。 清廷實行海禁，不許商船、漁船下海。 奏銷案起。時朝廷下嚴禁拖欠錢糧之令，違禁官紳，一律斥革追索。江南巡撫朱國治列舉欠糧紳監一萬三千五百十七人，指為「抗糧」，盡行褫革功名，枷責追比，稱「奏銷案」。 哭廟案起。吳縣知縣任維初搜刮民財，盜賣庫糧。世祖死後，諸生倪用賓、金人瑞等在「哭臨大典」之日，聚哭文廟，

	乘機向巡撫朱國治控告，稱「哭廟案」。清以江南諸生聚哭文廟事，殺金人瑞(1608 ～ 1661 年)等。人瑞號聖歎，江蘇吳縣(今蘇州市吳中區)人，曾批點《水滸》、《西廂》等。
1662 年 清聖祖康熙元年	吳三桂在昆明殺永曆帝。 鄭成功卒(1624 ～ 1662 年)，子鄭經嗣主臺灣。
1663 年 清康熙二年	浙江湖州富人莊廷招集學人編輯《明史》，稱努爾哈赤爲建州都督，不書清帝年號，而書隆武、永曆等南明年號。康熙初年被人告發治罪，本年「《明史》獄」結案，株連而死者共七十餘人。 荷蘭遣使來清，約清合攻鄭經。施琅等會荷軍攻鄭經，占廈門。
1664 年 清康熙三年	楊光先上《請誅邪教疏》，攻擊西洋傳教士湯若望、南懷仁「圖謀不軌」，湯若望、南懷仁下獄。次年，以楊光先以欽天監正；改行明朝通行的《大統曆》；湯若望等獲釋，一年後湯若望卒(1591 ～ 1666 年)。 施琅攻臺灣。 張煌言、李來亨卒，內地抗清失敗。 錢謙益卒(1582 ～ 1664 年)。謙益字受之，號牧齋、蒙叟，常熟人，文學家，著有《初學集》、《有學集》等。
1668 年 清康熙七年	清定外國非貢期不許貿易。 南懷仁劾楊光先所訂曆書之誤，爲湯若望和《時憲曆》辨誣。
1669 年 清康熙八年	因《大統曆》有誤，罷楊光先，令南懷仁掌欽天監。 清廷下令，禁傳天主教。 清廷下令重申永禁圈地。自 1645 年起的圈地活動基本停止。圈地數量有十四餘萬頃、十六餘萬頃、十九餘萬頃諸說。

1670 年 清康熙九年	弛傳天主教之禁。 清遣使至俄國。英商在廈門、臺灣設立商館。
1673 年 清康熙十二年	聖祖下令撤藩，吳三桂、耿精忠、尚之信先後舉兵叛清，史稱「三藩之亂」。
1675 年 清康熙十四年	封李焞為朝鮮國王。 俄使求互市定疆界，未果。
1677 年 清康熙十六年	清廷始設南書房。 蒙古準噶爾部首領噶爾丹征服青海和碩特部，次年，又征服天山南路回部。
1678 年 清康熙十七年	開博學鴻儒科。 吳三桂在衡州（今湖南衡陽）稱帝，旋卒（1612 ～ 1678 年），孫吳世璠繼立。
1680 年 清康熙十九年	南懷仁奉命鑄火炮三百餘門，次年完成。1682 年上《神威圖說》，論述火炮之法。
1681 年 清康熙二十年	清軍攻入雲南，破昆明，吳世璠自殺，三藩之亂平。 鄭經卒（1642 ～ 1681 年），子克塽繼位。
1682 年 清康熙二十一年	思想家、學者顧炎武卒（1613 ～ 1682 年）。炎武，號亭林，江蘇昆山人，治學尚實證，重致用，著有《日知錄》、《天下郡國利病書》等。 學者朱之瑜卒於日本（1600 ～ 1682 年）。之瑜號舜水，浙江餘姚人，南明亡後，東渡日本傳播儒學，著作有《朱舜水集》。 比利時耶穌會士柏應理自中國返回歐洲，向教皇進獻四百餘卷傳教士編撰的中國文獻，後又著述出版《中國哲學家孔子》，在歐洲引起巨大的回響。

1683 年 清康熙二十二年	清軍入臺灣，鄭克塽降。 清廷開放海禁，詔沿海遷民復籍。開寧波、漳州、廣州、鎮江四港。
1684 年 清康熙二十三年	噶爾丹使人入貢。 清廷再弛海禁，但火器不得出洋。
1685 年 清康熙二十四年	清軍毀雅克薩城，俄軍退至尼布楚，是為「雅克薩之戰」。 英人在廣州設商館與華通商。
1686 年 清康熙二十五年	定荷蘭五年一貢，許自福建入境。 俄使臣來清，請解雅克薩之圍。
1688 年 清康熙二十七年	南懷仁卒（1623 ～ 1688 年）。南懷仁曾任工部右侍郎。1675 ～ 1678 年俄國使臣斯巴法里米列斯庫來中國時，為清政府譯員。著有《教要序論》、《康熙永年曆法》等。 噶爾丹攻襲喀爾喀部。
1689 年 清康熙二十八年	《中俄尼布楚條約》簽訂，為中俄第一個界約。規定中俄以額爾古納河、格爾必齊河為界，再由格爾必齊河源順外興安嶺往東至海，嶺南屬中國，嶺北屬俄國；烏第河和外興安嶺之間地方暫定存放另議等。
1690 年 清康熙二十九年	噶爾丹進襲內蒙古，聖祖下令親征。清軍在烏蘭布通（今內蒙古克什克騰旗南境）大敗噶爾丹。
1692 年 清康熙三十一年	思想家、學者王夫之卒（1619 ～ 1692 年）。夫之字而農，學者稱船山先生，衡陽（今屬湖南）人，著有《讀通鑑論》等。
1695 年 清康熙三十四年	思想家、史學家黃宗羲卒（1610 ～ 1695 年）。宗羲字太沖，學者稱梨洲先生，浙江餘姚人，著有《宋元學案》、《明儒學案》、《明夷待訪錄》等。
1696 年	聖祖親征噶爾丹。

清康熙三十五年	清軍在昭莫多（今蒙古國烏蘭巴托東南土拉河和克魯倫河上游間）擊敗噶爾丹主力。
1697 年 清康熙三十六年	聖祖再次親征噶爾丹。噶爾丹自殺（一說病故年），策妄阿拉布坦繼汗位。
1698 年 清康熙三十七年	遣官至蒙古督教耕種，並賑濟貧民。 本年，疏浚渾河，築南北堤一百八十餘里，定名永定河。
1703 年 清康熙四十二年	蒙古土爾扈特部降清。土爾扈特為厄魯特蒙古四大部之一，其他三部為準噶爾、杜爾伯特、和碩特。 始建熱河離宮，即「避暑山莊」。
1705 年 清康熙四十四年	羅馬教皇特使多羅至北京，觀見聖祖。但未透露教皇禁止中國天主教徒祀孔祭祖的教令。
1707 年 清康熙四十六年	羅馬教皇特使多羅在南京宣佈教皇禁令。清政府拘留多羅，解往澳門監禁。多羅於三年後病卒。
1711 年 清康熙五十年	江南科場獄起，至 1713 年結案。 《南山集》獄起，至 1713 年結案，作者戴名世（1653～1713 年）被殺。
1712 年 清康熙五十一年	因山東外出耕墾者逾十萬人，令有司查明造冊，禁山東民往返口外（長城以北）。 自本年始，滋生人丁，永不加賦。
1713 年 清康熙五十二年	清朝中央政府冊封班禪五世羅桑意希為班禪額爾德尼，正式確定了班禪額爾德尼的地位。此後歷世班禪額爾德尼轉世確認，必經中央政府冊封批准，成為定制。
1715 年 清康熙五十四年	文學家蒲松齡卒（1640～1715 年）。松齡字留仙，號柳泉，山東淄川（今山東淄博市淄川區）人，著有短篇小說集《聊齋志異》。

	策妄阿拉布坦攻哈密，清遣使招撫之，並於哈密置屯田兵。 英東印度公司與清廣東官員訂通商合同。
1716 年 清康熙五十五年	廣東始行「攤丁入畝」，其後先後推行於四川、直隸、福建、河南、江西、江蘇、安徽等地。1882 年施行於吉林，至此，全國絕大部分省府實行此制。 張玉書等編成《康熙字典》。
1717 年 清康熙五十六年	禁天主教及外國人留居中國。 禁止出海，凡私自出洋者永不准歸國。 策妄阿拉布坦進兵拉薩，1718 年清軍將其擊退，進駐拉薩。
1720 年 清康熙五十九年	令滿、漢兵護衛達賴喇嘛七世入藏，逐蒙古準噶爾部勢力出藏。 廣東設立公行(亦稱「官行」，十三行的行會組織)。訂有行規，旨在共同承擔官府差科，消除內部競爭，規定進出口貨市價，分配各行業務，約束外商行為，經辦中外交涉事件和解決同業困難。次年解散。
1721 年 清康熙六十年	臺灣朱一貴起義，佔領全台，旋敗。 洋米始自海外輸入。
1722 年 清康熙六十一年	清聖祖卒(1654～1722 年)，子胤禛繼位，是為清世宗(即雍正帝)。 詔速編《古今圖書集成》，至 1725 年編成。
1723 年 清世宗雍正元年	青海蒙古和碩特部羅卜藏丹津反清。次年被清軍擊敗，羅卜藏丹津投奔準噶爾部。
1726 年 清雍正四年	立保甲法。 查嗣庭獄起。查嗣庭被指控所出江西鄉試試題怨望譏刺，大獄遂興，查氏旋卒於獄中。

1727 年 清雍正五年	清廷議設駐藏大臣，次年派駐。 鄂爾泰在西南地區推行改土歸流。 中俄簽訂《布連斯奇界約》，劃定中俄中段邊界，規定由沙賓達巴哈起至額爾古納河為止，其間在逈北一帶者，歸俄國，在逈南一帶者，歸中國(現在這段邊界除東、西兩端外，已成為蒙、俄邊界)；簽訂《恰克圖條約》，除重申邊界線外，並規定通商辦法。
1728 年 清雍正六年	世宗論「八議」不可為訓。八議，即對皇親國戚、皇帝舊友故交、有封建大德行者、有大才能者、對王朝有大功勳者、高官顯爵、為維護統治盡特殊勤勞者、先朝皇族等八種人給予減免刑罰特權的制度，如犯十惡則不在此例。三國時魏國正式規定於法典中，後沿用至清代。
1729 年 清雍正七年	因西北用兵，設軍需房。 呂留良案起：湖南永興人曾靜讀呂留良遺著，深受「華夷之辨」、反清復明思想影響。1728 年命弟子張熙投書川陝總督岳鍾琪，勸其舉兵反清，被岳告發下獄，供詞涉及民間流傳世宗篡權奪位之說。至 1732 年結案，牽連者被分別治罪。世宗頒《大義覺迷錄》。書中世宗為外傳謀父、逼母、篡奪皇位等事多所辯解，並力辟「華夷之辨」。刊刻後發給各州縣學，向臣民宣講。 首次頒令禁吸鴉片。
1735 年 清雍正十三年	世宗卒(1678 ～ 1735 年)，子弘曆繼位，是為清高宗(即乾隆帝)。 令收回《大義覺迷錄》。 《明史》撰成。

1736 年 清高宗乾隆元年	頒「十三經」、「二十一史」於各省及府、州、縣學。
1737 年 清乾隆二年	遣使冊封黎維禕爲安南國王。
1747 年 清乾隆十二年	大金川(今四川金川縣)土司起兵反清，至 1749 年平定。1771 年，大金川土司與小金川(今四川小金縣)土司再次反清，至 1776 年平定。清廷兩次用兵金川一隅，四折統帥，耗銀七千萬兩。
1749 年 清乾隆十四年	文學家方苞卒(1668 ～ 1749 年)。方氏爲桐城派創始人，著作有《望溪文集》。
1754 年 清乾隆十九年	文學家吳敬梓卒(1701 ～ 1754 年)。敬梓著有《儒林外史》。
1755 年 清乾隆二十年	胡中藻案發。胡中藻爲重臣鄂爾泰門生，高宗以其詩中多「逆語」，處斬。鄂爾泰撤出賢良祠，侄鄂昌賜死。 清軍平定天山南路。
1757 年 清乾隆二十二年	俄人請由黑龍江運糧，以違約，不許。 禁英人至寧波貿易，限廣州一處對外貿易。
1758 年 清乾隆二十三年	南疆大小和卓木反清，次年，被清軍擊敗。 學者惠棟卒(1697 ～ 1758 年)。棟字定宇，江蘇吳縣人，吳派考據學代表人物，著有《周易述》、《古文尙書考》等。
1760 年 清乾隆二十五年	廣東復立公行，公行訂有行規(參見 1720 年)，但因互相競爭，行規所規定的目的並未達到。至 1771 年解散。
1762 年 清乾隆二十七年	允英商之請，許其每船買土絲、二蠶湖絲八千斤，餘仍照例禁運。
1763 年 清乾隆二十八年	允琉球之請，許買土絲、二蠶湖絲八千斤，餘仍照例禁運。

1764 年 清乾隆二十九年	弛蠶絲出洋之禁。 文學家曹雪芹卒(1715～1764 年)。雪芹名霑，滿洲正白旗「包衣」，著有《紅樓夢》(前八十回)。
1765 年 清乾隆三十年	書畫家、文學家鄭燮卒(1693～1765 年)。燮，號板橋，江蘇興化人。為「揚州八怪」之一，有《板橋全集》。
1767 年 清乾隆三十二年	浙江天臺齊周華以所著《名山藏初集》呈請巡撫熊學鵬作序，被檢出「悖逆」等情，又搜內有《祭呂留良文》等，於次年凌遲處死，親朋株連。 本年英人輸入鴉片千餘箱。
1770 年 清乾隆三十五年	圓明園建成完工。始建於 1709 年，為環繞福海的圓明、萬春、長春三園的總稱。三園占地約五千二百畝。彙集中西園林建築風格，羅列國內外名勝 40 景，有建築物 145 處。藝術價值甚高，被譽為「萬園之園」。
1771 年 清乾隆三十六年	蒙古土爾扈特首領渥巴錫等率族起義，擺脫沙俄控制，東返祖國。清政府立碑以志紀念。
1773 年 清乾隆三十八年	令解散耶穌會。 《四庫全書》開館纂修，1782 年完成。共收書三千四百六十餘種、七萬九千三百餘卷(文淵閣本)。分經史子集四部，故名「四庫」。內容豐富，具有保存和整理乾隆以前文獻的作用。
1774 年 清乾隆三十九年	定聚眾結社罪例，命各省行保甲法。命各省查繳「詆毀本朝」之書，盡行銷毀。
1776 年 清乾隆四十一年	令《四庫全書》館詳核刪毀違禁書籍。 禁漢人流入盛京、吉林等地。
1777 年	禁止各地民壯演習鳥槍。又不許武科改用鳥槍。

清乾隆四十二年	王錫侯著《字貫》，考訂《康熙字典》被告發，下獄被殺。 本年廣東出口茶十五萬餘擔，生絲三千七百萬餘擔。 思想家、學者戴震卒(1723～1777年)，字東原，安徽休寧人，皖派考據學代表人物，撰有《原善》、《原象》、《孟子字義疏證》等。
1778 年 清乾隆四十三年	令嚴治山東義和拳。 徐述夔《一柱樓詩集》有「大明天子重相見，且把壺(「壺」諧「胡」音年)兒擱半邊」等語，因而被人告發。高宗認定其詩「悖逆」。時徐述夔已死，遂將述夔等開棺戮屍，家屬及改稿、校刻者株連。
1780 年 清乾隆四十五年	本年英輸入鴉片四千餘箱。 《四庫全書》館開出應銷毀或酌量抽毀書目，共計三百二十五種。
1782 年 清乾隆四十七年	停止伊犁兵丁販貨。 廣東十三公行成立，至 1842 年《南京條約》簽訂後，公行取消。
1786 年 清乾隆五十一年	臺灣林爽文起義，次年失敗。 清封鄭華爲暹羅國王。
1789 年 清乾隆五十四年	清封阮光平爲安南國王。 學者蔣良騏卒(1723～1789年)。著有《東華錄》三十二卷，記後金天命至清雍正年間史事，有實錄所不載者，史料價值較高。
1790 年 清乾隆五十五年	清封孟隕爲緬甸國王。 本年起，三慶、四喜、春台、和春四個徽班相繼在北京演出。道光年間，在北京同漢調等合流，逐漸演變爲京劇。

1791 年 清乾隆五十六年	撤銷議政王大臣會議。 定西藏事由辦事大臣與達賴喇嘛等會商辦理，噶布倫不得專擅。
1792 年 清乾隆五十七年	高宗作《十全武功記》，記十次重大軍事行動，包括 1747 年至 1749 年大金川之役、1758 年至 1759 年平定南疆大小和卓木反清、1771 年至 1776 年大小金川之役；1786 年至 1787 年鎮壓臺灣林爽文起義等。
1793 年 清乾隆五十八年	英國馬戛爾尼使團來華，提出建交、通商等要求，被拒絕。 清廷頒佈《欽定西藏章程》，定「金瓶掣簽制」，爲認定達賴、班禪轉世靈童之制。
1794 年 清乾隆五十九年	造廣東水師戰船。 學者汪中卒（1745 ～ 1794 年）。推崇墨子之學；又以孔荀而不以孔孟並提，否定宋儒的「道統」說。曾被視爲名教之罪人。著作有《廣陵通典》、《述學》內外篇等。
1795 年 清乾隆六十年	貴州苗民起義。 學者盧文弨卒（1717 ～ 1796 年）。精於校勘之學，並以所校勘、注釋的經子諸書匯刻爲《抱經堂叢書》。
1796 年 清仁宗嘉慶元年	高宗禪位於（子）顒琰，是爲清仁宗（即嘉慶帝），尊高宗爲太上皇帝。 川、楚、陝白蓮教起義，至 1804 年失敗。 禁止鴉片輸入和罌粟種植。
1797 年 清嘉慶二年	學者畢沅卒（1730 ～ 1797 年），著有《續資治通鑑》。 學者王鳴盛卒（1722 ～ 1797 年），著有《十七史商榷》。
1799 年 清嘉慶四年	清高宗卒（1711 ～ 1799 年）。仁宗親政，處死權臣和珅，籍沒家產。

1801 年 清嘉慶六年	史學家章學誠卒(1738～1801 年)。治史重史才、史識、史法，尤重史意，注意「辨章學術，考竟源流」，昭示思想學問的淵源流變。所著《文史通義》，為史學理論名著。
1804 年 清嘉慶九年	錢大昕卒(1728～1804 年)。大昕字曉徵，號辛楣，一號竹汀，晚稱潛研老人，江蘇嘉定(今屬上海)人。治學於音韻訓詁尤多創見，於史學以校勘考訂見長。著作有《潛研堂文集》、《十駕齋養新錄》、《廿二史考異》、《元詩紀事》等。
1805 年 清嘉慶十年	禁西人刻書傳教及設立學校。 增設廣東水師提督。 清帝賜英吉利王書。 段玉裁撰成《說文解字注》。
1807 年 清嘉慶十二年	基督教新教由英國牧師馬禮遜傳入中國。 汪輝祖卒(1730～1807 年)。輝祖字煥曾，浙江蕭山(治今浙江省杭州市蕭山區)人。熟悉吏治利弊，著有《學治臆說》、《佐治藥言》、《元史本證》、《史姓韻編》、《九史同姓名略》等。
1808 年 清嘉慶十三年	英人攻澳門炮臺，未果。英艦復入虎門，泊黃浦，相持久之退去。
1809 年 清嘉慶十四年	禁護送外人商船的兵船入港。 學者洪亮吉卒(1746～1809 年)，曾提出人口增加與糧食產量相矛盾問題。
1810 年 清嘉慶十五年	禁鴉片輸入京城。令各城門嚴查，並令閩、粵督撫查禁，絕其來源。
1811 年 清嘉慶十六年	禁西人潛住內地，禁民私習天主教。
1813 年	京畿、河南、山東等地爆發天理教起義。教徒林清派部眾

清嘉慶十八年	潛入北京，由信教太監接應，攻入皇宮，因人力單薄失敗。林清被捕遇害。
1814 年 清嘉慶十九年	趙翼卒（1727～1814 年）。翼字雲崧，一字耘松，號甌北，江蘇陽湖（今常州）人。工詩善文，尤長於史學，與錢大昕、王鳴盛齊名。著有《廿二史劄記》、《陔餘叢考》、《甌北詩鈔》、《甌北詩話》等。
1815 年 清嘉慶二十年	西人蘭月旺違禁入內地傳教，被處死。 禁買西人輸入之奇貨。 文學家高鶚卒（約 1738～約 1815 年）。鶚字蘭墅，漢軍鑲黃旗人。著有《紅樓夢》（後四十回）。
1816 年 清嘉慶二十一年	崔述卒（1740～1816 年）。述字武承，號東壁，直隸大名（今屬河北）人。治經史，著有《考信錄》等，今人匯印為《崔東壁遺書》。
1820 年 清嘉慶二十五年	清仁宗卒（1760～1820 年）。子旻寧繼位，是為清宣宗（即道光帝），改元道光。 大和卓木之孫張格爾潛入南疆發動叛亂。1827 年底，清軍平定張格爾叛亂。 英輸入鴉片五千餘箱。
1821 年 清宣宗道光元年	清政府重申禁煙令，嚴禁在澳門、黃浦囤放和售賣鴉片。
1824 年 清道光四年	英輸入鴉片一萬二千餘箱。至 1829、1830 年，鴉片輸入各達一萬四千餘箱。
1828 年 清道光八年	因張格爾叛亂，命南疆貿易由官經理，不准私運大黃、茶葉。
1831 年	江藩卒（1761～1831 年）。藩字子屏，號鄭堂，江蘇甘泉（今

清道光十一年	揚州)人。經學家。著有《國朝漢學師承記》、《國朝宋學淵源記》等。
1833 年 清道光十三年	制定禁止紋銀出洋條例。禁止廣東外洋貿易用銀及洋錢交易。
1834 年 清道光十四年	英人據零丁洋及大嶼島販賣鴉片。 清宣佈與英絕交，驅逐其在中國的船隻。 英輸入鴉片二萬一千餘箱。
1837 年 清道光十七年	廣州對外貿易商行限爲十三家。 英輸入鴉片三萬九千餘箱。
1838 年 清道光十八年	黃爵滋上《嚴塞漏卮以培國本疏》，請嚴禁鴉片。林則徐上《錢票無甚關礙宜重禁吃煙以杜弊源片》，支持禁煙。 清廷命林則徐爲欽差大臣，赴廣東辦理禁煙事宜。 本年英輸入鴉片五萬餘箱。
1839 年 清道光十九年	廣東官員在商館前處絞中國煙販，英國商務總監督查理·義律表示抗議。 林則徐下令包圍商館，英商被迫交出鴉片二萬餘箱。 林則徐逐英國煙販十餘人，令具結不准再來。 林則徐在虎門銷煙，英兵船炮擊廣東水師兵船，遭廣東水師反擊。 林則徐奉宣宗令，佈告停止中英貿易。

中國近代的歷史，起於 1840 年的鴉片戰爭，止於 1949 年民國政府在大陸統治的結束，其中 1911 年的辛亥革命，標誌著傳統社會向現代社會的轉型。

19 世紀中葉，西方列強連續對中國發動兩次鴉片戰爭，逼迫清政府簽訂一系列不平等條約。民族矛盾和階級矛盾不斷激化，催生了強烈的救亡圖存意識，以「自強」、「求富」相號召的洋務運動，促使中國走上了近代化之路。甲午戰後，民族危機加劇，中國各階層的救國運動風起雲湧：康有為、梁啓超等維新人士，欲借君主之力來推行維新變法；下層民眾則以「扶清滅洋」相號召，掀起了義和團運動；清政府為實現王朝自救，推行清末新政。至辛亥革命推翻清王朝，創建中華民國，然共和政體仍是一波三折，而民國政權遂為北洋軍閥所掌控。

1921 年中國共產黨的誕生，是中國歷史上最具深遠意義的大事，隨後的國共合作及黃埔軍校的創辦，為北伐戰爭的勝利奠定了基礎。國民黨南京國民政府成立後，旋與共產黨決裂，共產黨則走上以農村包圍城市的道路。九一八事變及七七事變後，民族危機空前嚴重，國共兩黨捐棄前嫌，共赴國難。經過長達八年的抗戰，取得了近代以來中華民族反抗外敵入侵的第一次完勝。抗戰勝利後，國民黨發動內戰，共產黨由戰略防禦轉入戰略反攻，經遼瀋等三大戰役，攻入南京，結束了國民黨在大陸的統治。

近代史一

中國近代史

1840 年　清道光二十年

1 月	林則徐任兩廣總督，宣佈封港，停止中英貿易。又整飭軍隊，裝備虎門要塞。
4 月	英國議會通過對華戰爭決議案。6 月，英艦船四十餘艘，官兵四千餘人，集結廣東海面，第一次鴉片戰爭爆發，學界以此為中國近代史的開端。
6 月	侵華英軍總司令懿律等乘英旗艦抵澳門灣，英國「東方遠征軍」船艦四十八艘，官兵四千餘，集結於廣東海面。因廣東防守嚴密，英軍轉攻閩浙。
7 月	英艦炮擊福建廈門，為守軍擊退。旋攻陷定海，封鎖寧波及長江口。
8 月	英艦北上大沽口，向清政府遞交「照會」。清政府遣琦善在大沽會晤義律，勸慰英軍退回廣州，等候談判。
9 月	琦善赴廣州與英人談判。10月，林則徐以「辦理不善」革職。
12 月	琦善任兩廣總督，與英義律議和。

1841 年　清道光二十一年

1 月	英軍突襲虎門炮臺。琦善擅自與義律訂《穿鼻草約》。宣宗下令對英宣戰，令奕山、楊芳主持軍務，調各省軍隊一萬七千餘人開往廣東。
2 月	英軍攻陷虎門炮臺，提督關天培力戰陣亡。
4 月	英國政府拒絕《穿鼻草約》，任樸鼎查接替義律為全權公使。
5 月	奕山夜襲英軍，誤燒民船。次日，英軍反撲，攻佔廣州城郊炮臺。小股英軍侵入廣東三元里，三元里及附近民眾奮起抗擊。

8 月	英軍北上攻陷廈門，總兵江繼芸戰死。
9 月	龔自珍卒（1792～1841 年），晚清思想家、文學家。自珍字璱人，號定盦，仁和（今浙江杭州）人，提倡經世致用之學。有《龔自珍全集》。
10 月	英軍攻陷定海、寧波，定海總兵葛雲飛等戰死，兩江總督裕謙投水自盡。

1842 年　清道光二十二年

3 月	奕山令三路清軍進軍寧波、定海、鎮江，皆敗。
6 月	英軍攻佔吳淞、寶山，江南提督陳化成戰死。是月，英增援船隻一百餘艘，陸軍萬餘人到達中國。
7 月	鎮江淪陷，副都統海齡戰敗自縊。
8 月	英艦隊進入南京下關江面，清政府派耆英等與英使樸鼎查簽訂《南京條約》（又稱《江寧條約》），條約及附約規定：中國割讓香港島，向英國賠款二千一百萬銀元，中國抽取進出口貨物的稅率須有中英雙方協定，開放廣州、廈門、福州、寧波、上海爲商埠等。第一次鴉片戰爭結束。
10 月	魏源《海國圖志》刊印，提倡「師夷長技以制夷」。
11 月	澳門馬禮遜學堂遷至香港開辦，是爲近代中國第一所傳播西學的洋學堂。

1843 年　清道光二十三年

6 月	洪秀全在廣東花縣（今廣州市花都區）創立拜上帝教。
7 月	廣州開埠，民眾掀起反英人入城鬥爭。
10 月	中英簽訂《虎門條約》，條款規定其享有「最惠國待遇」。又簽訂《中英五口通商章程》，規定其享有「領事裁判權」，並定稅率值百抽五，是爲中外第一次協定稅則。

11 月	廈門、上海開埠。本年，墨海書館創建，是爲外國傳教士在上海所設最早的編譯、出版機構。
1844 年　清道光二十四年	
1 月	寧波開埠。
2 月	美使顧盛抵澳門，要求進京訂約。
5 月	洪秀全、馮雲山入廣西活動。11 月，洪秀全返回廣東。
7 月	中美簽訂《望廈條約》。
10 月	中法簽訂《黃埔條約》。
11 月	清政府批准天主教弛禁。 清政府設五口通商大臣，由兩廣總督兼任。
1845 年　清道光二十五年	
10 月	清政府命山東巡撫「剿辦」捻軍。
11 月	英國駐上海領事巴富爾與蘇松太道宮慕久訂《地皮章程二十三條》（即《上海租地章程》），該章程劃定洋涇浜（今延安東路）以北，李家場（今北京東路）以南的土地作爲英國人租借居留地。是爲外國在華設置「租界」之始。
	本年洪秀全作《原道救世歌》、《原道醒世訓》，韋昌輝、石達開先後入會。
1846 年　清道光二十六年	
1 月	廣州民衆拒英人入城，搗毀知府衙門。
3 月	福州市民搗毀洋館。
	本年美商在上海成立旗昌洋行。
1847 年　清道光二十七年	
3 月	洪秀全至廣州美傳教士羅孝全處學基督教義。
4 月	英人要求入城，廣州市民再掀反英人入城鬥爭。

葡萄牙人佔澳門　俄人佔庫頁島

7 月	天主教耶穌會在上海徐家匯佔地建教堂，市民群起反對，為上海縣令所平息，是為近代史上第一次教案——「徐家匯教案」。
8 月	洪秀全與馮雲山制定拜上帝會的各種儀式和《十款天條》。
9 月	沙俄任命穆拉維約夫為東西伯利亞總督，加緊對我國黑龍江流域的侵佔擴張。

1848 年　清道光二十八年

3 月	因英傳教士入青浦傳教，引發民眾反對，為地方官員平息，史稱「青浦教案」。
4 月	楊秀清初托「天父」下凡傳言，以號令會眾。

1849 年　清道光二十九年

4 月	葡萄牙人霸佔澳門。
6 月	俄軍艦侵入中國庫頁島和黑龍江口。
	本年阮元卒（1764 ～ 1849 年）。元字伯元，號芸台，江蘇儀征人。學者、文學家。提倡樸學，主編《經籍籑詁》，校刻《十三經注疏》等。兼治天文、地理、曆算，撰有《疇人傳》等，後合為《揅經室集》。

1850 年　清道光三十年

2 月	清宣宗卒（1782 ～ 1850 年）。
3 月	宣宗子奕詝即位，是為清文宗（即咸豐帝）。
6 月	洪秀全命各地拜上帝會眾至廣西桂平金田村會集。
8 月	沙俄侵入中國黑龍江口廟街，改名「尼古拉耶夫斯克」。
11 月	林則徐卒（1785 ～ 1850 年）。晚清禁煙派、抗戰派代表。編有《四洲志》，有《雲左山房詩文鈔》、《林則徐集》等。
	本年天主教耶穌會在上海創辦徐匯公學。

1851 年　清文宗 咸豐元年　太平天國 元年	
1 月	洪秀全在廣西桂平金田村領導起義，建號太平天國，洪秀全被推爲天王。
4 月	清政府派賽尙阿爲欽差大臣，赴湖南防堵起義軍。
9 月	美人貝萊士任上海港務長，公佈《上海港口章程》。
12 月	洪秀全在永安封王建制，封楊秀清、蕭朝貴、馮雲山、韋昌輝、石達開爲東、西、南、北、翼王，各王均受楊秀清節制。又頒定稱謂、改曆法、禁私藏金銀等命令。
1852 年　清咸豐二年　太平天國二年	
4 月	太平軍自永安突圍，至 12 月，先後攻克道州、郴州、岳州等地。
6 月	安徽徽寧池廣太道惠征之女葉赫那拉氏被選進宮。
	本年，張樂行領導捻軍起義。一作張洛行。
1853 年　清咸豐三年　太平天國三年	
1 月	清政府命曾國藩在湖南原籍幫同辦理本省團練。
3 月	太平軍攻佔南京，改南京爲天京，正式建都。 清軍在天京城外孝陵衞建「江南大營」，以圍困天京。
4 月	清在揚州屯兵建「江北大營」，以圍困天京。 上海各國領事會議，佈置租界防禦工程。英使文翰訪問天京。
5 月	太平天國派林鳳祥等率軍北上，經安徽、河南、山西，入直隸。因孤軍無援，至次年南撤失敗。又有胡以晃等率軍西征，克安慶、九江、漢陽等地。
9 月	上海小刀會首領劉麗川起義，佔領縣城，至1855年2月失敗。
12 月	太平天國頒佈《天朝田畝制度》。
1854 年　清咸豐四年　太平天國四年	

2 月	曾國藩練成湘軍，分水陸兩軍，發佈《討粵匪檄》。
3 月	太平軍北伐失敗。
4 月	英使、美使至粵，致函兩廣總督葉名琛，申請修改條約，未果。
5 月	沙俄總督穆拉維約夫率軍侵入黑龍江。次年 5 月，又遷來大批「移民」。至 1856 年底，在我黑龍江下游設立「濱海省」。
6 月	上海道台吳健彰與英、美、法駐滬領事簽訂《海關徵稅規則》。7 月，上海新海關建立。
7 月	《上海英法美租界租地章程》簽訂，章程劃定了租界界限。廣東天地會起義，起義持續二十餘年，波及兩廣、湖南、貴州等地，至 1869 年失敗。上海租界成立工部局。
10 月	英、美、法使臣到達天津白河口，進行第一次全面修約交涉。
1855 年　清咸豐五年　太平天國五年	
1 月	石達開等率太平軍增援西征軍隊。
2 月	石達開在九江等地大敗湘軍。太平天國在天京解除女館，廢男女隔離之制，准男女婚配。
5 月	俄國遷來大批移民，在黑龍江左岸強行建立俄國居民點。
8 月	各路捻軍會集雉河集，推張樂行為盟主。
10 月	張秀眉在貴州台拱領導苗民起義，至 1872 年失敗。
1856 年　清咸豐六年　太平天國六年	
2 月	法國神父馬賴在廣西西林被殺，史稱「西林事件」(即「馬神父事件」)。
3 月	魏源卒(1794 ～ 1856 年)。晚清政論家，近代變法思想和學習西方的先驅。編有《海國圖志》，著述有《古微堂集》、《元

	史新編》等。
4 月	太平軍大破江北、江南大營，解天京之圍。 那拉氏生皇子載淳，遂得寵，封懿妃。
9 月	太平天國內發生「天京事變」。韋昌輝殺楊秀清，旋被洪秀全處死。清廷重建「江北大營」，次年 1 月再建「江南大營」。 杜文秀領導雲南回民起義，攻佔大理，至 1872 年失敗。
10 月	「亞羅號事件」發生，英軍旋進攻廣州，第二次鴉片戰爭爆發。
11 月	石達開回天京提理政務，因受天王猜忌，次年 6 月率部出走，至 1863 年在四川大渡河為清軍圍困而敗亡。
12 月	廣州民眾燒十三行洋樓及英、法、美商行。
	本年俄國非法將中國黑龍江下游地區和庫頁島劃為其「濱海省」，以廟街為首府。
1857 年　清咸豐七年　太平天國七年	
12 月	英法聯軍侵佔廣州河南地，要求入城，致葉名琛最後通牒，旋攻陷廣州。 清軍攻陷鎮江，圍困天京。
1858 年　清咸豐八年　太平天國八年	
1 月	葉名琛為英法聯軍俘虜，押至印度，次年死。
4 月	英、法、俄、美公使率航陸續到達天津白河口，發出照會，提出侵略要求。
5 月	俄國穆拉維約夫脅迫黑龍江將軍奕山訂立《中俄璦琿條約》，割佔黑龍江以北、外興安嶺以南領土約六十多萬平方公里，未獲清廷批准。至 1860 年《中俄北京條約》始予承認。

		英法聯軍攻陷大沽炮臺，侵入天津。清政府派大學士桂良等前往議和。
	6 月	《中俄天津條約》、《中美天津條約》、《中英天津條約》、《中法天津條約》訂立，條約規定：外國公使駐京，允許外人傳教、遊歷、經商，增開通商口岸。
	10 月	英王陳玉成、忠王李秀成率太平軍再破「江北大營」，12 月，又在安徽三河鎮大敗湘軍。
1859 年　清咸豐九年　太平天國九年		
	4 月	洪仁玕抵達天京。封為干王，總理朝政。本年冬提出施政綱領《資政新篇》。
	6 月	英法公使以「換約」為名，率艦隊抵大沽口外，炮轟大沽炮臺，清軍還擊，挫敗英法艦隊。
	8 月	中美在北塘互換《中美天津條約》批准書。
1860 年　清咸豐十年　太平天國十年		
	5 月	太平軍再破江南大營。8 月，清政府授曾國藩兩江總督、欽差大臣督辦江南軍務，以鎮壓太平軍。
	6 月	美人華爾糾集外人在上海組成「洋槍隊」。 俄國強佔中國海參崴，改名為符拉迪沃斯托克。
	9 月	英法聯軍在北塘登陸。 大沽、天津、通州相繼失陷，咸豐帝逃往熱河，令恭親王奕訢為欽差大臣與英法談判。
	10 月	英法聯軍攻陷北京，焚毀圓明園。《中英北京條約》、《中法北京條約》簽訂，條約規定割九龍司給英國，增開天津為商埠等。
	11 月	英法聯軍退出北京，第二次鴉片戰爭結束。

	《中俄北京條約》訂立，俄割佔中國烏蘇里江以東包括庫頁島約 40 萬平方公里領土。
1861 年　清咸豐十一年　清穆宗祺祥元年　太平天國十一年	
1 月	天津開埠。 清政府設置「總理各國事務衙門」，簡稱「總理衙門」；在天津、上海分設北洋、南洋通商大臣。又任英人李泰國為海關總稅務司，旋由赫德繼任，任職四十餘年。
3 月	外國公使開始進駐北京。
8 月	清文宗卒於熱河（1831 ～ 1861 年），臨終前以子載淳為皇太子，命載垣、肅順等八人輔政。載淳即位，是為清穆宗，年號祺祥。
11 月	載淳生母西太后那拉氏與恭親王奕訢合謀發動宮廷政變，殺載垣等輔政大臣，行太后聽政，史稱「辛酉政變」或「祺祥政變」。改年號為同治。是為西太后控制政權之始。 馮桂芬《校邠廬抗議》成書，是為中國較早的改良主義政論集。
12 月	曾國藩在安慶建立軍械所，製造洋槍洋炮，是為「洋務」活動之始。 英商辦上海第一家中文日報《上海新報》。
	本年，李鴻章組建「淮軍」。 本年，英國傳教士傅蘭雅來華，後在京師同文館任教，又任江南製造局翻譯館譯員，翻譯西書百餘部。
1862 年　清穆宗同治元年　太平天國十二年	
1 月	漢口開埠。
3 月	美商在上海創辦旗昌輪船公司。

	8月	清政府在總理衙門下設同文館，培養外語譯員，後併入京師大學堂。
		本年華衡芳、徐壽在安慶試造「黃鵠」號木殼輪船，是爲中國第一艘輪船。
		本年湖南發生「衡陽教案」。
1863 年　清同治二年　太平天國十三年		
	3月	捻軍根據地雉河集爲清軍攻陷，張樂行被俘。
		李鴻章在上海設廣方言館。
	4月	張樂行被殺。張宗禹率餘部繼續戰鬥。
	6月	上海道台承認蘇州河北岸爲美租界範圍，面積約七千八百餘畝。至9月，英美租界合併，稱「公共租界」。
	11月	清政府任命赫德爲中國海關總稅務司。
1864 年　清同治三年　太平天國十四年		
	6月	洪秀全卒(1814～1864 年)，子洪天貴福即位，是爲幼天王。
		瑞麟在廣州設立同文館。
	7月	清軍攻陷天京，李秀成護幼天王突圍，在南京郊外被俘，旋被殺。11月，幼天王、洪仁玕在江西爲清軍所殺，太平天國起義失敗。
		上海《北華捷報》改爲《字林西報》。
	8月	英國在香港創辦滙豐銀行，次年正式營業。
	10月	《中俄勘分西北界約記》訂立，俄割佔我西部領土 44 萬平方公里。
	12月	京師同文館美教習丁韙良譯《萬國公法》刊行。
1865 年　清同治四年		
	1月	法商在上海法租界正式成立自來火行。

	中亞浩罕國軍事頭目阿古柏率部在英俄支持下開始侵入新疆，1867 年在新疆建立「哲德沙爾汗國」，意爲「七城」。自稱汗。
4 月	香港滙豐銀行上海分行開設。
5 月	捻軍在山東曹州（今山東菏澤）全殲僧格林沁馬隊。
8 月	海關總稅務司署由上海遷至北京。
9 月	曾國藩、李鴻章在上海創辦江南機器製造總局。 四川發生「酉陽教案」。
10 月	清政府允招商辦雲南銅礦。

1866 年　清同治五年

8 月	左宗棠在福州設立福州船政局。
10 月	清廷命崇厚籌辦天津機器局，製造軍火。 捻軍分爲東西兩支，分別由賴文光、張宗禹統領，至 1868 年東、西捻軍均告失敗。

1867 年　清同治六年

2 月	清政府任陝甘總督左宗棠爲欽差大臣，督辦陝甘軍務。
11 月	清廷派美國卸任公使蒲安臣爲出使大臣，赴有約各國辦理交涉事宜。

1868 年　清同治七年

4 月	清政府命禁毀傳奇小說，所禁書目有《龍圖公案》、《水滸》、《紅樓夢》等二百六十九種。
6 月	江南製造總局設立翻譯館，聘英美傳教士與華衡芳、徐壽等合作翻譯出版西書。
7 月	蒲安臣代表清政府與美國簽訂《中美續增條約》（即《蒲安臣條約》），條約規定美國可在中國招募華工和在中國通商

	口岸設立學校。
12 月	上海設立會審公廨。
	赫德制定的《中國引水總章》正式公佈，並在各港施行。

1869 年　清同治八年

1 月	四川酉陽再發教案。
4 月	中俄改訂《陸路通商章程》。
5 月	貴州發生「遵義教案」。
6 月	福州船政局製成第一艘輪船「萬年清」號。
9 月	山東巡撫丁寶楨將離京外出之太監安德海正法。
	中俄簽訂《烏里雅蘇台界約》。
	英、美、俄、德、法公使在北京訂立《上海公共租界土地章程》（《上海洋涇浜北首租界章程》）。
	本年，方舉贊在上海開設發昌機器廠，這是中國第一家民族工業企業。

1870 年　清同治九年

6 月	清政府允准英國公使威妥瑪要求，在沿海設海底電線。
	因法國領事豐大業被殺，引發「天津教案」。
11 月	李鴻章接辦天津軍火機器總局，改為天津機器製造局。

1871 年　清同治十年

4 月	上海、香港間海底電線敷成，是中國境內最早的有線電報。
7 月	沙俄軍隊侵佔伊犁。
12 月	琉球漁民漂至臺灣，五十餘人被臺灣高山族人所殺。

1872 年　清同治十一年

| 3 月 | 曾國藩卒（1811～1872 年）。國藩字伯涵，號滌生，湖南湘鄉白楊坪（今屬雙峰）人。清末洋務派和湘軍首領，有《曾 |

	文正公全集》等。
4 月	《申報》創辦，是爲英商美查在上海創辦的一份中文報刊。
5 月	清使與俄商談歸還伊犁事宜。
8 月	容閎帶領第一批留學生（詹天佑等）30 人赴美求學。
12 月	李鴻章在上海創辦輪船招商局，是爲洋務派興辦的第一個民用企業。 杜文秀領導的回民起義失敗。
	本年，陳啓源在廣東南海創辦繼昌隆機器繰絲廠，是爲最早的民營資本機械化工廠。
1873 年　清同治十二年	
2 月	西太后歸政，穆宗親政。
6 月	穆宗接見各國公使，各國代表行鞠躬禮。是爲清帝接見外國使節採用西方禮節，廢除三跪九叩之始。
11 月	法將安鄴率軍佔領越南河內。次月，劉永福率黑旗軍與法軍戰於河內，殺安鄴。
	本年，耶穌會在上海徐家匯建造天文臺，設氣象、地震兩部。1900 年又在上海佘山建立用於天文觀測的天文臺。
1874 年　清同治十三年	
2 月	王韜在香港辦《循環日報》，提出變法自強的主張。
3 月	法國強迫越南訂立《法越和平同盟條約》。
5 月	日本政府以 1871 年琉球船民在臺灣遇害爲藉口，發兵攻臺灣南部，遭當地民眾抵抗。清政府派沈葆禎赴臺佈防。9 月，雙方訂立中日《北京專約》。12 月李鴻章奏呈練兵、簡器、籌餉、用人、持久、輪船管見六條。
1875 年　清德宗光緒元年	

1 月	清穆宗卒（1856 ～ 1875 年），西太后立醇賢親王奕譞子載湉繼承皇位，是爲清德宗（即光緒帝），再行垂簾聽政。
2 月	英使館譯員馬嘉理自緬甸回滇被殺，史稱「馬嘉理案」，此爲中英《煙臺條約》的起因。
5 月	清政府派左宗棠爲欽差大臣，督辦新疆軍務。
6 月	《萬國公報》刊出林樂知《譯民主國與各國章程及公議堂解》，介紹西方議會制度。
7 月	日本命琉球與中國斷絕關係。
8 月	清政府派郭嵩燾爲出使英國欽差大臣，此爲正式派遣駐外使節之始。
9 月	日本出兵侵略朝鮮，製造「江華島事件」。
12 月	丁寶楨在山東煙臺、威海築炮臺，在濟南設山東機器局。

1876 年　清光緒二年

1 月	太后派翁同龢授皇帝讀書於毓慶宮。
6 月	英人私建淞滬鐵路通車，是爲外人在中國建造、經營的第一條鐵路。10 月，爲清政府收買拆毀。
8 月	左宗棠指揮清軍擊敗阿古柏部，攻佔烏魯木齊，平定天山北路。
9 月	中英訂立《煙臺條約》，允許英人進入滇緬邊界及西藏。

1877 年　清光緒三年

1 月	清政府派嚴復、薩鎮冰等赴英、法學習航海造船技術。
4 月	琉球王祕密遣官員至福州，陳日本阻貢之事。
5 月	左宗棠率軍收復吐魯番等地，阿古柏敗逃自殺。 基督教在華傳教士第一次大會召開，決定成立「益智書會」，爲在華教會學校編寫教科書。

9 月	李鴻章在灤州籌辦開平礦務局，用機器開掘煤礦。
1878 年　清光緒四年	
1 月	清軍收復新疆和闐，除伊犁外新疆全部收復。
3 月	總稅務司赫德派人在天津、北京、牛莊、煙臺、上海五處試辦郵政，成立海關郵政辦事處。旋發行大龍郵票。
6 月	清政府派崇厚爲出使俄國大臣，談判收回伊犁。
9 月	駐日公使因琉球問題向日本提出抗議，要求恢復朝貢。
1879 年　清光緒五年	
3 月	藉口中日《北京專約》有「保民義舉」之稱，日本侵佔琉球，廢琉球國王，改爲沖繩縣。
5 月	總理衙門照會日本，反對廢琉球改沖繩。
7 月	琉球官員至天津，請清政府援琉球。
8 月	李鴻章密勸朝鮮與各國立約通商。
10 月	崇厚擅自與沙俄簽署喪權的《里瓦幾亞條約》。
1880 年　清光緒六年	
7 月	清政府派曾紀澤赴俄繼續談判。左宗棠新疆備戰，旋被調離。
8 月	日本公使開始與清總理衙門談判琉球案件。
9 月	左宗棠在蘭州設立的蘭州機器織呢局開工。 李鴻章在天津設立電報總局。 程長庚卒（1811 ～ 1880 年）。長庚名椿，安徽潛山人，清京劇藝人，被稱爲徽班領袖、京劇鼻祖。
1881 年　清光緒七年	
2 月	《中俄伊犁改訂條約》簽署。後於 1882 ～ 1884 年又訂立五個勘界協定書，沙俄共割佔領土七萬多平方公里。

| 6 月 | 唐山胥各莊運煤鐵路建成，是為國人自辦的第一條鐵路。 |
| 10 月 | 英商在上海創辦自來水公司，至 1883 年建成。 |

1882 年　清光緒八年

5 月	丹麥商人在上海設立大北電話交換所，開通普通電話業務。
7 月	朝鮮發生「壬午政變」。 上海公共租界電燈公司發電。
8 月	日軍艦至仁川港。清軍東渡朝鮮。
10 月	中俄訂《中俄伊犁界約》。
11 月	李鴻章與法駐華公使簽訂備忘錄，中國撤退駐越軍隊，法國保證不侵佔越南領土，開放保勝為商埠。
12 月	中俄訂《喀什噶爾界約》。 清政府命翁同龢為「軍機大臣上行走」。 李善蘭卒（1811 ～ 1882 年），曾與英國傳教士偉烈亞力合譯歐幾里得《幾何原本》後九卷。

1883 年　清光緒九年

1 月	法軍攻陷越南南定。禮部奏越南王請求援助。
4 月	黑旗軍劉永福抗擊法軍。清政府命李鴻章赴廣東，督辦越南事宜。
8 月	法國迫越南訂立《順化條約》，獲得對越南的保護權。
12 月	法軍攻戰越南山西，旋向清軍開戰，中法戰爭爆發。

1884 年　清光緒十年

3 月	張佩綸奏請武舉科改試洋槍。
5 月	英人美查創辦《點石齋畫報》（旬刊），畫稿由吳友如繪製。
8 月	法軍襲擊臺灣基隆，為清守軍擊退，轉而突襲福州馬尾港，福建海軍艦隊覆沒，馬尾船廠被毀。清政府下詔對法宣戰。

9 月	徐壽卒（1818 ～ 1884 年），曾翻譯《化學鑑原》、《化學考質》等西方科技書籍。
10 月	孤拔率法國艦隊進犯臺灣，攻佔基隆。又炮轟淡水炮臺，爲守軍擊退。
11 月	清政府在新疆建立行省。
12 月	朝鮮發生「甲申政變」。袁世凱率清軍與駐朝日使所領入宮之日軍交戰，擊退日軍。日本以外相爲全權大使赴朝。

1885 年　清光緒十一年

1 月	朝日訂立《漢城條約》。
3 月	馮子材在鎮南關大敗法軍，收復諒山等地。
4 月	清政府下詔停戰。 李鴻章與日本伊藤博文於天津訂立《朝鮮撤兵條約》（又稱《中日天津會議專條》）。
6 月	中法訂立《中法會訂越南條約》（即《中法新約》），承認法佔越南，同意在邊界開關商埠。中法戰爭結束。
7 月	清政府在德國訂購之定遠、鎮遠兩鐵甲艦交貨。
9 月	左宗棠卒（1812 ～ 1885 年）。宗棠字季高，湖南湘陰人，晚清洋務運動的代表人物。有《左文襄公全集》。
10 月	清政府在臺灣改建行省。清政府設立海軍事務衙門。

1886 年　清光緒十二年

7 月	中英簽訂《緬甸條款》，清政府被迫承認英國佔領緬甸。 四川重慶（今重慶市）發生「重慶教案」。
8 月	丁汝昌率北洋艦隊定遠、鎮遠、威遠、濟遠四艦赴日本長崎修理。

1887 年　清光緒十三年

	2 月	德宗親政，頒詔天下，由西太后行訓政。
	6 月	黃遵憲《日本國志》成書。該書介紹日本明治維新成功經驗，供清政府效法。
	8 月	張之洞奏請開辦廣東水師學堂。
	11 月	英傳教士韋廉臣在上海設同文書會，後改名廣學會。
1888 年　清光緒十四年		
	3 月	清政府重修清漪園，改名頤和園。
	7 月	張之洞在廣州籌辦槍炮廠。
	10 月	康有爲第一次上書皇帝，倡言變法維新，上書未達。
	12 月	北洋海軍正式成軍，丁汝昌爲海軍提督，有軍艦二十二艘。
1889 年　清光緒十五年		
	2 月	德宗行大婚禮。
	3 月	西太后歸政，光緒帝親政。
	4 月	張之洞奏請建造蘆(溝橋)漢(口)鐵路，8 月開始興辦。
	12 月	上海機器織布局開工。
1890 年　清光緒十六年		
	1 月	黑龍江將軍奏請開禁招墾，清廷令仍遵 1884 年、1887 年兩次永遠封禁之旨，不准往東三省墾荒。
	3 月	中英簽訂《中英會議藏印條約》，規定哲孟雄(錫金地區)歸英國保護，並劃定中國與哲孟雄的邊界。
	9 月	張之洞創辦湖北煉鐵廠，後改爲漢陽鋼鐵廠，是爲中國第一個近代鋼鐵工業。
	10 月	御史吳兆泰請停頤和園工程，清廷令嚴加議處。 曾紀澤卒 (1839 ～ 1890 年)。紀澤字劼剛，曾國藩子，晚清外交家，曾出使英、法、俄。

1891 年	清光緒十七年
3 月	康有爲撰寫萬木草堂學規，旋聚徒講學，學生有梁啓超等。
5 月	安徽蕪湖發生「蕪湖教案」。
6 月	湖北廣濟發生「武穴教案」。
7 月	北洋艦隊至日本橫濱、長崎，提督丁汝昌在旗艦上招待日本官員。
8 月	康有爲著《新學僞經考》刊行。
9 月	湖北宜昌發生「宜昌教案」。 郭嵩燾卒（1818 ～ 1891 年）。嵩燾號筠仙，晚清外交家，中國首任駐外公使。
1892 年	清光緒十八年
8 月	俄軍出兵帕米爾，強佔薩雷闊勒嶺以西中國領土二萬多平方公里。
11 月	張之洞創辦之湖北織布官局開織。
1893 年	清光緒十九年
2 月	《新聞報》在上海創刊。
9 月	清政府解除華僑海禁，准其回國治生置業或經商出洋。
12 月	中英簽訂《藏印續約》，亞東開爲商埠。
1894 年	清光緒二十年
2 月	朝鮮東學黨起義。
6 月	日本內閣決定出兵朝鮮。清政府派葉志超率兵赴朝鮮。李鴻章要求俄國公使從中調停。 孫中山在天津上書李鴻章，要求改革，被拒絕。
7 月	日軍襲擊清運兵船「高升號」，「高升號」沉沒，船上一千

	餘官兵死難。日軍襲擊駐牙山清軍，清軍退守平壤。中日甲午戰爭爆發。
8 月	清政府下詔對日宣戰，派總兵左寶貴等赴朝增援。
9 月	日軍攻佔平壤，左寶貴戰死。 北洋艦隊與日艦隊在黃海交戰，「致遠」艦管帶鄧世昌及全艦將士犧牲，是役清軍損失戰艦四艘，日方旗艦等五艘受重創，史稱「甲午海戰」。
10 月	日軍越過鴨綠江，登陸遼東半島，侵入中國領土。
11 月	西太后慶祝六旬壽辰，遂諸事延擱不辦。 孫中山在檀香山建立興中會，提出「驅除韃虜，恢復中華，創立合眾政府」的革命綱領。
1895 年　清光緒二十一年	
1 月	日軍攻陷威海衛炮臺。2 月，自威海衛炮轟劉公島之北洋艦隊，艦船被毀，海軍提督丁汝昌自殺，北洋海軍全軍覆沒。
3 月	李鴻章至日本。
4 月	中日訂立《馬關條約》，條約承認日本對朝鮮的侵佔，割臺灣、澎湖列島等。中日甲午戰爭結束。 臺灣紳民挽留巡撫唐景崧守臺。
5 月	臺灣紳民決定成立「臺灣民主國」，推唐景崧為總統，劉永福為民主將軍，丘逢甲為義勇統領。 康有為聯合十八省會試舉人上書，要求拒和、遷都、變法，史稱「公車上書」。 俄、德、法三國逼迫日本歸還遼東半島，日被迫接受，清政府以銀三千萬兩贖回，史稱「三國干涉還遼」。

	6 月	唐景崧乘船回廈門，丘逢甲亦離臺北。日軍進犯臺灣新竹，義軍首領徐驤等率衆抗擊。
	7 月	康有爲在北京創辦《萬國公報》（12 月改名《中國紀聞》）。
	8 月	康有爲、文廷式在北京成立強學會。
	10 月	日軍攻佔臺灣嘉義，義軍首領徐驤力戰而死。旋日軍攻佔臺南，臺灣全境淪陷。 孫中山領導廣州起義失敗，被迫流亡海外。12 月清政府令袁世凱在天津小站督練「新建陸軍」。
1896 年　清光緒二十二年		
	1 月	康有爲在上海創辦《強學報》，旋被封禁。
	3 月	清設郵政，命赫德任總郵政司。
	4 月	盛宣懷在上海開辦南洋公學，是爲交通大學前身。 清政府派李鴻章赴俄國參加沙皇尼古拉二世加冕典禮。 清政府派唐寶鍔等十三人赴日本留學，是爲中國向日本派遣留學生之始。
	6 月	《中俄密約》訂立，允俄人在黑龍江、吉林等修築鐵路。
	8 月	梁啓超等在上海創刊《時務報》，梁任主筆，爲維新運動中影響最大的報刊。
	10 月	孫中山在倫敦被清駐英使館誘捕，旋得康德黎等援救獲釋。
1897 年　清光緒二十三年		
	1 月	譚嗣同撰成《仁學》。
	2 月	夏瑞芳在上海創辦商務印書館。
	3 月	法國迫清政府同意海南島及對面廣東海岸不割讓與他國。
	4 月	江標、唐才常等在湖南創辦《湘學新報》，後改爲《湘學報》。
	5 月	盛宣懷創辦中國通商銀行上海總行，是爲中國自辦的第一

	家商辦銀行。
7 月	梁啓超等在上海成立不纏足會。
10 月	嚴復在天津創辦《國聞報》。
	維新派在長沙設立時務學堂。
11 月	德國傳教士在山東巨野縣被殺，是為「巨野教案」，德以此為藉口，強佔膠州灣。
12 月	沙俄侵佔旅順、大連。次年 3 月，清政府與俄國簽訂《旅大租地條約》。
	本年，嚴復譯英人赫胥黎《天演論》在報刊上發表。次年，刊印成書。
1898 年　清光緒二十四年	
1 月	德宗命總理衙門呈進康有為著《日本政變記》、《俄彼得政變記》等書。
	康有為上《應詔統籌全局折》（第六次上書），提出變法綱領三條。
2 月	清政府為籌對日賠款，發行「昭信股票」。
	英國迫清政府聲明長江流域各省不割讓或租與他國。
3 月	清政府與德國簽訂《膠澳租界條約》，聲明山東為其勢力範圍。又與沙俄簽訂《旅大租地條約》。
4 月	法國強租廣州灣，迫清政府宣佈兩廣、雲南不讓與他國。
	日本也迫清政府聲明福建不割讓與他國。
5 月	張之洞發表《勸學篇》，主張「中學為體，西學為用」。奕訢卒（1833～1898 年）。
6 月	中英簽訂《中英展拓香港界址專條》，英國租借九龍。
	德宗頒佈《明定國是》詔，任命康有為為「總理衙門」章京

	（上行走）。旋頒佈多項新政命令：廢八股、設學堂、倡辦工商實業、獎勵著作發明、精簡官府機構及官員、允許民間辦報等。戊戌變法開始。西太后迫光緒將翁同龢免職，逐回原籍，又命榮祿署理直隸總督，控制京城政局。
7 月	作爲戊戌變法的新政之一的京師大學堂在北京創辦。
9 月	德宗任命譚嗣同、林旭、劉光第、楊銳爲軍機處「章京」，參與新政。旋賜康有爲等密詔，諭以政變危機，速籌良策。數日後，西太后發動政變，重新「臨朝訓政」，德宗被幽禁，新政被廢，抓捕維新派人士，史稱「戊戌政變」。變法歷時103 天，故稱「百日維新」。康有爲、梁啓超逃往國外，譚嗣同、劉光第、林旭、楊銳、楊深秀、康廣仁六人被殺，史稱「戊戌六君子」。
10 月	清政府命將康有爲所著書籍嚴查銷毀，查禁各省報館，嚴拿主筆。
12 月	梁啓超在日本創刊《清議報》。
1899 年　清光緒二十五年	
3 月	山東義和團起義。 中俄簽訂《勘分旅大租界專條》及《勘分遼東半島俄國租地陸地北界圖說》。
6 月	康有爲、梁啓超在日本組織保皇會。
9 月	美國國務卿海約翰提出「門戶開放」政策。
	本年，張謇在江蘇南通創辦大生紗廠。 河南安陽小屯殷墟遺址首次發現甲骨文字。
1900 年　清光緒二十六年	
1 月	因各省教案迭出，清政府命各省督撫「遇有民教詞訟，持

	平辦理」。
4 月	英、美、德、法四國公使照會總理衙門，請於兩月內剿滅義和團。
5 月	義和團焚燒長辛店、蘆溝橋、豐台車站，截斷電線，蘆保京津鐵路中斷。 各國公使藉口「保護使館」，調集軍隊入京。
6 月	英、德、俄、法、美、日、義、奧八國聯軍向北京進發。 義和團在北京焚毀教堂，進攻北京東交民巷使館。 八國聯軍攻佔大沽炮臺。 清政府向各國使館下達宣戰書。 劉坤一、張之洞等與駐滬各國領事商定《東南互保約款》。
7 月	沙俄軍隊大舉入侵中國東北，製造海蘭泡慘案及江東六十四屯血案，並先後攻佔海拉爾、琿春、哈爾濱、璦琿等地。
8 月	八國聯軍攻入北京，西太后挾皇帝外逃至西安。 唐才常自立軍謀漢口起事，事泄被殺。
9 月	清政府下令「痛剿」義和團。
10 月	俄軍侵佔瀋陽。 興中會惠州起義，旋敗。
12 月	各國公使提出「議和大綱」十二款，聯合通牒。清廷以「念宗廟社稷，關係至重，不得不委曲求全」，接受議和十二款。
	本年，道士王圓籙在甘肅敦煌莫高窟藏經室中發現敦煌遺書。
1901 年　清光緒二十七年	
1 月	駐俄公使楊儒與俄交涉接收東三省事宜，次月，俄向清政府提出議款十二條。

2 月	清政府嚴禁仇教集會。
	清政府在西安發佈「變法上諭」，其後推出一系列改革舉措（廢科舉、辦學校、派遊學、改官制、修刑律等），史稱「清末新政」。
3 月	俄再次向楊儒提出議款十一條，被楊儒所拒。
	美傳教士在蘇州(所)創辦東吳大學開學。
4 月	清政府宣佈懲辦保護教士教民不力的地方官員五十餘人。
7 月	清政府改總理衙門為外務部，派奕劻總理事務。
9 月	清政府與英、德、俄、法、美、日、意、奧、比、荷、西十一國公使訂立《辛丑合約》。
11 月	李鴻章卒(1823～1901 年)。鴻章字少荃，安徽合肥人，晚清洋務派首領。有《李文忠公全集》等。

1902 年　清光緒二十八年

1 月	西太后回北京，親自接待各國駐華使節。
2 月	清政府准滿漢通婚，又勸除女子纏足。
	梁啓超在日本創辦《新民叢報》，旋在該報上發表《新史學》，號召進行「史學革命」。
4 月	中俄訂立《交收東三省條約》。
5 月	清政府派沈家本、伍廷芳參酌各國法律，修訂現行律例。
8 月	管學大臣張百熙進呈學堂章程六件，史稱「壬寅學制」，是為全國統一學制之始。
10 月	俄國據歸還東北條約，第一期撤兵。
	蔡元培等發起成立中國教育會，11 月，教育會又創辦愛國學社。

1903 年　清光緒二十九年

1 月	留日學生創辦《湖北學生界》。
2 月	《浙江潮》等各種留學生刊物陸續出版。
3 月	天主教徒馬相伯在上海徐家匯創辦震旦大學院。
4 月	俄國第二期撤兵及期違約，旋提出七項新要求，以爲撤兵條件，爲清政府拒絕。 上海各界在張園召開拒俄大會。 天津北洋大學正式開學。
5 月	鄒容《革命軍》在上海出版。
6 月	「蘇報案」發生，章炳麟被捕，旋鄒容自投入獄，於 1905 年 4 月病死獄中。
10 月	俄國第三期撤兵，仍違約，且侵佔奉天清行宮。
11 月	黃興、陳天華等在長沙成立華興會。
12 月	清政府電告各省，如日俄開戰，中國嚴守局外。
	本年，陳天華著《猛回頭》、《警世鐘》出版。
1904 年　清光緒三十年	
1 月	孫中山在檀香山加入洪門致公堂。 清政府頒佈《奏定學堂章程》(也稱「癸卯學制」)，規定各級各類學校的立學宗旨、性質任務、入學條件、修業年限、課程設置及相互銜接關係。 《欽定大清商律・公司律》修成頒行，爲中國第一部商法。
2 月	日本宣佈與俄斷交，突襲旅順口俄國艦隊，日俄戰爭爆發。 清政府宣佈「局外中立」。次年俄國戰敗，9 月，雙方訂立《樸資茅斯條約》。
3 月	商務印書館創辦《東方雜誌》。
7 月	劉靜庵、宋教仁在武昌組成科學補習所，以「革命排滿」爲

	宗旨。1906 年改爲「日知會」。
8 月	英軍侵佔西藏拉薩,十三世達賴喇嘛出走庫倫。9 月,英軍強訂「拉薩條約」,爲清政府所拒絕。
11 月	蔡元培等在上海成立光復會。

1905 年　清光緒三十一年

1 月	俄國軍隊藉口新疆「回漢衝突」,以「保商」爲名,侵佔伊犁、喀什噶爾等地。5 月～ 6 月爲反對美國迫害華工,上海、天津、南京等地發起抵制美貨運動。
7 月	清政府派載澤、端方等五大臣出洋考察憲政,次年歸國。
8 月	中國同盟會在日本東京成立,孫中山爲總理,確立「驅除韃虜,恢復中華,建立民國,平均地權」爲綱領(後孫中山將其概括爲「民族」、「民權」、「民生」三大主義)。11 月,機關報《民報》創刊。
9 月	清政府宣佈自明年起廢止科舉。 馬相伯在上海吳淞創辦復旦公學。 革命黨人吳樾在北京正陽門車站炸考察憲政之五大臣,吳樾殉難,載澤等受傷,出洋考察改期。 北京戶部銀行開市,是爲中國最早的國家銀行。
12 月	清政府設立專掌教育的學部。 陳天華抗議日本頒佈留學生取締規則,投海自殺。
	本年,北洋六鎮新軍練成。 美教會在上海辦的約翰書院改名爲聖約翰大學。

1906 年　清光緒三十二年

2 月	南昌知縣被法傳教士刺死,引發「南昌教案」。 吳趼人著《二十年目睹之怪現狀》第一冊出版。

6 月	日本令設立南滿洲鐵道株式會社，清政府表示抗議。
9 月	清政府宣佈「預備仿行憲政」，宗旨為「大權統於朝廷，庶政公諸輿論，以立國家萬年有道之基」，預備立憲開始。 清政府命各省興辦圖書館、博物館、動物園、公園等。
12 月	哥老會與同盟會策畫萍、醴、瀏起義，旋敗。

1907 年　清光緒三十三年

1 月	秋瑾主編的《中國女報》創刊於上海。
2 月	日本統計中國留日學生共一萬七千八百六十餘人。
3 月	浙江餘杭、紹興，廣東東莞，江蘇甘泉及上海均發生飢民搶米事件。
6 月	同盟會組織惠州七女湖起義，旋敗。
7 月	徐錫麟刺殺安徽巡撫恩銘，事敗被殺。秋瑾為配合徐錫麟在紹興起義，事泄被捕，旋被殺。
9 月	清政府決定在中央設資政院。10 月，令各省設諮議局。
12 月	同盟會領導鎮南關(今友誼關)起義，旋敗。 清政府嚴令查禁學生干預國政、立會、演說等事。

1908 年　清光緒三十四年

2 月	盛宣懷成立漢冶萍鐵廠礦有限公司。 日本貨輪「二辰丸」私運軍火被廣東炮艦捕獲。次月，清政府接受日方提出的道歉、賠款、懲官、釋船、收買被扣軍械等要求。廣東各地民眾憤而抵制日貨。
3 月	上海公共租界有軌電車通車。
4 月	中英簽訂《修訂藏印通商章程》，章程肯定中國對西藏的主權。
6 月	美國會通過以部分庚子賠款退還中國案。

7 月	戶部銀行改爲大清銀行。
8 月	清政府頒佈《欽定憲法大綱》，宣佈預備立憲以九年爲限，後改爲五年。
11 月	清政府封十三世達賴喇嘛「誠順贊化西天大善自在佛」。 德宗暴卒（1871 ～ 1908 年），西太后立第二代醇親王載灃子溥儀爲嗣皇帝，載灃爲攝政王。次日，西太后卒（1835 ～ 1908 年）。
12 月	溥儀即位（即宣統帝），定明年爲宣統元年。
1909 年　清溥儀宣統元年	
1 月	清政府令袁世凱「回籍養痾」。
2 月	萬國禁煙會議在上海召開。
8 月	中日訂立《安奉鐵路節略》，東北及京津民衆掀起抵制日貨運動。
9 月	中日訂立《東三省交涉五案條款》、《間島協約》（即《圖門江中韓界務條款》）。 旅美華工馮如駕駛自製飛機飛行成功。
10 月	詹天佑自行設計的京張鐵路建成通車。 張之洞卒（1837 ～ 1909 年）。
11 月	陳去病、柳亞子在蘇州創立南社。
12 月	十六省諮議局代表在上海開會，決定成立國會請願同志會，請速開國會。次年，先後發動三次請願。 美照會中、日、英、俄、德、法各國，提出東北鐵路中立化案。俄旋表示反對。
1910 年　清宣統二年	
1 月	熊成基在哈爾濱謀刺載洵，事泄被捕殺。

光復會　黃花崗之役　「皇族內閣」　保路運動

	2 月	清政府頒佈中國紅十字會試辦章程，命盛宣懷爲會長。 同盟會發動廣州新軍起義，旋敗。光復會在東京成立總會，章炳麟爲會長。
	3 月	汪精衛在北京刺殺載灃，事敗被俘，至 1911 年釋放。
	4 月	長沙發生搶米風潮。
	7 月	山東萊陽貧民曲詩文起義，旋敗。
	8 月	日韓合邦條約成立，日本正式宣佈合併韓國。
	10 月	盛宣懷捐款籌建上海圖書館。 全國第一次運動會在上海舉行，參加比賽的運動員共一百四十人。
	11 月	清政府下詔，提前於宣統五年(1913 年)開設議院，預行組織內閣。
		本年清廷編制國家預算，核對財政收入爲二億九千六百九十六萬兩，支出爲三億八千一百三十五萬兩。 基督教會開辦的杭州之江大學、成都華西協和大學、武昌華中大學建校。
1911 年　清宣統三年		
	1 月	湖北革命黨人在武昌成立文學社。
	4 月	溫生才刺死署廣州將軍孚琦，溫被俘遇害。 黃興領導廣州起義，是爲「黃花崗之役」。林覺民、喻佩倫等人遇害，史稱「黃花崗七十二烈士」。
	5 月	清政府撤銷軍機處，成立責任內閣(也稱「皇族內閣」)。奕劻爲總理大臣。又宣佈「鐵路國有」，四川、湖北、湖南等地爆發保路運動，是爲辛亥革命導火線。
	6 月	川漢鐵路股東在四川組成保路同志會。

8 月	清軍最大軍艦「海圻」號訪問古巴，當地僑民鼓動官兵參加革命。俄國召開特別會議，討論吞併外蒙古問題。 成都舉行萬人保路大會，議定全省罷市、罷課，抗納捐稅。
10 月	武昌起義。湖北新軍在武昌起義，成立軍政府，推黎元洪為都督，並攻佔漢陽、漢口。全國十餘省回應起義，宣佈脫離清政府。是為「辛亥革命」。
11 月	上海革命黨人起義，成立滬軍都督府。其後，貴州、江蘇、廣西、安徽、廣東、山東等，紛紛宣佈獨立，成立軍政府。 清政府令袁世凱組成「責任內閣」。12 月，袁派代表與革命軍議和，南北議和在上海開始。
12 月	沙俄策動外蒙古活佛哲布尊丹巴宣佈「獨立」。 革命軍攻克南京。孫中山自海外回國，旋被選為臨時大總統。
中華民國	
1912 年 1 月	孫中山在南京宣誓就任臨時大總統，宣告中華民國南京臨時政府成立，定國名為中華民國，通令改用陽曆。旋孫中山自任北伐軍總指揮，制定北伐計畫。又聲明，如清帝退位，袁世凱贊成共和，當即辭職，推袁氏為總統。 教育部頒發《普通教育暫行辦法》，規定初小可男女同校，教科書當合乎民國宗旨，舊教科書和小學讀經一律廢除。
2 月	清帝宣佈退位，清亡。袁世凱通電贊成共和，孫中山辭職，南京臨時參議院選舉袁世凱為臨時大總統。 旋北洋軍在北京「兵變」，袁氏藉口北方防務需要，拒絕南下任職。 臨時政府改大清銀行為中國銀行，8 月開業。 臨時政府令革除大人、老爺稱謂，以官職相稱，民間以先

		生或君相稱。
	3 月	臨時參議院允袁氏在北京任職。自此進入北洋軍閥統治時期。
		孫中山在南京頒佈《中華民國臨時約法》。
		中華民國暫行新刑法公佈。
	6 月	公佈參議院決議五色旗為國旗，十九星旗為陸軍旗，青天白日旗為海軍旗。
		京師大學堂改為北京大學。
	7 月	袁世凱准同盟會宋教仁、蔡元培等辭內閣職。蔡元培旅居歐洲，旅法時曾組織「留法勤工儉學會」和「華法教育會」。
	8 月	中國政府對日、俄、英三國發表關於《滿蒙藏之主權五事》聲明。
		國民黨成立，孫中山為理事長，孫氏旋委宋教仁為代理理事長。
	10 月	陳煥章等人在上海發起成立孔教會，以「昌明孔教，救濟社會」為宗旨。後推康有為為會長，發行《孔教會雜誌》作為機關刊物，主張定孔教為國教。
	11 月	外蒙與沙俄訂立《俄蒙協約》，聲稱俄國幫助外蒙「自治」。中國政府聲明不予承認。
1913 年 2 月		北京參、眾兩院復選，國民黨獲多數席。宋教仁主張建立政黨責任內閣制。
	3 月	宋教仁在上海滬寧車站被暗殺。
	4 月	北京政府與英、俄、德、法、日五國銀行團簽訂《善後大借款》合同，款額達 2500 萬英鎊。
	7 月	李烈鈞宣佈江西「獨立」，通電討袁，江蘇、安徽、上海、

	廣東、福建等也相繼仿效，旋爲袁軍擊敗。是爲「二次革命」。
11 月	袁世凱下令解散國民黨，取消國民黨籍國會議員資格。 袁世凱與沙俄訂立《中俄聲明》，沙俄承認中國在外蒙古的宗主權，中國承認外蒙古自治。
12 月	臺灣苗栗革命黨人發動抗日起義，旋敗。
1914 年 1 月	袁世凱下令解散國會，停止參、衆兩院議員職務。2 月，下令解散各省議會。
4 月	英國代表麥克馬洪與西藏地方政府擅自劃定所謂中印「麥克馬洪線」。7 月，中國政府聲明否認。
5 月	袁世凱公佈《中華民國約法》，廢《臨時約法》，改責任制爲總統制，又公佈省、道、縣官制。
6 月	沙俄軍隊侵佔外蒙古唐努烏梁海地區。
7 月	孫中山在日本組建中華革命黨。
8 月	第一次世界大戰爆發。北洋政府就第一次世界大戰發表中立宣言。日本在山東對德宣戰。9 月，北洋政府宣告山東龍口、萊州及膠東灣爲日德交戰區。
9 月	日本對德宣戰，派兵在中國山東半島龍口登陸。11 月，日軍侵佔青島。
12 月	袁世凱公佈《大總統選舉法》，規定總統任期爲十年，可無限制連任，繼任候選人由總統提名等。
1915 年 1 月	日本政府向袁世凱政府提出「二十一條」要求。5 月，又致最後通牒，袁氏政府正式接受「二十一條」要求，與日本簽訂《民四條約》，內容包括承認日本接管德國在山東的一切特權，中國沿海港灣島嶼，只准租借於日本等。是

五九國恥　洪憲帝制　護國戰爭

		爲「五九國恥」。
		楊守敬卒（1839 ～ 1915 年）。守敬字惺吾，湖北宜都人，歷史地理學家，著有《歷代輿地圖》、《水經注疏》等。
	5 月	全國各地各界人士掀起反袁、反日、抵制日貨的愛國運動。
	6 月	《中俄蒙協約》簽訂，協約規定：外蒙古承認中國的宗主權，中國承認外蒙古自治。
	8 月	全國統一貨幣，使用袁頭像銀元。 楊度、嚴復等發起組織「籌安會」，時稱「籌安六君子」。 梁啓超發表《異哉所謂國體問題者》。
	9 月	陳獨秀在上海創辦《青年雜誌》，次年改名爲《新青年》。 美傳教士在南京開設南京金陵女子文理學院。
	11 月	袁世凱指使各省國民大會代表進行「國體」投票，全數贊成君主立憲。12 月，參政院推戴袁世凱爲皇帝。袁世凱宣佈承受帝位，改國名爲「中華帝國」，改民國五年（1916年）爲「洪憲」元年。史稱「洪憲帝制」。
	12 月	唐繼堯、蔡鍔等通電全國，宣告獨立，組成護國軍，北上討袁。「護國戰爭」爆發。孫中山發表《討袁宣言》。 本年，美傳教士在上海開設滬江大學。
1916 年 1 月		雲南軍政府成立，組成護國軍，發佈討袁檄文。貴州宣佈獨立。3 月，廣西宣佈獨立。4 月，廣東宣佈獨立。
	3 月	袁世凱被迫取消帝制，廢止洪憲年號。4 月，申令恢復內閣制。
	5 月	孫中山在上海發表第二次《討袁宣言》。 袁世凱親信陳宧、湯薌銘等，宣佈獨立。陝西、湖南宣佈獨立。

6 月	袁世凱卒（1859～1916 年），黎元洪任大總統。世凱字慰庭，號容庵，河南項城人。北洋軍閥分裂爲皖系、直系、奉系。皖系軍閥段祺瑞任國務院總理，把持北京中央政權。
10 月	黃興卒（1874～1916 年）。興原名軫，字廑午，又字克強，湖南善化（今長沙）人。著作有《黃興集》。
11 月	蔡元培回國，旋被任爲北京大學校長。
1917 年 1 月	胡適發表《文學改良芻議》，主張以白話文代替文言文。2 月，陳獨秀發表《文學革命論》，提倡白話文學。「文學革命」由此開始。
3 月	因是否參加歐戰問題，黎元洪與段祺瑞意見相左，時稱「府院之爭」。 中國政府宣佈對德絕交。8 月，通過對德、奧宣戰。
6 月	張勳以調停黎、段爭端爲名，帶四千餘辮子兵北上。
7 月	張勳擁廢帝溥儀爲皇帝，史稱「張勳復辟」。 段祺瑞在天津組織「討逆軍」，誓師討伐，旋攻入北京，張勳逃入荷蘭使館，歷時十二天的復辟結束。
8 月	部分國會議員在廣州召開國會非常會議，決定成立軍政府。9 月，選孫中山爲大元帥，下令討伐拒絕恢復《臨時約法》之段祺瑞，史稱「護法運動」。
11 月	《藍辛石井條約》簽訂，美國承認日本在華有「特殊利益」。 俄國發生 10 月革命。 本年，王先謙卒（1842～1917 年）。王氏，晚清民初歷史學家，著作有《後漢書集解》、《續古文辭類纂》、《十朝東華錄》等。

1918 年 1 月	蘇俄政府通知中國駐俄使館，將撤銷領事裁判權和退還租界。
4 月	非常國會議組軍政府，改大元帥制爲總裁合議制。5 月，非常國會選舉孫中山、唐紹儀等七人爲軍政府總裁。後推岑春煊爲主席總裁。 毛澤東在長沙創辦新民學會。8 月至北京，進北京大學圖書館工作。
5 月	魯迅發表《狂人日記》。
11 月	李大釗發表《庶民的勝利》和《布爾什維主義的勝利》。次年 5 月，發表《我的馬克思主義觀》。 第一次世界大戰結束，政府發佈停戰令。
12 月	陳獨秀、胡適等主編的《每週評論》在北京創刊。
1919 年 1 月	外長陸徵祥等中國專使團赴法，參加巴黎和會，向和會方提出廢棄外國在華的勢力範圍，撤銷領事裁判權，歸還租借地及取消中日協約（即「二十一條」）等要求。
2 月	上海日商日華紡織公司工人罷工。上海美商美孚油洋行工人罷工。3 月，上海印刷工人罷工。
4 月	巴黎和會決定將德國在山東的特權轉讓日本。6 月，中國代表拒絕在和約上簽字。
5 月	五四運動爆發。旋引發學生罷課、工人罷工、商人罷市的愛國運動。
7 月	胡適發表《多研究些問題，少談些主義！》一文。8 月，李大釗發表《再論問題與主義》，反駁胡適的主張。
9 月	周恩來等人在天津組織覺悟社。 湖南民眾發起「驅張」運動（皖系軍閥張敬堯）。

10 月	孫中山宣佈改中華革命黨爲中國國民黨。 詹天佑卒（1861 ～ 1919 年），傑出工程師，主持設計建造灤河大橋、京張鐵路。
1920 年 1 月	教育部通令全國，初級小學國文改爲語文體。
4 月	曹錕在保定召集直系、奉系軍閥，組成反皖八省聯盟。
6 月	美國學者杜威在上海、杭州、蘇州、無錫、嘉興等地講學。
7 月	直皖戰爭。直系軍閥曹錕、吳佩孚打敗皖系軍閥段祺瑞，皖系政權垮臺。直、奉兩系軍閥控制北京中央政權。
8 月～9 月	陳獨秀、李達、李漢俊、陳望道、施存統在上海創建共產主義小組，是爲中國共產黨上海發起組。北京、長沙、廣州等地共產主義小組成立。
10 月	英國學者羅素來華講學。
11 月	孫中山在廣東重建軍政府。
1921 年 4 月	南洋華僑陳嘉庚捐款創辦的廈門大學開學。 國會非常會議制定政府組織大綱，推舉孫中山爲非常大總統。
5 月	《中德協約》簽訂，是爲近代以來中國與列強簽訂的第一個平等條約。
7 月	中國共產黨第一次全國代表大會在上海舉行。正式代表有：毛澤東、何叔衡、董必武、陳潭秋、王盡美、鄧恩銘、李達、李漢俊、張國燾、劉仁靜、包惠僧、陳公博、周佛海，及共產國際代表馬林、尼克爾斯基。大會通過了《中國共產黨第一個綱領》，選舉陳獨秀、張國燾、李達組成中央局，陳獨秀爲中央局書記。

8 月	國會非常會議通過出師北伐的決議。
9 月	史學家屠寄卒（1856 ～ 1921 年）。寄字敬山，江蘇武進（今常州）人，清末民初歷史學家，著有《蒙兀兒史記》等史著。
10 月	瑞典學者安特生主持河南澠池仰韶村新石器遺址考古發掘，是爲中國近代田野考古學之開端。 嚴復卒（1854 ～ 1921 年）。復字又陵、幾道，福建侯官（今福州）人，近代啓蒙思想家、翻譯家，所譯《天演論》影響巨大。
1922 年 1 月	共產國際在莫斯科召開遠東各國共產黨及民族革命團體第一次代表大會，中共代表王盡美、鄧恩銘、張國燾等人參加。 香港海員大罷工。3 月，發生「沙田慘案」。
2 月	中日《解決山東懸案條約》簽訂，中國大致收回了在山東的權益。
4 月	奉系軍閥張作霖入關，與直系軍閥在長辛店、馬廠一帶激戰。5 月，奉系戰敗退出關外。是爲第一次直奉戰爭。此後，直系軍閥控制北京政權。
5 月	第一次全國勞動大會在廣州召開，通過「八小時工作制」等決議。 孫中山在韶關誓師北伐，旋因陳炯明叛亂而敗。是爲第二次護法運動。
7 月	中國共產黨第二次全國代表大會在上海舉行。提出黨的最高綱領和最低綱領。8 月中共中央在杭州召開特別會議，討論同意共產黨員以個人身分加入國民黨，與國民黨實行黨內合作。

9 月	教育部學制會議定： 小學分初高兩級（四二制），中學分初高兩級（四二制或三三制），實業學校改為職業學校，高專改為單科大學，高師改為師範大學。 王寵惠任北京政府國務總理，組成所謂「好人內閣」。 英駐華大使照會北京政府，將庚子賠款餘額退還中國。
1923 年 1 月	孫中山發表中國國民黨宣言、黨綱和總章。旋與蘇聯代表聯合發表宣言，史稱「孫文越飛宣言」。
2 月	京漢鐵路工人大罷工，即「二七大罷工」。
3 月	全國各地舉行反日集會遊行，要求取消「二十一條」，收回旅順、大連租借地。 孫中山在廣州組成大元帥府，任廖仲愷、伍朝樞、譚延闓為財政、外交、內務部部長。
4 月	北京政府派王寵惠等抵滬，與孫中山駐滬代表胡漢民等洽談統一問題。
5 月	顧頡剛發表《與錢玄同先生論古史書》，提出「層累地造成的古史說」。
6 月	中國共產黨第三次全國代表大會在廣州舉行。會議決定共產黨員以個人身分加入國民黨，採取黨內合作形式，同國民黨建立聯合戰線，以完成反帝反封建的國民革命的重要任務。 曹錕指使軍警包圍總統府，斷水電供給，總統黎元洪出走天津。10 月，以賄選方式取得總統職位，史稱「曹錕賄選」。
11 月	孫中山發表中國國民黨改組宣言。
1924 年 1 月	中國國民黨第一次全國代表大會在廣州召開。大會確定聯俄、聯共、扶助農工的三大政策，是為國共第一次合作。

	學界或以此爲第一次國內革命戰爭(1924～1927 年)的開端。
5 月	孫中山在廣州黃埔建立軍事政治學校(即黃埔軍校)，蔣介石任校長。 《中俄解決懸案大綱協定》簽訂。蘇聯政府放棄前政府攫取的特權，承認外蒙是中國的一部分。
9 月	江蘇直系軍閥與浙江皖系軍閥發生戰事，奉系軍閥張作霖入關參戰。
10 月	直系將領馮玉祥發動北京政變，推翻曹錕、吳佩孚控制的北京政權，驅逐清廢帝溥儀出故宮。馮與奉系共推段祺瑞爲「中華民國臨時政府執政」。是爲第二次直奉戰爭。 林紓卒(1852～1924 年)。紓字琴南，福建閩縣(今福州)人，清末民初文學家、翻譯家，有《畏廬文集》等用文言翻譯一百七十多部歐美文學作品。
12 月	溥儀逃入日本使館。
1925 年 1 月	中國共產黨第四次全國代表大會在上海舉行。推選陳獨秀爲總書記。
2 月	廣東政府開始第一次「東征」，討伐陳炯明。
3 月	孫中山病逝(1866～1925 年)。
5 月	第二次全國勞動大會在廣州召開。成立中華全國總工會，推舉林偉民爲委員長，劉少奇、劉文松爲副委員長，鄧中夏爲祕書長。 因抗議日商槍殺工人顧正紅，上海學生、市民集會聲援，遭租界巡捕鎮壓，死傷多人。是爲「五卅慘案」。
6 月	廣州、香港工人大罷工(即省港大罷工)。
7 月	中華民國國民政府在廣州成立。汪精衛任主席，決定將所

	屬各軍一律改爲國民革命軍。
8 月	國民黨左派領袖廖仲愷被刺殺。
10 月	廣東革命軍第二次「東征」，討伐陳炯明。
11 月	國民黨右翼林森、鄒魯等在北京西山開會，反對孫中山三大政策，議另立中央。時稱「西山會議派」。
12 月	毛澤東發表《中國社會各階級的分析》。
1926 年 1 月	中國國民黨第二次全國代表大會在廣州召開。會議懲戒「西山會議派」。
3 月	北京民眾五千餘人在天安門集會，要求政府拒絕日、英、美等提出的撤除大沽口國防設備的最後通牒。會後舉行遊行請願，在執政府門前遭段祺瑞政府鎮壓。時稱「三一八慘案」。 「中山艦事件」發生，共產黨人退出蔣介石的國民革命第一軍。
4 月	直系、奉系軍閥控制北京，段祺瑞臨時執政府垮臺。李大釗被奉系軍閥殺害。5 月毛澤東在廣州主持第六屆「全國農民運動講習所」。 國民黨二屆二中全會召開。會議通過「整理黨務案」，限制共產黨的活動，國共合作面臨破裂。蔣介石當選爲國民黨中央主席。
6 月	蔣介石任北伐軍總司令，7 月，北伐軍誓師北伐。10 月，克武昌，大敗吳佩孚軍。11 月，克南昌，大敗孫傳芳軍。
8 月	張謇卒 (1853 ～ 1926 年)。謇字季直，江蘇南通人，傑出的實業家、教育家、政治活動家。9 月，英國軍艦炮轟四川萬縣 (今重慶市萬州區)。是爲「萬縣慘案」。
10 月	上海工人發動第一次武裝起義，旋失敗。

1927 年 1 月	廣州國民政府遷都武漢。
2 月	中英簽訂《收回漢口英租界之協定》、《收回九江英租界之協定》，英國無條件地將漢口、九江的英租界歸還中國。
2 月、3 月	上海工人發動第二、第三次武裝起義。
3 月	毛澤東發表《湖南農民運動考察報告》。 康有為卒（1858～1927 年）。康有為，廣東南海丹灶（今屬佛山市南海區）人。著作有《康有為全集》等。
4 月	蔣介石在上海發動四一二反革命政變。武漢國民黨中央執行委員會和國民政府發佈命令，開除蔣介石黨籍，免去其一切職務。史稱「寧漢分裂」。以蔣介石為首的南京「國民政府」成立。 中國共產黨第五次全國代表大會先後在武昌、漢口舉行。大會中心議題是確定黨在蔣介石叛變革命後的緊急時期的任務。
6 月	張作霖在北京任陸海空大元帥，安國軍政府成立。形成武漢、南京、北京三個政府並存的局面。 王國維卒（1877～1927 年）。王國維字靜安，號觀堂，浙江海寧人，清末民初歷史學家，曾創「二重證據法」，用甲骨卜辭證實商代信史。有《觀堂集林》、《海寧王靜安先生遺書》等。
7 月	根據共產國際的指導，中共中央改組，陳獨秀停職，成立周恩來、李立三等臨時中央政治局常委會，主持中央工作。 汪精衛召開「分共會議」，正式宣佈反共，史稱七一五反革命政變。

8 月	周恩來、朱德等率北伐軍三萬餘在南昌起義，史稱「南昌起義」。學界或以此爲「土地革命戰爭」或「國共十年內戰」（1927～1937 年）的開端。 中共中央在湖北漢口召開緊急會議（即「八七」會議），會議確定了土地革命和武裝反抗國民黨反動派的總方針。 蔣介石通電下野，南京政府代表與武漢政府代表舉行廬山會議，實現「寧漢合流」。
9 月	毛澤東領導湘贛邊界秋收起義，後率部建立井岡山革命根據地。 國民黨寧、漢、滬三方代表在南京召開中央執監委員會臨時聯席會議，決議成立國民黨中央軍事委員會，改組國民政府，宣告國民黨統一完成。
10 月	彭湃領導海陸豐農民起義。
11 月	瞿秋白主持中共中央臨時政治局擴大會議在上海舉行，會議通過了《中國現狀與共產黨的任務決議案》。
12 月	南京政府復任蔣介石爲國民革命軍總司令。 張太雷等領導廣州起義。
1928 年 1 月	方志敏等領導江西橫峰、弋陽農民武裝起義，後開闢贛東北蘇區，成立工農民主政府。 按照蔣介石的安排，戴季陶、陳果夫、周佛海等人在上海創辦《新生命》月刊，成立新生命書局。 蔣介石下令北伐。
2 月	蔣介石、馮玉祥、閻錫山、李宗仁會晤於開封，商定蔣任國民革命軍總司令兼第一集團軍總司令，馮、閻、李分任第二、第三、第四集團軍總司令。

3 月	中共中央發出第 37 號通告，提出沒收一切地主土地，實行土地公有，一切權力歸蘇維埃的政綱。
	中央研究院歷史語言研究所在廣州成立，所長傅斯年。
4 月	蔣、馮、閻、桂等四大集團軍進軍「北伐」。
	劉志丹在陝西渭華領導起義，後 (1932 年) 建立陝甘革命根據地。
	朱德、陳毅率南昌起義餘部到井岡山與毛澤東會師。5 月，合編爲中國工農紅軍第四軍，朱德任軍長，毛澤東任黨代表。
5 月	日本軍在濟南製造慘案，軍民死傷五千餘人。史稱「五三慘案」。
6 月	張作霖退出北京，返回東北，專列行至皇姑屯爲日人預設炸彈炸傷，旋死。
	中央研究院成立，蔡元培爲首任院長。
	北伐軍入北京。南京政府宣佈北伐完成後，對內將實行五要政，對外宣佈中國統一，要求各國遵循正當手續另立新約。旋改直隸省爲河北省，改北京爲北平。
	即屬行法制、澄清吏治、肅清匪盜、蠲免苛稅、裁減兵額。
	中國共產黨第六次全國代表大會在莫斯科舉行。會議指出中國仍是半殖民地半封建社會，中國革命仍是資產階級民主革命，並以此確定了黨在民主革命中的十大綱領。大會認爲當前的政治形勢還是處在兩個革命高潮之間，黨的總任務不是進攻和普遍地組織起義，而是爭取群眾準備新的革命高潮的到來。
7 月	彭德懷等領導平江起義，起義軍編爲紅軍第五軍，開闢湘鄂贛根據地，後到井岡山與紅四軍會合。

	中美簽訂《整理中美兩國關稅關係之條約》，條約規定中美兩國適用國家關稅完全自主的原則。
10 月、11 月	毛澤東撰《中國的紅色政權為什麼能夠存在？》、《井岡山的鬥爭》等文。
	國民黨南京政府採用立法、司法、行政、考試、監督五院制，旋照會各國聲明準備撤銷領事裁判權。
12 月	張學良通電全國，服從國民政府，改旗易幟。次年 1 月，被任命為東北邊防司令長官，奉軍改為東北邊防軍。北洋軍閥時期結束。
	本年，南京中央大學成立。北平清華學院改為清華大學。
1929 年 1 月	毛澤東、朱德等率紅四軍主力從井岡山向贛南、閩西進軍，開始創建中央革命根據地。
	梁啓超卒 (1873 ～ 1929 年)。啓超字卓如，號任公，又號飲冰室主人，廣東新會人，近代維新派領袖、學者，著作編為《飲冰室合集》。
	南京國民政府宣佈實施關稅自主。
3 月	國民黨第三次全國代表大會召開，通過《確定訓政時期黨政府人民行使政權治權之分際及方略案》。
	蔣介石軟禁李濟深，桂系李宗仁、白崇禧起兵反蔣，史稱「蔣桂戰爭」，桂系旋敗。
4 月	毛澤東主持制定興國《土地法》。
5 月	馮玉祥稱「護黨救國軍」西北路總司令，起兵反蔣，蔣下令討伐，馮旋戰敗。
6 月	孫中山靈柩安葬於南京紫金山。
7 月	東北軍宣佈接收中東路全線，蘇聯向南京政府下最後通

		牒，宣佈對華斷交。10 月，中蘇邊界海拉爾、滿洲里、綏芬河等地發生全面戰事。11 月，東北軍全線戰敗。12 月，中蘇簽訂《伯力會議議定書》，恢復中東路原狀。是為「中東路事件」。
	11 月	中共中央政治局通過開除陳獨秀黨籍的決定。
	12 月	裴文中在北平周口店龍骨山洞發現「北京人」完整的頭蓋骨。 紅四軍第九次黨代會在福建上杭古田村召開，會議確定了建黨、建軍的原則。史稱「古田會議」。 鄧小平、張雲逸等領導百色起義。
1930 年 1 月		毛澤東撰《星星之火，可以燎原》，闡述以農村包圍城市，最後奪取政權的理論。3 月，中國左翼作家聯盟(即「左聯」)在上海成立。
	4 月	蔣介石、閻錫山、馮玉祥軍大混戰。史稱「蔣、閻、馮大戰」或「中原大戰」。閻、馮失敗。
	5 月	中國社會科學家聯盟在上海成立。 理論界展開中國社會性質和中國社會史問題的大討論。
	6 月	李立三主持的中共中央政治局會議在上海召開，通過《新的革命高潮與一省或幾省的首先勝利》決議案。
	8 月	中國左翼戲劇家聯盟在上海成立。
	9 月	中共六屆三中全會在上海舉行。會議選舉新的中共政治局，基本結束李立三為代表的「左」傾盲動。 中英簽訂《解決中英庚款換文》，英國政府將庚子餘款交還中國政府管理。
	12 月	國民黨軍對中央蘇區發動第一次軍事「圍剿」。次年 1 月，被紅軍擊敗。

1931 年 1 月	中共六屆四中全會在上海舉行。王明取代李立三成為黨中央的領導人。 「左聯」成員柔石、胡也頻、殷夫等被國民黨逮捕，次月遇難。 梁漱溟在山東鄒平創立鄉村建設研究院，出版《鄉村建設》雜誌。
4 月	國民黨軍對中央蘇區紅軍發動第二次軍事「圍剿」。5 月，被紅軍擊破。
5 月	汪精衛在廣州成立親日的國民政府，以與親英美的南京國民政府相對立。
7 月	國民黨軍對中央蘇區發動第三次軍事「圍剿」。9 月，被紅軍擊敗。
7 月～8 月	日本製造「萬寶山慘案」。
9 月	日本偽造「中村事件」，在吉林、遼寧準備發動侵華戰爭。 日本關東軍自行炸毀柳條溝南滿鐵路一段路軌，挑起事端，並進攻瀋陽城外的北大營，旋侵佔瀋陽及吉林、黑龍江等省，史稱「九一八事變」。
11 月	中華蘇維埃第一次全國代表大會在江西瑞金舉行。成立中華蘇維埃共和國臨時中央政府，毛澤東當選為主席。 徐志摩空難身亡（1897 ～ 1931 年）。徐志摩，浙江海寧人，現代詩人，詩作有《再別康橋》、《翡冷翠的一夜》等。
12 月	「國際聯盟」派李頓為首的「調查團」來華，調查日本侵略我東北事。 蔣介石宣佈下野，國民黨政府進行改組。

1932 年	蔣介石與汪精衛重新合作，汪出任行政院長。日本軍進攻
1 月	上海閘北，第十九路軍(總指揮蔣光鼐、軍長蔡廷鍇)奮起
	抵抗。是為「一二八事變」。
2 月	上海商務印書館編譯所、印刷廠及附設東方圖書館被日軍
	焚毀。
	東北全境淪陷。3 月，日本扶植的偽滿洲國在東北成立，
	溥儀為「執政」，年號「大同」，改長春為新京。
3 月	國民黨南京政府成立「軍事委員會」，蔣介石任委員長。
5 月	國民黨政府與日本簽訂《淞滬停戰協定》。
8 月	國民黨政府頒行保甲條例。
12 月	宋慶齡、蔡元培、楊杏佛等在上海成立「中國民權保障同盟」。
1933 年	日本侵略軍攻佔山海關。3 月，又侵佔承德。
1 月	中國共產黨中央機關離開上海，遷往江西中央根據地。
2 月	國民黨軍對中央蘇區發動第四次「圍剿」。3 月，「圍剿」
	被紅軍粉碎。
4 月	國民黨政府宣佈「廢兩改元」，停止使用銀兩，一律改用銀
	元，確立銀本位制。至 1935 年 11 月，放棄銀本位制，施
	行法幣政策。
5 月	馮玉祥、吉鴻昌在張家口發起成立「察哈爾民眾抗日同盟
	軍」，在國民黨軍及日軍的雙重壓迫下，堅持至 10 月失敗。
	國民黨政府與日簽訂《塘沽停戰協定》，規定中國軍隊撤
	出冀東地區，劃綏東(今屬內蒙古自治區)、察北(今屬河
	北)、冀東為日軍自由出入區。
6 月	中國民權保障同盟祕書長楊杏佛在上海被暗殺。
7 月	蔣介石在江西廬山設立軍官訓練團。

10 月	國民黨軍對中央蘇區發動第五次「圍剿」。紅軍經一年多苦戰，未能打破「圍剿」，於次年 10 月退出中央蘇區。
11 月	李濟深、蔣光鼐、蔡廷鍇等在福建組織「中華共和國人民革命政府」，宣佈反蔣抗日，遭蔣介石軍圍剿，次年 1 月失敗。
1934 年　　　1 月	中共六屆五中全會在江西瑞金舉行。會議改選中央機構，博古任總書記。
2 月	國民黨政府發起「新生活運動」。
3 月	僞滿洲國實行帝制，改稱「滿洲帝國」，溥儀爲皇帝，改年號爲「康德」。 中央研究院歷史語言研究所對河南安陽殷墟發掘結束，收集甲骨六萬五千零一十三片。
4 月	日本外務省情報部長天羽英二發表聲明，強調日本對中國有特殊權利，反對各國干涉日本對華的侵略。是爲「天羽聲明」。
6 月	東北民衆成立東北人民抗日救國總會及東北人民革命軍。 蔡楚生執導的故事片《漁光曲》在上海上映，該片爲中國首部獲得國際獎的電影。
10 月	因第五次反「圍剿」失利，紅軍退出江西（中央）根據地，開始戰略轉移——長征。
11 月	《申報》總經理史量才被暗殺（1880～1934 年）。
12 月	國民黨四屆五中全會在南京召開，發表宣言，聲稱「攘外必先安內」。
1935 年　　　1 月	中國共產黨中央政治局擴大會議在貴州遵義舉行。會議糾正了此前錯誤的軍事路線，改組中央領導機構，選舉張聞天爲總書記，毛澤東、周恩來、王稼祥爲三人軍事領導小組。

	王新命、何炳松、陶希聖等十教授發表《中國本位的文化建設宣言》，宣導中國本位文化的建設。
5 月	因《新生週刊》載文涉及日本天皇，迫於日方壓力，南京政府查封《新生週刊》，主編杜重遠被判徒刑。史稱「新生事件」。
6 月	中國駐軍扣留潛入張北(今屬河北)的日本特務，日軍陳兵察哈爾省進行威脅，製造「張北事件」。 瞿秋白在福建長汀被害(1899～1935 年)。瞿秋白，江蘇常州人。中國共產黨早期領導人。遺著有《瞿秋白文集》、《瞿秋白選集》。
7 月	國民黨政府北平軍分會代理委員長何應欽與日本華北駐軍司令梅津美治郎簽訂協定。協議規定中國政府取消在河北的黨政機關，撤出駐河北的中央軍和東北軍，禁止一切抗日活動等。史稱《何梅協定》。 聶耳卒(1912～1935 年)。聶耳本名守信，雲南玉溪人，音樂家，作有《義勇軍進行曲》、《畢業歌》等。
8 月	中國共產黨發表《八一宣言》，呼籲停止內戰，一致抗日。 方志敏遇害(1899～1935 年)。方志敏，江西弋陽人。1934年 11 月任紅十軍團軍政委員會主席。遺著有《可愛的中國》、《獄中記實》等。
10 月	中央紅軍到達陝北。
12 月	北平學生舉行抗日遊行示威，反對華北自治，要求言論、結社、出版自由，是為「一二九運動」。 國民黨五屆一中全會在南京召開，改組南京政府，蔣介石出任行政院長，親日派官員被排除政府。

1936 年 1 月	日本外務相廣田弘毅發表對華三原則：取締排日、中日「滿」經濟合作、共同防共。
6 月	章太炎卒(1869～1936 年)，炳麟名絳，號太炎，浙江餘杭(今杭州餘杭區)人，民主革命家、古文經學大師，其著述彙刊於《章氏叢書》、《續編》和《三編》。
10 月	紅二、四方面軍到達甘肅會寧，與中央紅軍會師，長征結束。 魯迅病逝(1881～1936 年)。魯迅原名周樹人，浙江紹興人，著名文學家，著有《狂人日記》、《阿 Q 正傳》、《中國小說史略》等。
11 月	段祺瑞卒(1865～1936 年)。段祺瑞字芝泉，安徽合肥人。 救國聯合會領導人沈鈞儒、章乃器、鄒韜奮、李公樸、王造時、沙千里、史良在上海遭政府當局非法逮捕。是為「七君子事件」。 傅作義率部擊退進攻綏遠的日、偽軍，收復百靈廟。時稱「百靈廟大捷」。
12 月	毛澤東、朱德、周恩來等發表《致蔣介石書》，呼籲「化敵為友，共同抗日」。 中國地質學會北平分會舉行特別會議，古人類學家賈蘭坡報告發現周口店「北京人」頭骨，引起轟動。 張學良、楊虎城實行「兵諫」，扣留蔣介石，通電全國，提出抗日救國八項主張。國民黨政府下令討伐張學良。中國共產黨代表周恩來等抵達西安參與各方談判，最終達成協議，蔣介石獲釋。史稱「西安事變」。
1937 年 1 月	中共中央從陝西保安遷往延安。

2 月	中共中央致電國民黨中央，提出五項要求、四項保證，以實現兩黨重新合作。五項要求：1.停止內戰，一致對外；2.保障言論、集會、結社自由，釋放政治犯；3.召集各黨各派各界各軍代表會議，共同救國；4.迅速完成抗日的準備工作；5.改善人民生活。如國民黨將上述五項要求定爲國策，中國共產黨願意作出四項保證：1.停止推翻國民政府的武裝暴動方針；2.工農政府改名爲中華民國特區政府，紅軍改名爲國民革命軍，直接受南京國民政府和軍事委員會指導；3.在特區政府區域內實施普選的徹底民主制度；4.停止沒收地主土地的政策，堅決執行抗日民族統一戰線的共同綱領。
3 月	中共中央在延安召開政治局擴大會議，會議作出《中共中央政治局關於張國燾錯誤的決定》。
4 月	國民黨高等檢察院以「危害民國」爲名，對沈鈞儒等救國會的七位領袖提起公訴。上海市民數千人上請願書，要求恢復七君子的自由。七七事變後，沈鈞儒等才被釋放。
7 月	日軍藉口士兵失蹤，欲進宛平搜查，遭中國駐軍拒絕，遂炮轟宛平城和盧溝橋，中國駐軍奮起抵抗。是爲「七七事變」（也稱「盧溝橋事變」）。抗日戰爭全面爆發。 中共中央發佈《中國共產黨爲日軍進攻盧溝橋通電》，號召全民族抗戰。蔣介石在廬山發表談話，表示「只有拚全民族的生命，以求國家的生存」。北平、天津先後淪陷。
8 月	日軍進攻上海，中國守軍奮起還擊。是爲「八一三事變」。10 月，守軍謝晉元率八百壯士孤軍抗敵，堅守四行倉庫。11 月，上海淪陷，淞滬會戰結束。日本速亡中國計畫失敗。中蘇簽訂《中蘇互不侵犯條約》。

	西北主力紅軍改編爲國民革命軍第八路軍。9 月，又改稱國民革命軍第十八集團軍，朱德任總司令。
9 月	蔣介石宣佈中國共產黨的合法地位，宣告國共兩黨第二次合作，抗日民族統一戰線形成。 八路軍一一五師在晉北平型關，殲滅日本侵略軍第五師團第二十一旅團一部一千餘人。 毛澤東給周恩來等發出《整個華北工作應以游擊戰爭爲唯一方向》的指示。
9 月～ 11 月	日軍先後攻陷保定、德州、石家莊、邢臺、邯鄲、太原、上海、蘇州、無錫、常州等地。國民政府宣佈遷都重慶。
12 月	日軍侵佔南京，對南京軍民展開大屠殺，被害者達三十萬人以上，史稱「南京大屠殺」。 徐州會戰開始。中國軍隊與日軍在以徐州爲中心地區展開大會戰，此役包括津浦鐵路保衛戰、台兒莊會戰和徐州突圍等，至次年 6 月結束。
1938 年 1 月	江南地區紅軍合編爲國民革命軍陸軍新編第四軍（簡稱新四軍），葉挺任軍長。 中國共產黨創辦的《新華日報》在武漢刊行。後遷至重慶。 孟森卒（1868 ～ 1938 年）。孟森字蓴孫，號心史，江蘇武進（今常州）人，歷史學家，著有《明元清系通紀》、《心史叢刊》等史著。
2 月	中緬公路開始修築。
3 月	中蘇簽訂《關於使用五千萬美元貸款之協定》，蘇方向中方貸款五千萬美元，以幫助中國抗戰。 中華全國文藝界抗敵協會在漢口成立。

		國民黨臨時全國代表大會召開,選蔣介石爲總裁,通過《抗戰建國綱領》。
	4 月	國民黨軍與進攻山東台兒莊的日軍會戰,殲敵兩萬餘。史稱「台兒莊大捷」。 中共中央作出《關於開除張國燾黨籍的決定》。
	5 月	毛澤東發表《論持久戰》。
	6 月	爲阻止日軍進攻,國民政府在鄭州花園口決黃河大堤,河南、安徽、江蘇三省四十四縣被淹,89 萬人死亡。 武漢會戰開始。中國軍隊與日軍在以武漢爲中心的地區展開大會戰。至 10 月,日軍攻佔武漢。 宋慶齡在香港組建「保衛中國同盟」,向國外和華僑宣傳抗日運動,募集物資支援抗戰。
	11 月	日本近衛內閣發表聲明,提出「近衛三原則」:「善鄰友好」、「共同防共」、「經濟提攜」。12 月,汪精衛發表「和平反共救國」聲明。 蔣方震卒(1882 ～ 1938 年)。方震字百里,浙江海寧人,軍事理論家,有《蔣百里全集》。
1939 年 1 月		日機轟炸重慶。5 月,二次轟炸重慶。 國民黨五屆五中全會召開,決定「溶共、防共、限共、反共」的政策。
	2 月	周恩來代表中共中央抵皖南雲嶺新四軍軍部,傳達中央關於新四軍向北、向敵後發展的方針。
	6 月	徐世昌卒(1855 ～ 1939 年)。世昌字卜五,號菊人、弢齋,天津人,歷任清軍機大臣、東三省總督,北洋政府國務卿、總統。

8 月	劉少奇在延安馬列學院作《論共產黨員的修養》演講。
9 月	日本支持下的「蒙疆聯合自治政府」成立。
	第二次世界大戰開始。 日軍對長沙發起進攻，被中國軍隊擊退，是爲第一次長沙會戰。
11 月	諾爾曼‧白求恩在河北唐縣黃石口村逝世（1890～1939 年）。白求恩，加拿大共產黨員、國際共產主義戰士、著名胸外科醫師。
12 月	吳佩孚卒（1874～1939 年）。吳佩孚字子玉，山東蓬萊人。九一八事變後，蟄居北平（今北京）。抗日戰爭爆發後，拒絕出任僞職。因牙疾經日本醫生治療後死去。
1940 年 1 月	毛澤東發表《新民主主義論》。 在日本陸軍代表的參加與監督下，汪精衛、王克敏、梁鴻志在青島會談，決定合併現有的僞政權，成立僞「中央政府」。
2 月	東北抗日聯軍第一路軍總指揮楊靖宇在與日軍作戰中犧牲。 八路軍粉碎閻錫山部和胡宗南部的進攻。
3 月	中共中央發出關於《抗日根據地的政權問題》的指示，指出抗日根據地的政權實行「三三制」的原則。即根據抗日民族統一戰線政權的原則，在人員分配上，規定共產黨員佔三分之一，非黨的左派進步分子佔三分之一，不左不右的中間派佔三分之一。 汪精衛發表「和平建國宣言」，提出要和重慶政府「共謀和平方案」。旋成立僞南京政府，汪自任代理主席，稱「國府還都」，招降重慶國民黨。 蔡元培卒（1868～1940 年）。元培字鶴卿，號子民，浙江紹

	興人，教育家、民主革命家，提倡學術研究，主張「思想自由、相容並包」，有《蔡元培全集》。
5 月	棗宜會戰。日軍進攻並侵佔襄陽、宜城、江陵、宜昌等地。國民黨第三十三集團軍總司令張自忠殉國。
7 月	日本近衛內閣提出「大東亞共榮圈」的侵略口號。
8 月	百團大戰。八路軍出動 105 個團對華北日軍展開進攻和反「掃蕩」作戰並獲得勝利。
10 月	黃橋戰役。陳毅、粟裕領導新四軍在江蘇黃橋殲滅國民黨第八十九軍等一萬餘人。國民政府軍事委員會致電八路軍、新四軍，強令其在一個月內開赴黃河以北。
11 月	日本政府宣佈承認汪精衛偽政府，雙方簽訂《日汪基本關係條約》、《日、滿、華共同宣言》。
1941 年 1 月	皖南事變。新四軍九千餘人自涇縣出發北移，遭國民黨軍伏擊，千餘人突圍，軍長葉挺被俘，副軍長項英被害，時稱「皖南事變」。蔣介石下令取消新四軍番號。中共中央及中央軍委旋發佈重建新四軍令。
3 月	中國民主政團同盟在重慶祕密成立。成員以部分國民參政員於 1939 年成立的「統一建國同志會」為基礎。10 月，在香港的民盟機關《光明報》發表《成立宣言》和《對時局主張綱領》（簡稱「十大綱領」）。1944 年名稱改為中國民主同盟。
4 月	紹興、寧波、溫州等地相繼淪陷。
8 月	日本岡村寧次任日本侵華華北方面軍總司令，集中十三萬兵力，圍攻晉察冀抗日根據地，至 10 月失敗。
9 月	日軍進攻長沙，國民黨第五、第六戰區發起反擊。是為第

		二次長沙會戰。
	12 月	日軍偷襲珍珠港，太平洋戰爭爆發。國民黨政府對日、德、意宣戰。日軍再次進攻長沙，遭國民黨軍反擊，至次年 1 月日軍北撤。是爲第三次長沙會戰。 中英雙方簽署《中英共同防禦滇緬路協定》。次年，中國遠征軍入緬參戰。
1942 年	1 月	中、蘇、美、英等二十六國在華盛頓簽訂《聯合國家共同宣言》，共同對抗德、意、日法西斯侵略，保證不與其單獨媾和。
	2 月	毛澤東在延安中共黨校作《整頓黨的作風》演講，延安整風運動開始。5 月，毛澤東在延安文藝座談會上發表講話，提出文學藝術爲人民大衆，首先爲工農兵服務。
	3 月	中美《五億美元借款協定》簽訂，美國向中國政府貸款五億美元，以增強中國的抗戰力量。
	5 月	華北日軍對冀中地區實施「三光」(殺光、燒光、搶光)政策。 陳獨秀在四川江津病逝(1879 ～ 1942 年)。陳獨秀字仲甫，安徽懷寧十里鋪(今屬安慶)人。中國共產黨的創始人和早期領導人。著作有《獨秀文存》、《陳獨秀著作選編》等。
	11 月	國民黨五屆十中全會召開。 以陝甘寧邊區爲首，各解放區展開大生產運動。
1943 年	1 月	中美、中英簽訂條約，美、英宣佈廢除在華特權。
	3 月	蔣介石的《中國之命運》出版，該書由陶希聖執筆。
	5 月	國民黨河北省主席龐炳勳、新編第五軍軍長孫殿英通電叛國降日。8 月，龐、孫的偽軍主力被太行山八路軍殲滅。

10 月	中共中央公佈十大政策：一、對敵鬥爭，二、精兵簡政，三、統一領導，四、擁政愛民，五、發展生產，六、整頓三風，七、審查幹部，八、時事教育，九、三三制，十、減租減息。
11 月	中、美、英首腦在埃及開羅舉行開羅會議，發表《開羅宣言》：中、美、英三國必戰至日本無條件投降為止，東三省、臺灣及澎湖歸還中國。
1944 年 4 月	毛澤東在延安高級幹部會議上作《學習與時局》的演講。 日軍發動豫湘桂戰役，包括 (4 月) 河南戰役、(5 月) 長 (沙) 衡 (陽) 戰役、(10 月) 桂柳會戰，至年底國民黨軍全線崩潰，河南、湖南、廣西、廣東、福建等省淪陷。
6 月	毛澤東在延安會見中外記者團，發表談話。
7 月	駐華美軍總司令派遣第一批美軍觀察組到延安。 鄒韜奮卒 (1895 ～ 1944 年)。鄒韜奮名恩潤，祖籍江西餘江，生於福建永安。新聞記者、政論家、出版家。曾創辦生活書店發行雜誌十多種，出版書籍千餘種。
9 月	重慶各界、各黨派、各階層代表五百餘人集會，要求改組國民政府，成立聯合政府。
10 月	中國民主同盟發表《對抗戰最後階段的政治主張》，要求「立即結束一黨專政，建立各黨派之聯合政權，實行民主政治」。
11 月	汪精衛死於日本 (1883 ～ 1944 年)。汪精衛名兆銘，浙江山陰 (今紹興) 人，生於廣東番禺。漢奸。1938 年 3 月任國民黨副總裁。同年 12 月發表「豔電」，公開投降日本。1940 年 3 月在南京成立偽國民政府，任主席。

1945 年 1 月	周恩來自延安飛重慶談判。次月,談判無果飛返延安。
4 月	湘西會戰。日軍進攻湘西芷江地區,被中國軍隊擊潰,是為正面戰場最後一次會戰。
	中國共產黨第七次全國代表大會在延安舉行。毛澤東作《論聯合政府》的報告,大會通過新黨章,規定毛澤東思想是黨的一切工作的指標。
	由中、蘇、美、英四國邀請召開的聯合國大會在美國三藩市召開,各國代表討論、通過《聯合國憲章》,聯合國正式成立。
7 月	參政員黃炎培、傅斯年、章伯鈞等飛延安商談國事。
	中、美、英三國在波茨坦發表公告,要求日本無條件投降。
8 月	美國在廣島、長崎投放原子彈。蘇聯宣佈對日作戰,出兵中國東北。
	毛澤東發表《對日寇的最後一戰》,延安總部朱德發佈大反攻命令。
	日本正式宣佈接受無條件投降。9 月 2 日,日本政府在東京灣的美國軍艦密蘇里號上簽署投降書。9 月 9 日,日軍代表在南京舉行「中國戰區」投降儀式上簽署投降書,抗日戰爭結束。
	毛澤東、周恩來、王若飛到重慶與蔣介石及國民黨代表談判。至 10 月 10 日,雙方簽訂《政府與中共代表會談紀要》(即雙十協定)。
9 月	重慶《新華日報》發表《為筆的解放而鬥爭》,提出廢除新聞原稿檢查制度。重慶、成都等地新聞界自行停止送檢。
	上黨戰役開始,劉伯承、鄧小平指揮晉冀魯豫軍區主力,

		至 10 月，殲滅國民黨軍閻錫山部三萬五千餘。
	10 月	邯鄲戰役開始，晉冀魯豫軍區主力在河北邯鄲地區全殲國民黨四十軍，至 11 月，共俘國民黨軍二萬餘，並爭取萬餘人起義。 臺灣光復。臺灣及澎湖列島重入中國版圖。
	12 月	昆明大中學校學生六千餘人在西南聯合大學舉行反內戰集會，遭國民黨軍鎮壓，死亡四人。史稱「一二一運動」、「昆明慘案」。
1946 年 1 月		由張群（後改張治中）、周恩來、馬歇爾組成的三人軍事委員會，就停戰問題達成協議。 政治協商會議在重慶召開（史稱「舊政協」），國共雙方簽訂停止國內軍事衝突協議。
	2 月	重慶各界人士在較場口集會，遭國民黨特務搗亂，李公樸等人被打傷。是為「較場口慘案」。
	3 月	國民黨六屆二中全會在重慶召開。會議通過多項反共決議。 東北抗日聯軍領袖李兆麟在哈爾濱被刺身亡（1910 ～ 1946 年）。
	4 月	中共代表王若飛（1896 ～ 1946 年）、博古（1907 ～ 1946 年）、葉挺（1896 ～ 1946 年）、鄧發（1906 ～ 1946 年）自重慶乘飛機回延安，飛機失事遇難。
	5 月	蘇軍從我國東北撤退完畢。 中共中央發出《關於清算減租及土地問題的指示》，減租減息政策逐步轉變為沒收地主土地分配給農民的政策。
	6 月	國民黨軍三十萬向鄂東、豫南中原解放區發起進攻，全面內戰爆發。

	上海民眾舉行反內戰、要求和平的遊行，並推派馬敘倫等赴南京請願，代表抵南京時遭國民黨特務毆打，時稱「下關慘案」。
7 月	李公樸（1902～1946 年）、聞一多（1899～1946 年）先後在昆明遇害。史稱「李、聞血案」。 陶行知卒（1891～1946 年）。陶行知，安徽歙縣人，教育家，提出「生活即教育」、「社會即學校」、「教學做合一」三大主張，著有《中國教育改造》、《行知書信》等。 蘇中戰役。人民解放軍在泰興、如皋、海安一帶，七戰七捷。至 8 月，共殲國民黨軍五萬餘。8 月馬歇爾與美駐華大使司徒雷登發表聯合聲明，宣告「調處」失敗。 定陶戰役。人民解放軍在定陶、曹縣擊敗國民黨軍的攻勢。至 9 月，共殲國民黨軍一萬七千餘。
9 月	中共中央軍委發佈《集中優勢兵力，各個殲滅敵人》的指示。
11 月	國民黨政府與美國政府簽訂《中美友好通商航海條約》（即《中美商約》）。 國民大會在南京召開（「制憲國大」），共產黨和民主同盟拒絕參加。後會議通過了《中華民國憲法》，一經公佈即遭到中共和民盟的譴責。
12 月	宿北戰役。人民解放軍在宿遷以北殲滅國民黨軍二萬餘人。
1947 年 1 月	美國政府宣佈退出軍事調處執行部。 魯南戰役（即嶧棗戰役）。人民解放軍在山東嶧縣、棗莊一帶殲滅國民黨軍五萬餘。
2 月	中共中央發表聲明：國民黨政府在 1946 年 1 月 10 日以後與外國簽訂的條約、借款、協定和諒解一概無效。

	國民黨統治區金價、物價暴漲,當局實施緊急措施,禁止黃金美鈔自由貿易,上海數百家金銀業商號停業,時稱「黃金風潮」。 萊蕪戰役。人民解放軍在山東萊蕪地區殲滅國民黨軍六萬餘,魯中、渤海、膠東解放區連成一片。 國民黨政府通知中共駐南京、上海、重慶代表限期撤回延安,查封《新華日報》。 臺灣發生二二八事件。
3 月	羊馬河伏擊戰。人民解放軍在陝西子長羊馬河殲滅國民黨軍四千七百餘。 僧太虛卒(1890～1947 年)。太虛本姓呂,名淦森,浙江崇德(今桐鄉)人,創設中國佛教協進會、覺社,提出「教理革命、教制革命、教產革命」三大口號,著有《整理僧伽制度論》等。
4 月	正太戰役。人民解放軍在正定、太原鐵路沿線殲滅國民黨軍三萬五千餘,晉察冀、晉冀魯豫解放區連成一片。
5 月	孟良崮戰役。人民解放軍在山東蒙陰孟良崮地區殲滅國民黨軍三萬二千餘。 杭州、無錫、合肥、成都、上海、南京發生搶米風潮,各地學生、市民舉行反內戰、反飢餓、反迫害大遊行。南京遊行民眾遭當局鎮壓,造成「五二血案」。 人民解放軍在東北發起夏季攻勢,至 7 月初,共殲滅國民黨軍八萬二千餘,東北解放區連成一片。
6 月	中共中央決定轉至外線作戰,將戰場引向國統區,先後派劉伯承、鄧小平率領晉冀魯豫野戰軍主力千里躍進大別山;

	陳賡、謝富治率晉冀魯豫野戰軍太嶽兵團挺進豫陝鄂；陳毅、粟裕率華東野戰軍轉戰蘇魯豫皖地區。至 11 月完成了戰略反攻的佈局。
7 月	中共中央工委召開全國土地會議，制定《中國土地法大綱》，規定「廢除封建性及半封建性剝削的土地制度，實行耕者有其田的土地制度」。
10 月	《中國人民解放軍宣言》發佈，重申此戰目的「爲了中國人民和中華民族的解放」，宣佈了民主聯合政府、保障人民言論、出版、集會、結社自由等八項基本政策。中共中央又公佈實施《中國土地法大綱》。 國民黨政府宣佈民主同盟爲「非法團體」。11 月，民盟總部被迫解散。
11 月	石家莊戰役。人民解放軍進攻、解放石家莊，殲滅國民黨軍二萬四千餘。
12 月	中共中央在陝北米脂召開會議，討論通過毛澤東關於《目前形勢和我們的任務》的報告。報告提出了十大軍事原則。東北冬季攻勢開始，至次年 3 月，人民解放軍攻克城市十餘座，殲滅國民黨軍十五萬六千餘，國民黨軍收縮於長春、瀋陽、錦州地區。
1948 年 1 月	中國國民黨革命委員會在香港成立，發表反蔣宣言。民主同盟在香港重建總部，公開宣佈同中國共產黨攜手合作。
3 月～ 5 月	先後爆發臨汾戰役、洛陽戰役、兗州戰役，人民解放軍共殲滅國民黨軍十一萬四千餘。
3 月	「行憲國民大會」召開，選舉蔣介石、李宗仁爲中華民國「總統」、「副總統」。

	中央研究院院士選出(81 人)。9 月，第一次院士會議舉行。
6 月～9 月	先後爆發晉中戰役、豫東戰役(即睢杞戰役)、濟南戰役等，人民解放軍共殲滅國民黨軍十九萬餘，解放交城、平遙、濟南等地。
8 月	朱自清卒(1898 ～ 1948 年)。朱自清，江蘇揚州人，原籍浙江紹興，詩人、散文家，著有詩文集《蹤跡》、散文集《背影》等。 國民黨政府頒佈《財政經濟緊急處分令》和四項辦法，實行幣制改革，發行金圓券，引發國統區社會經濟的混亂。
9 月	遼瀋戰役開始，至 11 月，人民解放軍殲滅國民黨軍四十七萬，東北全境解放。11 月淮海戰役開始，至次年 1 月，人民解放軍殲滅國民黨軍五十五萬，長江以北的華東、中原地區解放。
12 月	平津戰役開始，至次年 1 月，人民解放軍殲滅、收編國民黨軍五十二萬，華北地區解放。傅作義率部接受和平改編，北平和平解放。
1949 年 1 月	毛澤東發表《將革命進行到底》的新年獻詞。蔣介石發表《新年文告》，提出「和平」建議。 蔣介石通電下野，李宗仁就任「代總統」。 傅作義率部接受人民解放軍改編，北平和平解放。 國民黨政府先後將圖書文物五千餘箱運往臺灣。
2 月	國民黨政府、國民黨中央黨部遷往廣州。 國民黨巡洋艦重慶號起義，加入解放軍海軍。 戴季陶自殺(1890 ～ 1949 年)。季陶名傳賢，號天仇，原籍浙江吳興(今浙江湖州市)，生於四川廣漢，國民黨的理論

西元 1949 年 記憶・關鍵字	渡江戰役
	家,著有《孫文主義的哲學基礎》、《國民革命與中國國民黨》等。
3 月	中共中央委員會與中國人民解放軍總部遷至北平,毛澤東、朱德在西苑機場舉行閱兵式。
4 月	國共和談在北平舉行,旋宣告和談破裂。渡江戰役開始,至 5 月底,殲滅國民黨軍四十三萬,突破國民黨軍的長江防線,解放南京、杭州、漢口、武昌、上海等地。
7 月～9 月	人民解放軍先後進行蘭州、寧夏、衡寶等戰役,先後解放蘭州、西寧、衡陽、寶慶及寧夏全境。
8 月	美國駐華大使司徒雷登離華。

中國現代的歷史，上限起於 1949 年中華人民共和國成立，下限則延續至當下。

1949 年的中華人民共和國成立，標誌著歷史進入一個新紀元。建國初的三年，對內集中力量恢復國民經濟，對外抗美援朝，維護國家安全。自 1953 年起，為了實現社會性質的轉變，政府實施對農業、手工業和資本主義工商業的社會主義改造；制定和開始第一個五年計畫，集中力量發展重工業，為工業化和國防現代化奠定了基礎。

1956 年，中國進入全面建設社會主義的歷史時期。因國際形勢的變化和「左傾」思潮的影響，經濟建設事業發生了重大偏差。「大躍進」和人民公社化等三面紅旗、所有制的「一大二公」，以及片面追求經濟發展速度等，均造成了嚴重的失誤。1966 年至 1976 年的「文化大革命」給國家造成嚴重的混亂、破壞和倒退。

以 1978 年中共十一屆三中全會為轉折性標誌，中國進入改革開放和社會主義現代化建設的歷史新階段。農村的改革開放以「家庭聯產承包責任制」為突破口，並迅速推廣到全國；經濟特區的建立，改變了經濟領域封閉半封閉狀態，形成了全方位、多層次、寬領域的對外開放新格局；城鄉的經濟體制改革，解放了生產力，提高了民眾的生活水準；「一國兩制」構想及實施，中國政府完成了對香港、澳門恢復行使主權；為適應國際新形勢而採取的全方位外交政策，提升了中國的國際地位，也贏得了現代化建設的和平環境。

現代史一

中華人民共和國	
1949 年 9 月	中國人民政治協商會議第一屆全體會議在北平舉行。通過具有臨時憲法作用的《中國人民政治協商會議共同綱領》，定國名（中華人民共和國）、國旗、國歌，紀年採用西曆。中央人民政府成立，毛澤東當選爲中央人民政府主席。 楊虎城在重慶被害（1893 ～ 1949 年）。 湘粵戰役開始，至 10 月，解放了以廣州爲中心的華南地區。
10 月	中央人民政府委員會第一次會議召開，任命周恩來爲政務院總理兼外交部長。在北京天安門廣場舉行開國大典。 人民解放軍發動渡海作戰，進攻金門，此役受挫。 中蘇兩國建交。 海南島戰役，至次年 4 月結束，人民解放軍殲滅國民黨軍三萬餘，解放海南島全境。 國民黨政府及國民黨中央黨部遷移至重慶，至 12 月，再遷至臺北。
11 月	西南、廣西戰役開始，至 12 月底，人民解放軍殲滅國民黨軍一百餘萬，解放四川、貴州、雲南、西康、廣西全境，除西藏外大陸地區全部解放。 全國統一部署，打擊囤積居奇、投機倒把，穩定物價。 中國科學院成立，郭沫若任院長。
12 月	毛澤東訪問蘇聯，至莫斯科。
	本年，沒收官僚資本主義企業兩千八百餘家，金融企業二千四百餘家，官僚資本沒收歸中華人民共和國所有。
1950 年 1 月	周恩來等抵達莫斯科，與毛澤東一起同史達林等會談。

2 月	中蘇簽訂《中蘇友好同盟互助條約》。3 月，簽訂蘇聯專家在中國工作等協定。3 月蔣介石在臺北復職，稱「中華民國總統」。 西昌戰役。人民解放軍殲滅殘存於西南地區國民黨軍一萬餘人，解放西昌；6 月，大規模作戰結束。
4 月	中國與印度、印尼建交。5 月，與瑞典、丹麥建交。
4 月至次年 2 月	多次發生物價飛漲的風潮，中央人民政府採取多種措施抑制物價平穩市場。
5 月	舟山群島解放。
6 月	中共七屆三中全會在北京舉行。討論通過了毛澤東《為爭取國家財政經濟狀況的基本好轉而鬥爭》的報告。旋公佈《土地改革法》。 朝鮮戰爭爆發。美國第七艦隊進入臺灣海峽。9 月，以美國為首的聯合國軍隊在朝鮮仁川登陸。
7 月	政務院和最高人民法院發出《關於鎮壓反革命活動的指示》，從 12 月起一場以土匪、特務、惡霸、反動黨團分子等為打擊對象的鎮壓反革命運動開始，運動至次年 10 月基本結束。
10 月	中國人民志願軍渡過鴨綠江，赴朝鮮作戰，抗美援朝戰爭開始。次年 7 月，朝鮮人民軍、中國人民志願軍與美國為首的聯合國軍舉行談判。11 月，達成軍事分界線（簡稱「三八」線）協定。
12 月	政務院發佈命令，管制中國境內美國財產並凍結中國境內所有銀行的美國公私存款。又以管制、徵購、代管等方式，把一千多家外國壟斷資本企業轉變為社會主義國營企業的一部分。

1951 年 5 月	全國籃排球比賽大會在北京召開。這是 1919 年以來第一次全國規模的運動會。 《人民日報》發表題爲《應當重視電影〈武訓傳〉的討論》社論，全國開始對《武訓傳》逐步展開討論。 中央人民政府和西藏地方政府簽訂《關於和平解放西藏辦法的協議》（即「十七條協議」），宣告西藏和平解放。
9 月	政務院發佈通告定 9 月 3 日爲抗日戰爭勝利日。 知識份子思想改造運動開始，至 1952 年基本結束。
12 月	中共中央發佈《決定》，開展針對國家工作人員的「三反」運動。「三反」即反貪污、反浪費、反官僚主義。次年 1 月，開展針對工商界的「五反」運動，「五反」即反行賄、反偷稅漏稅、反盜騙國家財產、反偷工減料、反盜竊國家經濟情報。合稱「三反五反」，運動至次年 10 月結束。
	本年，中國氣象學會、中國史學會、中國物理學會等相繼成立。
1952 年 2 月	河北省人民政府舉行大貪污犯劉青山、張子善公審大會，隨後河北省人民法院報請最高人民法院批准，判處其死刑。
6 月	中日貿易協定在北京簽字。 政務院發佈關於各級人民政府、黨派、團體及所屬事業單位國家工作人員實行公費醫療預防的指示。旋又頒佈各級人民政府供給制工作人員津貼標準及工資制工作人員的工資標準。
7 月	公安部公佈《關於管制反革命分子暫行辦法》。
8 月	中央人民政府頒佈《中華人民共和國民族區域自治實施綱要》。

9 月	自 6 月開始的全國高等學校院系調整大致完成。 土地改革在全國範圍內基本結束，全國約有三億多無地少地的農民共分得七億畝土地。
10 月	劉少奇率中共中央代表團參加蘇共十九大，毛澤東委託劉少奇就中國社會主義過渡的設想，向史達林徵求意見。 上甘嶺戰役。中國人民志願軍在朝鮮上甘嶺擊退以美國為首的聯合國軍。
1953 年 1 月	《人民日報》社論宣佈，開始執行發展國民經濟的第一個五年計畫(1953 ～ 1957 年)。 中共中央發出《關於展開反對官僚主義、反對命令主義、反對違法亂紀的指示》，旋各地開展了「新三反」運動。
4 月	政務院發出《關於勸止農民盲目流入城市的指示》。
5 月	中國伊斯蘭教協會、中國佛教協會在北京成立。後中國基督教三自愛國運動委員會(1954 年)、中國道教協會(1957 年)、中國天主教愛國會(1957 年)等宗教團體相繼成立。 中蘇兩國簽訂《關於蘇維埃社會主義共和國聯盟政府援助中華人民共和國中央人民政府發展中國國民經濟的協定》。
6 月	中共中央召開政治局擴大會議，提出黨在過渡時期的總路線和總任務。
7 月	金城反擊戰。中國人民志願軍、朝鮮人民軍在金城地區擊潰南韓李承晚軍的進攻，促成《朝鮮停戰協定》正式簽訂，朝鮮戰爭結束。
8 月	中國新民主主義青年團中央委員會發出《關於「中國少年兒童隊」改名「中國少年先鋒隊」的說明》。
9 月	徐悲鴻逝世(1895 ～ 1953 年)。徐悲鴻，江蘇宜興人，畫家、

	美術教育家，中國現代美術事業的奠基者，代表作品有《八駿圖》、《愚公移山圖》等。
	教育部召開全國高等師範教育會議，修訂數學、物理、化學、生物、教育、地理、歷史和中國語文等主要專業的教學計畫及實施方法。
11 月	政府發佈關於糧食計畫收購和供應命令，旋實施對食用油、油料的統購統銷。次年又發佈實施棉花、棉布計畫收購和供應的命令。
12 月	周恩來會見印度代表團，提出國家之間和平共處的五項原則。
1954 年 2 月	中共七屆四中全會在北京舉行。會議揭露和批判高崗、饒漱石反黨聯盟及其活動。
3 月	綏遠省劃歸內蒙古自治區。
	中華人民共和國憲法起草委員會舉行第一次會議，通過中共中央起草的《中華人民共和國憲法草案（初稿）》。
6 月	周恩來出訪印度等國，重申國際關係的和平共處五項原則。* *五項原則為：互相尊重主權和領土完整、互不侵犯、互不干涉內政、平等互利、和平共處。
8 月	原松江省、黑龍江省合併成新的黑龍江省。原遼東省、遼西省合併成遼寧省。
	中國人民革命軍事委員會總政治部發佈命令：寬赦坦白認罪的 417 名前日本軍人。
9 月	中央軍委命令福建前線炮兵部隊炮擊金門。
	中華人民共和國第一屆全國人民代表大會第一次會議在北京舉行，會議通過第一部《中華人民共和國憲法》。
	原寧夏省、甘肅省合併為新的甘肅省。

10 月	毛澤東撰《關於紅樓夢研究問題的信》，向全黨提出對胡適派資產階級唯心主義進行批評的任務。
11 月	國家統計局發佈調查報告（1953 年 6 月），全國人口總數 601938035 人。
12 月	臺灣當局與美國簽訂「共同防禦條約」，該條約至 1979 年美國與中華人民共和國建交時自動失效（美國國會隨後制定《與臺灣關係法》取代）。 中國科學院和中國作協召開聯席會議，決定聯合召開批判胡適思想的討論會。次年 3 月，中共中央發出《關於宣傳唯物主義思想批判資產階級唯心主義思想的指示》。 全國人大常委會舉行第四次會議，通過《城市居民委員會組織條例》、《城市街道辦事處組織條例》和《公安派出所組織條例》。
1955 年 1 月	中共中央批轉宣傳部《關於開展批判胡風思想的報告》。次月，作協召開擴大會議，決定展開對胡風的批判。1980 年，胡風案予以平反，胡風恢復自由。
2 月	中國文字改革委員會發表《漢字簡化方案草案》，向社會各界徵求意見。11 月，教育部發出《關於在中學、小學、各級師範學校及工農業餘學校推行簡化漢字的通知》。 中國人民解放軍第一次實行軍銜制度，軍銜設 6 等 19 級。當年 9 月授勳，1965 年軍銜制度被取消。 張瀾去世（1872 ～ 1955 年），著名民主愛國人士，發起創建中國民主同盟。
3 月	中共中央和國務院發出《關於迅速佈置糧食購銷工作，安定農民生產情緒的緊急指示》。

	中國共產黨全國代表會議召開，通過《關於高崗、饒漱石反黨聯盟的決議》。
4 月	上海市副市長潘漢年、楊帆因「內奸」問題被捕，時稱「潘漢年、楊帆反革命集團」。1977 年潘含冤去世(1906～1977 年)。1982 年，潘、楊案平反昭雪。 周恩來、陳毅出席萬隆會議，會議公報確定和平共處十項原則。
5 月	《人民日報》刊登《關於胡風反革命集團的材料》。自此，對胡風文藝思想的批判演變成政治上、組織上「肅清胡風反革命集團」的運動。
7 月	中共中央發出《關於展開鬥爭肅清暗藏的反革命分子的指示》，一場全國性的肅清反革命運動(簡稱「肅反運動」)開始，至 1957 年春，肅反運動結束。
8 月	中美首次大使級會談在日內瓦舉行。1958 年起，會談改在華沙舉行。至 1970 年總共舉行會談 136 次。 國務院公佈《市鎮糧食定量供應暫行辦法》和《農村糧食統購統銷暫行辦法》，對農村實行糧食「三定」(定產、定購、定銷)政策。 中國作協召開會議，批判丁玲、陳企霞「反黨小集團」。此案至 1984 年平反。
9 月	第一屆全國人民代表大會常務委員會第二十二次會議決定授予朱德、彭德懷、林彪、劉伯承、賀龍、陳毅、羅榮桓、徐向前、聶榮臻、葉劍英以中華人民共和國元帥軍銜。
10 月	西康省建制撤銷，合併入四川省。 中共七屆六中全會在北京舉行。會議通過《關於農業合作化

	問題的決議》。會後，全國掀起農業合作化高潮，至 1956 年底基本完成農業的社會主義改造。
11 月	國務院通過《關於城鄉劃分標準的規定》。
12 月	熱河省建制撤銷，分別併入河北、遼寧及內蒙古。
1956 年 1 月	中共中央召開關於知識份子問題的會議。周恩來的報告首次提出知識份子中的絕大多數是工人階級的一部分。會後，全國呈現「向現代科學進軍」的新氣象。 全國掀起全行業公私合營的高潮，至年底，實行全行業公私合營的私營工業戶數占總戶數的 99％，基本完成對資本主義工商業的社會主義改造。
4 月	全國工資會議在北京舉行。確定在全國範圍內改革現行的工資制度。 毛澤東發表《論十大關係》，探索適合中國國情的社會主義建設道路。5 月，毛澤東在國務會議上重申，文學藝術和科學研究應實行「百花齊放，百家爭鳴」的方針。
6 月	《人民日報》發表題為《要反對保守主義，也要反對急躁情緒》的社論，以糾正社會主義建設中的急躁冒進現象。 最高人民檢察院決定對 335 名日本戰犯宣佈免予起訴，並立即釋放。
7 月	長春第一汽車製造廠建成投產。
9 月	中國共產黨第八次全國代表大會在北京舉行。大會指出社會主義制度在中國已經基本建立，國內主要矛盾不再是階級矛盾，而是人民對於經濟文化迅速發展需要同當前經濟文化不能滿足人民需要的狀況之間的矛盾，全國人民的主要任務是集中力量發展社會生產力。會議通過了關於發展

	國民經濟的第二個五年計畫（1958 ～ 1962 年）。
11 月	上海汽輪機廠建成投產。
1957 年 2 月	毛澤東作《關於正確處理人民內部矛盾的問題》的講話，指出這類矛盾只能用民主的、說服教育的、「團結－批評－團結」的方法去解決。
4 月	中共中央發出《關於整風運動的指示》，決定在全黨進行反對官僚主義、宗派主義和主觀主義為內容的整風運動，旋邀請各民主黨派人士舉行座談會，聽取意見，推動整風運動。
6 月	中共中央發出《關於組織力量準備反擊右派分子進攻的指示》，《人民日報》發表社論《這是為什麼？》，反右派鬥爭開始。至次年夏季，反右派鬥爭基本結束，全國劃為右派的人數達 55 萬。
7 月	《人民日報》發表馬寅初《新人口論》一文。
9 月	齊白石去世（1864 ～ 1957 年）。齊白石，湖南湘潭人，書畫家、篆刻家，作有《花卉草蟲十二開冊頁》、《白石草衣金石刻畫》等。 中共八屆三中全會在北京舉行。毛澤東作《做革命的促進派》報告，批評 1956 年的「反冒進」。10 月中共中央下發《關於劃分右派分子標準的通知》，規定劃分右派分子和極右分子的若干標準。 武漢長江大橋建成通車。 呂思勉去世（1884 ～ 1957 年）。呂思勉，江蘇武進（今常州）人，歷史學家，著有《白話本國史》及先秦至隋唐四部斷代史著。
12 月	多用途「安二」民用飛機製造成功。次年，噴氣式高級教練機製造成功。

1958 年	《中華人民共和國戶口登記條例》公佈實施。
1 月	中共中央南寧會議召開。毛澤東再次批評1956年的「反冒進」。毛澤東令撤銷章乃器、章伯鈞、羅隆基等三人中華人民共和國糧食部部長、交通部部長和森林工業部部長職務。
2 月	中共中央、國務院發出《關於除「四害」講衛生的指示》。「四害」為：蒼蠅、蚊子、老鼠、麻雀。至 1959 年，麻雀不再列入「四害」之一，打麻雀改為滅臭蟲。旋在全國範圍內掀起除「四害」的高潮。
3 月	各民主黨派、無黨派人士、知識份子和工商界代表在北京舉行社會主義自我改造促進大會。
4 月	學術界及高等院校開始批判馬寅初的《新人口論》。
5 月	中共八大二次會議在北京舉行。大會通過「鼓足幹勁，力爭上游，多快好省地建設社會主義」的總路線。會後，全國範圍內的「大躍進」運動全面展開。中共中央軍事委員會舉行擴大會議，會議批判了劉伯承、蕭克的教條主義、資產階級軍事路線。
6 月	河北省安國縣南婁底鄉爆出小麥畝產 5103 斤的全國最高紀錄。其後，各地陸續報導糧食高產「衛星」。《人民日報》發表社論，批判「條件論」，宣傳「人有多大膽，地有多大產」等觀點。
7 月、8 月	蘇共中央委員會第一書記、部長會議主席赫魯雪夫訪華，並與毛澤東舉行會談。中國拒絕了蘇聯此前提出的建立聯合艦隊的建議。
8 月	中共中央政治局擴大會議在北戴河舉行。會議決定本年鋼產量比上年翻一番（1070 萬噸），又通過《關於在農村建立人

	民公社問題的決議》。會後，形成了全國範圍的全民煉鋼和人民公社化運動，至 9 月底，參加人民公社的農戶占總農戶的 90.4%，農村基本實現人民公社化。 8 月 23 日，福建前線部隊開始向佔據金門、馬祖島並不斷騷擾大陸沿海地區的國民黨軍隊進行警告性的炮擊。至 1978 年底中美建交前夕，炮擊戰結束。
10 月	北京報業界倡議推行稿酬標準降低一半的辦法。至「文革」時期，稿酬全部取消。至 1979 年起重新恢復。 《人民日報》大力宣傳土法煉鋼經驗。冶金工業部在河南商城召開全國土法煉鋼現場會議。
11 月	《人民日報》發表社論《飯好菜也好——再論辦好公共食堂》，全國各地掀起辦公共食堂的高潮。 第一艘萬噸遠洋輪「躍進號」下水。
12 月	《人民日報》報導：中央國家機關有三百餘名優秀分子入黨，其中有李四光、李德全、錢學森等。
1959 年 1 月	哈爾濱電機廠製成中國第一台七萬二千五百千瓦的大水輪發電機。
3 月	3 月 10 日西藏地方政府中的上層反動集團糾集叛亂分子，爲將西藏從中國分裂出去，在拉薩發動武裝叛亂，包圍解放軍西藏軍區司令部和中央駐拉薩的機關。19 日夜間向解放軍駐拉薩部隊發動全面進攻。爲維護國家統一和民族團結，20 ～ 22 日解放軍駐西藏部隊奉命平息了拉薩市區的叛亂。11 月，逃離拉薩的叛亂武裝主要力量被殲滅。
4 月	中共八屆七中全會在上海舉行。會議繼續糾正「高指標」、「共產風」等。

	全國人大二屆一次會議在北京舉行。會議通過本年度經濟計畫及鋼、糧食生產指標。次月，中共中央發出緊急指示，調低鋼產量指標，農村恢復自留地，允許社員飼養家畜家禽等。
5 月	中共中央發出《關於在高等學校中指定一批重點學校的決定》，指定 16 所高等學校爲全國重點學校。* * 此 16 所高等學校爲：北京大學、中國人民大學、復旦大學、中國科學技術大學、上海第一醫學院、哈爾濱工業大學、清華大學、天津大學、上海交通大學、西安交通大學、華東師範大學、北京工業學院、北京航空學院、北京農業大學、北京醫學院、北京師範大學。至 1960 年又增加了 40 餘所學校。
7 月～8 月	中共中央政治局擴大會議和八屆八中全會在廬山舉行。會議前期的內容是總結經驗，糾正錯誤。後對彭德懷、黃克誠、張聞天、周小舟進行批判。會後，全黨「反右傾」鬥爭展開。
8 月	人民大會堂建成。同年建成的還有民族文化宮、民族飯店、華僑大廈、北京火車站、北京工人體育場、中國革命歷史博物館、中國人民革命軍事博物館、釣魚臺國賓館、全國農業展覽館等，合稱爲首都「十大建築」。
9 月	周恩來致函印度總理尼赫魯，闡明中國對中印邊界問題的立場。11 月，再函尼赫魯，建議在中印邊境雙方軍隊各後撤二十公里，並舉行兩國總理的會議。
10 月	中共中央轉批農業部《關於廬山會議以來農村形勢的報告》，批判「包產到戶」和私人副業，要求立即掀起一個群眾性超產運動的熱潮。

1960 年	
1 月	中共中央政治局擴大會議在上海舉行。制定年度經濟計畫，再訂鋼產量高指標，提出八年完成人民公社基本隊有制過渡到基本社有制的設想。
2 月	大慶地區發現大油田。4 月起，開發建設大慶油田的大慶會戰開始。 中國首次派往海外接運歸僑的四艘輪船，滿載遭受印尼當局迫害的二千餘名歸僑回到祖國。
3 月	中共中央轉批《貴州省委關於目前農村公共食堂情況的報告》。《報告》認為，食堂是必須固守的社會主義陣地。中共中央批示：貴州這一篇食堂報告，是一個科學總結，應當在全國仿行，不要例外。
4 月	自行設計、建造的第一座大型水電站新安江水電站開始發電。
5 月	中國登山隊員王富洲、貢布等安全登上世界最高峰珠穆朗瑪峰。
6 月	以彭眞為團長的中國共產黨代表團，參加社會主義國家共產黨和工人黨代表在布加勒斯特舉行的會議，會上赫魯雪夫組織了對中國共產黨的圍攻。
7 月	蘇聯政府決定撤走全部蘇聯專家，停止向中國供應重要設備，單方面中止中蘇簽訂的合作協定。
9 月	中共中央政治局決定成立六個中央局。* ＊ 即中南局、東北局、西南局、西北局、華北局、華東局。
11 月	中共中央發出緊急指示，堅決糾正人民公社內搞「一平(平均)二調(無償調撥)」。 中共中央發出毛澤東起草的《關於徹底糾正「五風」問題的指示》。*

	＊即「共產風、浮誇風、命令風、幹部特殊風和對生產瞎指揮風」。
1961 年 1 月	中共八屆九中全會在北京舉行。會議決定對國民經濟實行「調整、鞏固、充實、提高」的八字方針。
3 月	中共中央工作會議在廣州召開。會議制定《農村人民公社工作條例（草案）》（簡稱《農業六十條》）。
4 月	第 26 屆世界乒乓球錦標賽在北京舉行。中國乒乓球隊獲得男子團體世界冠軍；莊則棟、丘鐘惠分別獲得男、女單打世界冠軍。
8 月	愛國華僑領袖陳嘉庚去世（1874～1961 年）。 中共中央工作會議在廬山召開。會議制定《國營工業企業工作條例（草案）》（簡稱《工業七十條》）、《中華人民共和國教育部直屬高等學校暫行工作條例（草案）》（簡稱《高教六十條》）。 梅蘭芳去世（1894～1961 年）。梅蘭芳，江蘇泰州人，京劇大師，梅派創始人。
1962 年 1 月至 2 月	中共中央舉行擴大的工作會議（即七千人大會）。劉少奇作書面報告，總結 1958 年以來社會主義建設的經驗教訓。
2 月	國家科委召開科學工作會議。會議重新肯定我國大多數知識份子屬於勞動人民的一部分。 胡適去世（1891～1962 年）。胡適原名洪騂，字適之，安徽績溪人。著作有《中國哲學史大綱》（上卷）、《白話文學史》（上卷）、《胡適文存》等。
3 月	第二屆全國人大三次會議在北京舉行。周恩來作《政府工作報告》，提出調整國民經濟工作的十項任務。
9 月	中共八屆十中全會在北京舉行。會議重申貫徹「八字方針」。

	毛澤東發言,強調階級鬥爭要年年講、月月講、天天講,要進行社會主義教育。
10 月	印度軍隊在中印邊界發動軍事進攻,中國邊防部隊被迫還擊。11 月,中國政府主動宣佈停火。
12 月	中共中央、國務院發出《關於認真提倡計畫生育的指示》。 中國和蒙古邊界條約在北京簽訂。
1963 年 1 月	中國和尼泊爾邊界議定書在北京簽訂。 周恩來在上海科技工作會議上指出,要建立富強的國家,必須實現農業、工業、國防和科技現代化,其中科學技術的現代化是關鍵。
3 月	中共中央發佈《關於厲行增產節約和反對貪污盜竊、反對投機倒把、反對鋪張浪費、反對分散主義、反對官僚主義運動的指示》。 毛澤東題詞「向雷鋒同志學習」,全國掀起學習雷鋒的活動。 中共中央批轉文化部黨組《關於停演「鬼戲」的請示報告》,提出全國各地,不論城鄉,一律停演「鬼戲」。
4 月	中國國防部授予人民解放軍駐上海某部八連以「南京路上好八連」的光榮稱號。5 月,中共中央工作會議在杭州舉行,會議制定《關於目前農村工作中若干問題的決定(草案)》。會後,社會主義教育運動在全國逐步展開。
7 月	蘇共中央發佈《給蘇聯各級黨組織和全體共產黨員的公開信》。9 月,《人民日報》發佈《蘇共領導同我們分歧的由來和發展——一評蘇共中央的公開信》,中蘇兩黨開始公開論戰,至次年 7 月,中方先後發表九篇評論文章,簡稱「九評」。
8 月	衛生部在上海舉行斷手再植成功授獎大會。

9 月	中國科學院經濟研究所孫冶方作《社會主義計畫經濟管理體制中的利潤指標》報告，提出要抓企業利潤，改革不計成本、不講效益的管理制度。此觀點後遭批判。 中國自行設計、施工的第一個大型氮肥廠——上海吳涇化工廠首期工程投入生產。
12 月至次年 2 月	周恩來出訪阿聯、阿爾及利亞等亞非十四國。
1964 年 1 月	中法兩國建交。
2 月	中共中央傳達大慶石油會戰情況報告，要求全國工礦系統學習大慶經驗，此後，全國掀起「工業學大慶」運動。《人民日報》發表社論《用革命精神建設山區的好榜樣》，此後，全國掀起「農業學大寨」運動。
4 月	中共中央批轉共青團中央《關於組織城市知識青年參加農村社會主義建設的報告》，提出有計畫地動員知識青年上山下鄉的工作。
5 月	解放軍總政治部編輯出版《毛主席語錄》。
6 月	包括《紅燈記》等京劇現代戲觀摩演出大會在北京舉行。毛澤東批語文藝界整風報告，指出文藝界各協會及其下屬刊物的大多數，十五年來基本上不執行黨的政策。
7 月	中央決定成立以彭真為組長的文化革命五人小組。《人民日報》發文批判楊獻珍「合二而一」論。
8 月	中共中央、國務院批轉國家經委黨組《關於試辦工業、交通托拉斯的意見的報告》，批准在全國試辦十二個托拉斯，為工業管理辦法摸索經驗。後因「文革」而中斷。
9 月	中共中央轉發《關於一個大隊的社會主義教育運動的經驗總

	結》，即「桃園經驗」。「桃園經驗」指 1963 年 11 月至 1964 年 4 月，河北省撫寧縣盧王莊公社桃園大隊開展社會主義教育運動的經驗。又發出《關於組織高等學校文科師生參加社會主義教育運動的通知》。
10 月	中國在本國西部地區成功爆炸自行製造的第一顆原子彈。 人民解放軍空軍某部擊落一架侵入國土上空的美軍無人駕駛高空偵察機。
12 月	第三屆全國人大第一次會議在北京舉行。《政府工作報告》宣佈，國民經濟調整工作已經完成，進一步目標是要把中國建設成為一個具有農業、工業、國防和科技現代化的社會主義強國，提出實現四個現代化的號召。
1965 年 1 月	中共中央制定《農村社會主義教育運動中目前提出的一些問題》，規定運動在清政治、清經濟、清組織、清思想四方面展開（簡稱「四清」），運動至「文革」開始後結束。4 月中共中央調整文化部領導，齊燕銘、夏衍免職。又發出《關於加強戰備工作的指示》。
5 月	第三屆全國人大常委會第九次會議決定取消中國人民解放軍軍銜制。軍銜制度至 1988 年恢復。
6 月	毛澤東發出「把醫療衛生工作的重點放到農村去」的指示。
7 月	國民黨政府前代總統李宗仁及夫人回國。
9 月	中國科學家首次用化學方法合成結晶牛胰島素。 中共中央工作會議同意「以國防建設第一，加速三線建設，逐步改變工業佈局」的第三個五年計畫（1966 ～ 1970 年）。
11 月	上海《文匯報》發表《評新編歷史劇〈海瑞罷官〉》，成為發動「文化大革命」的導火線。

12 月	《紅旗》雜誌發表《為革命而研究歷史》，批判翦伯贊的歷史觀點。 中共中央政治局常委擴大會議在上海舉行。羅瑞卿被調離軍事方面領導崗位。 民主愛國人士、職業教育的創始人和理論家黃炎培逝世（1878～1965 年）。
1966 年 1 月	人民解放軍總政治部召開全軍政治工作會議。會議前後，林彪鼓吹毛澤東的話是「最高指示」，「句句是真理」、「一句頂一萬句」。
2 月	新華社報導河南省蘭考縣縣委書記焦裕祿事蹟，全國掀起學習焦裕祿的熱潮。 江青在上海召開「部隊文藝工作座談會」。座談會《紀要》全面否定建國後文藝事業（即「文藝黑線專政」論）。 中共中央同意轉發文化革命五人小組提出的《關於當前學術討論的彙報提綱》（即《二月提綱》），指出學術討論要堅持「真理面前人人平等的原則」。
3 月	河北邢臺、衡水、石家莊地區多次發生六級以上的地震。
4 月	《北京日報》發文批判鄧拓、吳晗、廖沫沙《三家村札記》。
5 月	中共中央政治局擴大會議在北京舉行。彭真、羅瑞卿、陸定一、楊尚昆遭批判並被撤銷職務。會議通過《中國共產黨中央委員會通知》（即《五一六通知》），《通知》宣佈撤銷《二月提綱》，重新設立文化革命小組，隸屬於政治局常委。《通知》逐條批判《二月提綱》，提出了發動「文革」的主要理論和方針、政策，號召各級黨委奪取文化領域中的領導權，批判所謂混進黨裡、政府裡、軍隊裡和文化領域等各界裡的資

	產階級代表人物。旋成立陳伯達、康生、江青、張春橋等組成「中央文化革命小組」，爲「文化大革命」實際領導機構。
6 月	《人民日報》發表聶元梓等寫的「全國第一張馬列主義的大字報」。「停課鬧革命」運動在全國大、中、小學校全面展開。
7 月	中共中央、國務院發出《關於改革高等學校招生工作的通知》，取消高考制度，採用推薦與選拔相結合的招生方法。
8 月	毛澤東致信清華大學附中紅衛兵，肯定紅衛兵「對反對派造反有理」，旋掀起紅衛兵運動。至 1978 年，紅衛兵組織全部撤銷。 中共八屆十一中全會在北京舉行。毛澤東發表《炮打司令部——我的一張大字報》。全會調整中央領導機構，林彪列爲毛澤東的接班人。中共中央政治局擴大會議和中共八屆十一中全會的召開，標誌著「文化大革命」的全面發動。 由北京紅衛兵發起，全國掀起一場「破四舊」(舊思想、舊文化、舊風俗、舊習慣)運動。 老舍自殺(1899 ～ 1966 年)。老舍，原名舒慶春，字舍予，滿族，北京人，作家。著有《駱駝祥子》、《四世同堂》、《茶館》等。
9 月	中共中央、國務院發出《關於組織外地高等學校革命學生、中等學校革命學生代表和革命教職工代表來北京參觀文化大革命運動的通知》，由此開始全國性的大串連。 《人民日報》整版刊登「毛主席語錄歌」，此後，「語錄歌」風行全國。
11 月	「上海工人革命造反總司令部」成立，旋聚眾鬧事，攔截火車，製造「安亭事件」。

	12 月	張春橋、王洪文在上海市委所在地康平路製造武鬥流血事件，為全國各地大規模武鬥的開端。
1967 年	1 月	張春橋、姚文元指揮上海造反團體全面奪取上海市黨政權力（又稱「一月革命」）。其後，針對各級黨政機構的奪權之風遍及全國。
	2 月	周恩來主持懷仁堂碰頭會。與會領導人對「文化大革命」的錯誤提出批評，被誣為「二月逆流」遭批判（後稱「二月抗爭」）。
	3 月	中共中央印發所謂薄一波等六十一人自首叛變問題的初步調查，全國各地掀起「揪叛徒」的運動。此案至 1978 年平反。 中共中央發出《關於停止全國大串連的通知》。 中共中央發出《關於在文化革命運動中處理紅衛兵抄家物資的幾項規定》，規定：地、富、反、壞、右及其他不法分子的財物，除日常生活必需品外，其他一律上繳。
	4 月	《人民日報》刊登《愛國主義還是賣國主義？——評歷史影片〈清宮祕史〉》，掀起對劉少奇的大批判運動。7 月，北京組織批鬥劉少奇大會。
	5 月	中央軍委決定，向全軍發放毛澤東像章和「為人民服務」語錄章。
	6 月	中國第一顆氫彈空爆試驗成功。
	7 月	中共中央發出《關於建造毛主席塑像問題的指示》，要求制止各地紛紛建造毛主席塑像的現象。 江青接見河南某群眾組織，以「文攻武衛」的口號煽動武鬥。從此，全國出現「全面內戰」的局面。
	8 月	謝富治發表講話，提出「砸爛公檢法」。 造反派奪外交部權，旋火燒英國駐華代辦處。

	10 月	中共中央轉發毛澤東視察華北等地談話紀要。毛澤東認為「全國的無產階級文化大革命形勢大好」。 中共中央、國務院、中央軍委等發出《關於大、中、小學復課鬧革命的通知》。
	12 月	中共中央批轉北京香廠路小學關於取消少年先鋒隊，建立「紅小兵」的材料。旋為全國各地的小學仿效。
1968 年 1 月		自行設計、建造的萬噸遠洋輪「東風」輪建成。
	5 月	中共中央轉發《北京新華印刷廠軍管會發動群眾開展對敵鬥爭的經驗》，要求在全國各地區、各單位「清理階級隊伍」。
	6 月	中共中央、國務院發出《關於 1968 年城鄉居民棉布定量的通知》。
	7 月	毛澤東在《從上海機床廠看培養工程技術人員的道路》的調查報告上批示： 大學還是要辦的，走上海機床廠從工人中培養技術人員的道路。從此「七二一」大學風行全國。
	8 月	中共中央等發出《關於派工人宣傳隊進駐學校的通知》。其後，工宣隊進駐學校以替代原領導機構。至 1977 年，工宣隊全部退出學校。
	9 月	西藏自治區革命委員會、新疆維吾爾自治區革命委員會成立。至此，全國大陸 29 個省、市、自治區都建立了革命委員會。
	10 月	《人民日報》發表《柳河五七幹校為機關革命化提供了新的經驗》一文。編者按語引述毛澤東關於「廣大幹部下放勞動」的新指示。由此，各地相繼開辦「五七幹校」。 中共八屆十二中全會在北京舉行。全會批准《關於叛徒、內

	奸、工賊劉少奇罪行的審查報告》。至 1980 年此案平反。南京長江大橋鐵路橋建成通車。
12 月	田漢去世（1898 ～ 1968 年），原名壽昌，湖南長沙人，《義勇軍進行曲》詞作者。12 月《人民日報》發表毛澤東關於「知識青年到農村去」的號召。此後，全國掀起知識青年上山下鄉的高潮。
1969 年 1 月	中國最大的現代化水泥廠——邯鄲水泥廠建成投產。
2 月	數學家熊慶來去世（1893 ～ 1969 年）。熊慶來，雲南彌勒人。著有《關於無窮級整函數與亞純函數》等，定義「無窮級函數」，國際上稱為「熊氏無窮數」。
3 月	蘇聯軍隊多次侵犯中國黑龍江珍寶島地區，中國邊防軍被迫反擊，是為珍寶島自衛反擊戰。
4 月	中國共產黨第九次全國代表大會在北京舉行。會議通過政治報告和新黨章。新黨章把林彪作為「接班人」寫入總綱。
5 月	國產抗菌素「慶大黴素」研製成功，並投入生產。 《人民日報》報導，本國已成為既無內債、又無外債的社會主義國家。
6 月～ 8 月	蘇聯軍隊多次侵入新疆、黑龍江邊境，中國政府提出強烈抗議。
7 月	歷史學家范文瀾去世（1893 ～ 1969 年）。范文瀾字仲沄，浙江紹興人。著有《中國通史簡編》等。
8 月	新華社報導：廣東湛江專區軍民攔海造田成功。此後，不少地區掀起「填海造田」、「填湖造田」的熱潮。
10 月	為防範蘇聯進行軍事襲擊，中共中央通知緊急疏散在京的

	黨和國家領導人。
	歷史學家陳寅恪去世(1890 ～ 1969 年)。陳寅恪，江西義寧(今修水)人。著有《隋唐制度淵源略論稿》、《唐代政治史述論稿》等。
11 月	原中華人民共和國主席劉少奇在開封逝世(1898 ～ 1969 年)。
1970 年 1 月	雲南昆明以南發生 7.8 級地震。 中美大使級會談在華沙恢復。 中共中央發出《關於打擊反革命破壞活動的指示》。2 月，又發出《關於反對貪污盜竊、投機倒把的指示》和《關於反對鋪張浪費的通知》，全國開展「一打三反」運動。
2 月～ 3 月	全國計畫工作會議研究第四個五年計畫(1971 ～ 1975 年)草案。
3 月	中共中央召開工作會議討論召開第四屆全國人民代表大會和修改憲法問題，大多數與會者贊成毛澤東提出的不設國家主席的建議。 柬埔寨國家元首西哈努克親王和夫人因國內發生政變，抵達北京。
4 月	中國成功發射第一顆人造地球衛星。
5 月	毛澤東發表《全世界人民團結起來，打敗美國侵略者及其一切走狗！》的聲明。北京 50 萬軍民在天安門廣場舉行支持世界人民反美帝鬥爭大會，毛澤東等出席大會。
6 月	中共中央批准《北京大學、清華大學關於招生(試點)的請示報告》，高等學校開始復課。批准招收「工農兵學員」，確定「工農兵學員」的任務是「上大學、管大學、用毛澤東思想改造大學」。
7 月	成昆鐵路正式通車。

8 月	美駐日大使館聲稱,「釣魚島是琉球群島的一部分」,「已歸還日本」。9 月,日本在釣魚島探採石油。臺灣學生、留美的中國學生,發起保衛釣魚島的愛國運動,即「保釣運動」。 中共九屆二中全會在廬山舉行。林彪、陳伯達等提出「天才論」和設國家主席等問題,以實現搶班奪權的野心,毛澤東識破了他們的陰謀,寫了《我的一點意見》,嚴厲批評陳伯達,給林彪反革命集團以沉重打擊。
11 月	中共中央發出《關於陳伯達反黨問題的指示》,「批陳整風」運動在全國展開。 毛澤東對軍隊作出提出野營拉練指示,旋通知要求全國大、中城市學校在寒暑假分批分期進行野營拉練。
1971 年 1 月	全國高等院校調整座談會在北京舉行。會議提出: 工科院校一般擬予以保留,農、醫、師範院校多數擬保留,綜合大學擬先保留,財經、政治和民族院校擬多撤銷一些。其後,撤銷中國人民大學、中國醫科大學、北京政法學院、暨南大學等。
3 月	國務院召開全國出版工作會議,毛澤東批示同意《關於整查出版二十四史及〈清史稿〉的請示報告》。
4 月	美國乒乓球代表團應邀訪問中國。 李四光去世(1889 ～ 1971 年),蒙古族,湖北黃岡人,著名地質學家,創立地質力學理論。 4 月至 7 月,全國教育工作會議在北京召開,會議通過並經毛澤東同意的《全國教育工作會議紀要》,提出「兩個估計」的論點。* * 兩個估計即: 解放後十七年,「毛主席的無產階級教育路

	線基本上沒有得到貫徹執行」，「資產階級專了無產階級的政」；大多數教師和解放後培養的大批學生的「世界觀基本上是資產階級的」。
6 月	陳垣去世(1880 ～ 1971 年)，著有《史諱舉例》、《元典章校補》等史著。 中國第一艘兩萬噸級貨輪「長風」號在上海下水。
7 月	國務院轉發衛生部等《關於做好計畫生育工作的報告》，是為 70 年代大力開展計畫生育的新起點。 《考古學報》、《文物》和《考古》雜誌復刊，是為「文革」以來最早復刊的學術雜誌。 美國國家安全事務助理基辛格首次訪問中國，中國政府邀請美國總統訪華。
9 月	林彪等乘飛機外逃，途經蒙古境內墜落，機毀人亡，是為九一三事件(也稱林彪叛國外逃事件)。12 月，中共中央下發《粉碎林陳反黨集團反革命政變的鬥爭》材料，全國開展批林整風。
10 月	第二十六屆聯合國大會通過恢復中華人民共和國在聯合國的一切合法權利。11 月，中華人民共和國代表團首次出席聯合國大會。
12 月	外交部發表聲明，抗議美國、日本將中國釣魚島等島嶼劃入日本「歸還區域」，重申中國對這些島嶼的領土主權。 自行設計研製的第一艘導彈驅逐艦交付海軍使用。
1972 年 2 月	美國總統尼克森訪問中國，中美雙方在上海發表聯合公報。
3 月	中英發表互換大使的聯合公報。

5 月	中共中央發出《關於杜絕高等學校招生工作中「走後門」現象的通知》。
8 月	國防部慶祝 45 周年建軍節，陳雲等一批受迫害的資深幹部出席招待會。
9 月	日本國總理大臣田中角榮應邀訪問中國。中日兩國政府簽署聯合聲明，實現中日邦交正常化。
10 月	「文革」以來第一個業餘英語廣播講座在北京開始播出。此後，全國各地陸續舉辦業餘外語廣播講座。
12 月	中共中央轉發國務院《關於糧食問題的報告》，傳達毛澤東關於「深挖洞、廣積糧、不稱霸」的指示，全國各地展開人防工程的建造。 國務院批准引進 3 套大型石油化工聯合裝置，分別建置於北京石油化工總廠、上海石油化工總廠和遼陽石油化纖總廠。
1973 年	本年袁隆平等學者首次培育成功強優勢的秈型雜交水稻，並開始大面積推廣應用。
1 月	國務院批准國家計委計畫從國外進口 43 億美元成套設備和單機的方案。
2 月	全國政協在京舉行紀念「臺灣二二八」的活動，是為 1966 年 8 月以來首次恢復活動。
3 月	根據毛澤東批示，恢復鄧小平黨組織生活和國務院副總理的職務。
4 月	國務院批轉國務院科教組《關於高等學校 1973 年招生工作的意見》，提出要「重視文化考查」，「保證入學學生有相當於初中畢業以上的文化程度」。
6 月	毛澤東接見馬里國家元首特拉奧雷，會談時第一次提出關

	於三個世界的理論。
8 月	《人民日報》全文轉載《一份發人深省的答卷》並加編者按，* 各地報刊旋均加轉載，指責高校招生進行文化考試是「復辟」。
	*《一份發人深省的答卷》出自遼寧省興城縣白塔公社棗山大隊下鄉知識青年張鐵生在大學招生考試交了「白卷」後利用試卷背面寫的一封信。張鐵生也因此信而成爲「交白卷」的反潮流英雄。
	中共中央批准《關於林彪反黨集團罪行的審查報告》，開除林彪、陳伯達等人黨籍。
	中國共產黨第十次全國代表大會在北京舉行。
	中共十屆一中全會選舉新的中央領導。江青、張春橋、姚文元、王洪文在政治局內結成「四人幫」。
9 月	北京大學、清華大學大批判組以「梁效」筆名發表《儒家和儒家的反動思想》。至 1976 年 10 月，「梁效」公開發表文章 181 篇，其中經「四人幫」點題授意的爲 36 篇。
1974 年 1 月	外交部抗議南越西貢當局的非法行爲，重申南沙群島、西沙群島、中沙群島和東沙群島都是中國領土的一部分。中國人民解放軍收復被南越軍強佔的西沙群島。
	中共中央轉發文件《林彪與孔孟之道》，批林批孔運動在全國展開。
2 月	竺可楨去世 (1890 ～ 1974 年)。竺可楨，浙江上虞人，著名地理學家、氣象學家和教育家。代表作有《遠東颱風的新分類》、《中國近五千年來氣候變遷的初步研究》等。
	毛澤東會見尙比亞總統卡翁達，會談中再次提出關於劃分三個世界的思想。

	4 月	《紅旗》雜誌轉載《孔丘其人》一文，以影射攻擊老一輩革命家。6 月，江青授意寫作班子要批「現在的儒」，江青在隨後的談話中暗示周恩來就是「現代的大儒」。此後，掀起一陣「評法批儒」的浪潮。
	5 月	大港油田建成。9 月，勝利油田建成。
	7 月	中共中央發佈通知，號召「抓革命，促生產」。
	8 月	自行設計製造的第一艘核動力潛艇「長征一號」正式編入海軍戰鬥序列。
	12 月	顧準去世（1915～1974 年）。顧準，上海人，經濟學家。著有《試論社會主義制度下的商品經濟和價值規律》、《從理想主義到經驗主義》等。
1975 年	1 月	鄧小平被任命爲中共中央軍委副主席兼中國人民解放軍總參謀長。中國共產黨十屆二中全會選舉鄧小平爲中共中央副主席、中央政治局常委。開始主持黨政軍日常工作。
	2 月	遼寧營口、海城一帶發生 7.3 級地震。
	3 月	國家計委在北京召開長遠規劃工作會議，討論各部門十年規劃。
	4 月	以「現行反革命」等罪名被長期關押的張志新慘遭殺害。1979 年遼寧省委爲張志新平反，並追認爲烈士。 蔣介石在臺北病逝（1887～1975 年）。
	7 月	中國第一條電氣化鐵路寶成鐵路正式通車。 秦始皇陵兵馬俑出土。
	8 月	河南駐馬店地區發生特大水災。
	9 月	《人民日報》發表社論《開展對〈水滸〉的評論》，公佈毛澤東對《水滸》的評論。此後，評《水滸》運動在全國展開。

11 月	中共中央在北京舉行「打招呼會議」，宣讀經毛澤東審閱批准的《打招呼的講話要點》。會後，開始所謂「批鄧、反擊右傾翻案風」。
12 月	中國第一顆返回式科學實驗衛星發射成功。 湖北雲夢縣睡虎地秦代古墓考古發掘，首次發現一千多枚秦簡。
1976 年 1 月	周恩來在北京逝世（1898～1976 年）。由毛澤東提議，經中共中央政治局通過，確定華國鋒任國務院代總理，主持中央日常工作。
2 月	中共中央召集各省市各大軍區負責人會議。華國鋒代表黨中央發言，指出「批鄧小平同志的修正主義錯誤路線」。
4 月 5 日	清明節，北京民眾自發到天安門廣場悼念周恩來，被誣為「反革命事件」遭到鎮壓，是為「四五運動」。事後，中共中央政治局通過了《關於撤銷鄧小平黨內外一切職務的決議》。
5 月	雲南龍陵、潞西一帶連續發生 7.3 級和 7.4 級強地震。
6 月	大連新港建成投產。
7 月	朱德在北京逝世（1886～1976 年）。 河北唐山地區發生 7.8 級強烈地震，累計死亡二十四萬餘人。
9 月	毛澤東在北京逝世（1893～1976 年）。
10 月	中共中央政治局對江青、張春橋、王洪文、姚文元實行隔離審查。全國各地舉行大規模遊行，慶祝粉碎「四人幫」。 中共中央政治局一致同意華國鋒任中共中央委員會主席、中共中央軍委主席。 中共中央、全國人大常委會、國務院、中央軍委決定建立毛主席紀念堂。紀念堂於 1977 年竣工落成。

12 月	中共中央批發《王、張、江、姚反黨集團罪證(材料之一)》，全國掀起揭批「四人幫」的群眾運動。
1977 年 1 月	包括煉油、化工、化肥和橡膠等產品的大型現代化綜合性石油化工企業山東勝利石油化工總廠建成投產。
2 月	《人民日報》等發表社論《學好文件抓住綱》，提出「兩個凡是」的方針——「凡是毛主席作出的決策，我們都堅決維護；凡是毛主席的指示，我們都始終不渝地遵循。」
3 月	中共中央工作會議在北京舉行。華國鋒講話強調「兩個凡是」的觀點。
4 月	全國工業學大慶會議先後在大慶、北京舉行。會議要求石油部門再創建十來個大慶油田。
5 月	鄧小平同王震等談話，指出「兩個凡是」不符合馬克思主義，應該「用準確的、完整的毛澤東思想來指導我們全黨、全軍和全國人民」。
7 月	中共中央十屆三中全會在北京舉行。會議通過恢復鄧小平領導職務的決議。 中共中央轉發中聯部、外交部《關於阿爾巴尼亞勞動黨發表反華文章和我處理意見的通報的請示》。
8 月	中國共產黨第十一次全國代表大會在北京舉行。會議宣告「文化大革命」結束，重申新時期黨的根本任務是在 20 世紀內把中國建設成為社會主義現代化強國。 第二次全國高等學校招生工作會議在北京召開，會議決定 1977 年高等學院招生工作恢復考試。
9 月	教育部發出通知，要求清除中小教材中「四人幫」及其餘黨的言論、文章、形象等。

10 月	新華社報導，數學家陳景潤論證「哥德巴赫猜想」獲得新成果。
	楊樂、張廣厚被中國科學院由研究實習員破格晉升為副研究員。此後，技術職稱制度開始恢復。
	國務院轉批教育部意見，決定高等學校招生實行包括應屆畢業生和各界適齡青年，自願報名，統一考試，擇優錄取的原則。
11 月	中共中央轉發教育部報告，決定從大、中、小學校撤出工宣隊，恢復學校正常的教學秩序。
	中國科學院和高等院校開始 1977 年研究生招生，中斷 10 年的研究生招生重新恢復。
12 月	中共中央任命胡耀邦為中央組織部長，開始在全國範圍內平反冤假錯案、落實黨的幹部政策。
1978 年　　1 月	經國務院批准，教育部發出《關於辦好一批重點中小學的試行方案的通知》。
2 月	教育部頒佈《全日制十年制中小學教學計畫試行草案》，規定全日制中小學學制為十年，小學五年，初中三年，高中二年，設置十四門課程，統一秋季始業。
	國務院轉發《教育部關於恢復和辦好全國重點高等學校的報告》，至 1981 年全國共有高等院校七百零四所。
3 月	中國科學大會在北京召開，鄧小平講話強調科學技術是生產力，為社會主義服務的腦力勞動者是勞動人民的一部分。
4 月	中共中央批准中央統戰部、公安部關於全部摘掉右派分子的請示報告，決定全部摘掉右派分子的帽子。對錯劃右派的改正工作至 1980 年基本結束。

	由中華書局組織，用新式標點點校的《二十四史》，歷二十餘年，全部出齊。
5 月	國務院批准國家計委《關於實行獎勵和計件工資制度的通知》。 《光明日報》發表《實踐是檢驗眞理的唯一標準》，各地報刊陸續轉載。由此，展開一場眞理標準問題的全國性大討論。 國務院成立引進新技術領導小組。12 月，又成立引進科技人才領導小組。 蔣經國任「中華民國總統」。
6 月	溝通我國西南和中南地區的重要交通幹線——襄渝鐵路建成通車。 郭沫若逝世（1892～1978 年）。郭沫若，四川樂山人。作家、詩人、歷史學家、考古學家、古文字學家，有《郭沫若全集》行世。
7 月	由於越南的反華排華，中國政府被迫停止對越的經濟技術援助。截至 1978 年，援越總值達 200 億美元。 外交部照會阿爾巴尼亞駐華大使，宣佈中國被迫停止對阿的經濟、軍事援助，撤回在阿工作的中國專家。
8 月	上海《文匯報》發表短篇小說《傷痕》，引起社會強烈反響，其後，出現大批同類的作品，被稱爲「傷痕文學」。 教育部發出《關於增選出國留學生的通知》，指出要向科技先進的國家擴大留學人員，學習理、工科（包括農、醫）有關專業。
9 月	中央領導提出建立勞動服務公司，負責就業介紹。其後，各地興辦各種勞動服務公司。
10 月	國務院召開全國知識青年上山下鄉工作會議。此後，各城

	市幫助部分知識青年回城，歷時二十餘年的城鎮知識青年上山下鄉結束。
	《中日和平友好條約》簽訂。
11 月	經中共中央政治局常務委員會批准，中共北京市委宣佈：1976 年清明節的所謂「反革命事件」，完全是革命行動，因此而受到迫害的同志，一律平反，恢復名譽。
	經國務院批准，在我國西北、華北北部、東北西部(簡稱三北)地區營造大規模防護林體系，並列爲全國重點建設專案。
12 月	國務院通知改用《中文拼音方案》作爲中國人名、地名羅馬字拼寫的統一規範。
	中共中央十一屆三中全會在北京進行，會議批判「兩個凡是」觀點，決定撤銷關於「反擊右傾翻案風」運動和天安門事件的錯誤檔，確定黨和國家的工作重點是社會主義現代化建設。
	上海寶山鋼鐵總廠動工興建。
	安徽鳳陽縣梨園公社小崗生產隊農民將集體耕地承包到戶，時稱「包產到戶」。其後(1981 年 10 月)全國農村工作會議的《會議紀要》肯定包產到戶等都是社會主義集體經濟的生產責任制。至 1983 年底，全國 90%以上的農戶實行以家庭經營爲主的聯產承包責任制。
	據最高人民法院統計，「文革」中冤假錯案，已複查 241000 件，占總數的 83%；已糾正 35800 件，占複查的 54%。
1979 年 1 月	《人民日報》發表題爲《把主要精力集中到生產建設上來》元旦社論。
	《中華人民共和國人民代表大會常務委員會告臺灣同胞書》

	發表，並宣佈即日起停止對金門等島嶼的炮擊。 中美兩國正式建交。 《浙江日報》開展「鐵飯碗」問題的討論，引起社會的極大反響。 中共中央決定，對地、富、反、壞、右（除極少數堅持反對立場外），一律摘掉帽子。中央統戰部在北京召開會議，指示要進一步落實「文革」中民族資本家被查抄的錢、財、物及被扣薪金、被占房屋等問題。
2 月	鄧小平訪問美國。 中國邊防軍在廣西、雲南邊境對越南侵入軍隊進行自衛反擊。
3 月	國務院決定自 3 月起，提高糧、油、豬等 18 種主要農副產品的收購價格。 中共遼寧省委召開大會，爲張志新徹底平反，追認她爲革命烈士。 國務院正式批准廣東省寶安縣改爲深圳市、珠海縣改爲珠海市。 鄧小平在「理論工作務虛會」上提出「堅持四項基本原則」（必須堅持社會主義道路，必須堅持無產階級專政，必須堅持共產黨的領導，必須堅持馬列主義、毛澤東思想）。
5 月	國務院正式確認，聚居於雲南的基諾人爲我國的一個單一少數民族。至此，被正式確認的單一民族共有五十五個。
6 月	財政部頒發《國營企業固定資產實行有償調撥的試行辦法》。
7 月	人大公佈《中國人民共和國地方各級人民代表大會和地方各級人民政府組織法》、《中國人民共和國全國人民代表大會和地方各級人民代表大會選舉法》、《中華人民共和國法院

	組織法》、《中華人民共和國檢察院組織法》、《中國人民共和國刑事訴訟法》和《中華人民共和國中外合資經營企業法》。國務院發出《關於頒發中華人民共和國標準化管理條例的通知》。
8 月	越南國會常務委員副主席黃文歡因在其國內受迫害，至北京定居。 國務院批准《關於基本建設投資試行貸款的報告》和《基本建設貸款試行條例》，決定基本建設投資由財政撥款改為銀行貸款。 李濟逝世（1896～1979 年）。李濟字濟之，湖北鍾祥人。被譽為「中國考古學之父」，著有《西陰村史前遺存》、《中國文明的開始》、《安陽》及《李濟文集》等。
9 月	根據中美兩國政府協定，中國銀行負責收回被美國政府凍結的中國資產。 中蘇國家關係談判預備會議在莫斯科舉行。
10 月	中共中央批准中央統戰部《關於地方民族主義分子摘帽問題的請示》。 中共中央、國務院發出通知，自今年 11 月起給全國 40% 的職工升級、增加工資。
11 月	中共中央發出《關於對去台人員在大陸親屬政策的通知》，規定有關親屬應平等相待，不得歧視，正常通信、通電不得干預。 北京高院審理魏京生上訴案，魏因犯向外人提供軍事情報及煽動推翻無產階級專政的政權和社會主義制度的反革命罪，被判處有期徒刑十五年。

	海洋石油勘探局「渤海二號」站井船在渤海翻船，造成重大事故。 中國奧會恢復在國際奧會中的席位。
12 月	鄧小平會見日本首相大平正芳，提出「小康」的概念；實行中國式的四個現代化，達成「小康之家」，實現國民生產總值每人平均一千美元。 北京市革命委員會發出通知，凡在自己所在單位以外張貼的大字報，一律改在月壇公園內的大字報處張貼，禁止在「西單牆」和其他地方張貼。 首次評選最佳運動員，至本月底，被評出的運動員為：陳肖霞、陳偉強、葛新愛、吳數德、容志行、聶衛平、欒菊傑、鄒振先、宋曉波、吳忻水。
1980 年 1 月	中國外交部發表《中國對西沙群島和南沙群島的主權無可爭辯》文件。 國務院轉批國家經委、財政部《關於國營工業企業利潤留成試行辦法》。 中共中央、國務院批准專項撥款為高級知識份子建設住宅。
2 月	劉少奇冤案徹底平反。 五屆全國人大第十三次會議通過《關於縣級直接選舉工作問題的決定》。
3 月	第一個植樹節(*每年 3 月 15 日*)。 《人民日報》報導：中共中央宣傳部、組織部聯合發出《關於加強幹部教育工作的意見》，指出加強幹部教育已是當務之急，爭取三、五年內把自己管理的幹部輪訓一遍。
4 月	國務院授權中國銀行在國內發行外匯兌換券。至 1995 年 1

	月 1 日，外匯兌換券停止流通。 中共中央國務院聯合發出《關於加強物價管理，堅決制止亂漲價和變相漲價的通知》。 國際貨幣基金組織正式決定恢復中國在該組織的代表權。 中共中央政治局通過《關於喪失工作能力的老同志不當十二大代表和中央委員會候選人的決定》，這是廢除實際存在的幹部職務終身制的重要步驟。 據新華社報導，目前中國人口平均壽命為 68.2 歲。
5 月	中國政府重申大陸架主權。 中國第一枚運載火箭發射成功。
6 月	科學家彭加木（1925～1980 年）在新疆羅布泊考察時遇難。
7 月	郵電部決定推廣「郵遞區號」制度。 國務院轉批《關於落實宗教團體房產政策問題的報告》。中共中央向全黨發出《關於堅持少宣傳個人的幾個問題的指示》。
8 月	第五屆全國人民代表大會常務委員會第十五次會議在北京舉行，批准在廣東的深圳、珠海、汕頭設置經濟特區。會議還通過《中華人民共和國律師暫行條例》，律師制度得以恢復。 鄧小平在中共中央政治局作《黨和國家領導制度的改革》講話，指出現行制度存在的官僚主義、權力過於集中、家長制、幹部領導職務終身制等各種弊端必須改革。 國務院批准衛生部《關於允許個體開業行醫問題的請示報告》。
9 月	中共中央發出《關於控制我國人口增長問題致全體共產黨員、共青團員的公開信》，號召一對夫婦只生一個孩子。

	中共中央發出《關於進一步加強和完善農業生產責任制的幾個問題》，黨肯定 1978 年以來的農業生產責任制(也稱「包產制」)。此後，包產制成為農村普遍實行的生產管理體制。《個人所得稅法》公佈，規定工資、薪金所得按每月收入減除 800 元，超出部分納稅。
10 月	外交部照會蘇聯駐華大使，就蘇聯武裝人員侵入我內蒙古自治區製造流血事件提出強烈抗議。 中國正式加入《海牙公約》和《蒙特利爾公約》。 電影藝術家趙丹去世(1915 ～ 1980 年)。趙丹原名趙鳳翔，祖籍山東肥城。代表作有《十字街頭》、《馬路天使》、《林則徐》等。 北京車站發生爆炸案。 從日本引進第一條彩電生產線。
11 月	國家人事局在北京召開全國夫妻分居幹部調整會議，協商調整 2.2 萬多名幹部，尚有三十萬對有待解決。 最高人民法院特別法庭開庭公審林彪、江青反革命集團。 國務院發出《關於緊縮基本建設支出的緊急通知》。
12 月	國務院正式批准成立廈門經濟特區。 國務院發出《關於嚴格控制物價、整頓物價的通知》。 中國佛學院在北京舉行開學典禮，停辦 14 年的中國佛學院恢復。 顧頡剛逝世(1893 ～ 1980 年)，顧頡剛，原名誦坤，字銘堅，江蘇蘇州人。歷史學家。曾編著《古史辨》，代表作有《五德終始說下的政治與歷史》等。 國務院發出《關於嚴格控制派遣團、組出國和邀請外賓來訪的通知》。

1981 年 1 月	國務院批准教育部關於高等教育自學考試試行辦法的報告，並決定在北京、天津、上海等地試行。
	國務院批轉教育部等《關於自費出國留學的暫行規定》。
	國務院發佈《中華人民共和國國庫券條例》，是年開始在國內發行國庫券。
2 月	中共中央、國務院發出《關於處理非法刊物和非法組織的有關問題的指示》。
	全國總工會等九個團體聯合發出《關於開展文明禮貌活動的倡儀》，其後，「五講四美」活動逐步在全國展開。*
	*「五講」即講文明、講禮貌、講衛生、講秩序、講道德；「四美」即心靈美、語言美、行為美、環境美。
3 月	國家計委、建委和財政部聯合發出《關於制止盲目建設、重複建設的幾項規定》。
	茅盾去世（1896～1981 年）。茅盾原名沈德鴻，字雁冰，浙江桐鄉人。作家，社會活動家。著有小說《子夜》等，有《茅盾文集》行世。
4 月	國務院轉發《關於組織城鎮職工、居民建造住宅和國家向私人出售住宅經驗交流會情況的報告》，併發通知指出必須調動個人建造和購買住宅的積極性。
	《解放軍報》發表《四項基本原則不容違反──評電影文學劇本〈苦戀〉》，認為它是文藝領域資產階級自由化的典型表現。
5 月	國務院批准實施《中華人民共和國學位條例暫時施行辦法》。
	中共中央政法委員會在北京召開北京、天津、上海、廣州、武漢五大城市治安工作座談會。
	宋慶齡逝世（1893～1981 年）。

6 月	中共十一屆六中全會在北京舉行，會議審議和通過了《關於建國以來黨的若干歷史問題的決議》，是為中國共產黨第一次全面總結建國以來歷史經驗的重要文獻。
6 月～9 月	四川、陝西遭受洪澇災害。
7 月	國務院發出《關於制止商品流通中不正之風的通知》。 中共中央紀委發出通知，要求嚴格執行黨的紀律，杜絕「關係戶」不正之風。
8 月	國民黨空軍少校飛行考官黃植誠駕機回歸祖國大陸。 國務院在北京召開廣東、福建、浙江三省打擊走私工作會議。
9 月	國務院批轉財政部《關於改造工商稅制的設想》，把現行工商稅分為產品稅、增值稅、營業稅和鹽稅，開徵資源稅和利潤調節稅。改革後全國共開徵二十種稅。
10 月	中共中央紀委發出通報，要求剎住部分黨員幹部利用職權非法蓋私房的不正之風。 中共中央國務院作出《關於廣開門路，搞活經濟，解決城鎮就業問題的若干決定》。
11 月	國務院發出《關於嚴格執行工人退休、退職暫行辦法的通知》。
12 月	國務院發出《關於嚴格控制農村勞動力進城做工和農業人口轉為非農業人口的通知》。 中央紀委發出通報，要求各地採取堅決措施，剎住揮霍公款、請客送禮、搞「關係戶」的歪風。
1982 年 1 月	中共中央發出《緊急通知》，傳達中央常委關於對一些幹部走私販私、貪污受賄，把國有財產竊為己有等嚴重違法犯罪行為採取緊急措施的指示。

2 月	中共中央頒發《關於建立老幹部退休制度的決議》，此為廢除領導幹部終身制的重大措施。
4 月	國務院發出《關於嚴禁在招收、調配職工工作中搞不正之風的通知》。 中共中央國務院發出《關於打擊經濟領域中嚴重罪犯活動的決議》，其後，開始了一場打擊經濟領域嚴重犯罪活動的鬥爭。 中國民航 266 號客機在廣西上空失事，共 112 名乘客和機組人員全部遇難。 國務院發出《關於制止企業職工從事不正當經濟活動牟取額外收入問題的通知》。
5 月	馬寅初去世(1882～1982 年)。馬寅初，浙江嵊縣(今嵊州)人。經濟學家、人口學家。著有《新人口論》等。 國務院公佈並施行《國家建設徵用土地條例》。國家計委、國家統計局發出《關於沿海和內地劃分問題的通知》。
6 月	國務院召開東南沿海三省第三次打擊走私工作會議。 在押的原國民黨縣團以下黨政軍特人員全部寬大釋放完畢。
7 月	第三次人口普查完成，全國總人口為 1031887961 人。 鄧小平在中共中央政治局擴大會議上提出，設顧問委員會是廢除領導職務終身制的過渡辦法。9 月，選出中央顧問委員會 172 人，鄧小平任顧問委員會主任。 外交部第一亞洲司司長約見日本駐華大使，要求日方糾正歷史教科書中的錯誤。 五名歹徒暴力劫持中國民航 2505 次航班，被機組人員制伏，班機安全著陸。

建設有中國特色的社會主義　一國兩制

8 月	中美兩國政府就分步驟直到全部解決美國向臺灣出售武器問題達成協議，並發表聯合聲明。 中共中央紀委發出《堅決糾正分配住房中的不正之風的通知》。
9 月	中共十二次全國代表大會在北京舉行，鄧小平致開幕詞，提出「建設有中國特色的社會主義」。 國務院批准國家物價局等《關於逐步放開小商品價格實行市場調節的報告》。 鄧小平會見英國首相柴契爾夫人時，第一次明確提出了「一國兩制」的概念。 黃金飾品在國內市場恢復銷售。
11 月	第五屆全國人大第五次會議批准了發展國民經濟和社會發展第六個五年計畫(1981～1985 年)，計畫新增了社會發展的內容。
12 月	第五屆全國人大第五次會議通過頒佈第四部《中華人民共和國憲法》。 中共中央發出《關於清理領導班子中的「三種人」問題的通知》。* *「三種人」即「文革」期間追隨林彪、江青反革命集團造反起家的人、幫派思想嚴重的人、打砸搶分子。
1983 年 1 月	鄧小平與國家計委等負責同治談話，指出勤勞致富是正當的，「當允許一部分人先富裕起來，一部分地區先富裕起來」。
2 月	國務院發佈《城鄉集市貿易管理辦法》，是為新中國的第一部集貿市場管理法規。 中央紀委向全國黨政機關、事業單位各級領導發出公開信，要求堅決制止黨員、幹部在建房分房中的歪風。

3 月	勞動人事部近日發出通知，要求積極地有步驟地推行勞動合同制。
	全國利改稅工作會議在北京舉行。會議決定自 6 月起國營企業全國實行利改稅。
4 月	中國人民武裝員警部隊成立。
	張大千逝世（1899～1983 年）。大千原名正權，四川內江人。國畫家。代表作有《長江萬里圖》等。
5 月	武裝暴徒卓長仁等劫持中國民航 296 號班機至韓國首爾。
6 月	國營企業實行利改稅，即由原先企業上交利潤改為企業按國家稅種、稅率交納稅金。
	國務院批准文化部《關於嚴禁私自組織演員進行營業性演出的報告》。
	鄧小平會見美國新澤西州西東大學教授楊力宇，談實現中國大陸和臺灣和平統一的設想。
	6 至 7 月，安徽省淮北地區遭受特大雨澇災害。
7 月	深圳市寶安縣聯合投資公司成立，在深圳首次公開發行股份證。
	國家安全部成立。
	中共中央辦公廳轉發公安部《關於給四類分子摘帽子的請示報告》，* 批語此項工作望於 1983 年底前結束。
	陝西省安康縣城遭受特大洪水災害。
	* 指建國初期對地主、富農、反革命和壞分子的統稱。
8 月	中共中央國務院作出《關於引進國外智力以利四化建設的決定》。
9 月	中共中央紀委在北京召開全國打擊經濟領域嚴重犯罪活動

		工作會議。
		引灤入津工程竣工。
		經全國人大決定，成立審計署，實施審計制度。
		溝通南北疆西部的交通幹線天山公路建成。
	10 月	中共十二屆二中全會在北京進行，會議通過《中共中央關於整黨的決定》，會議又討論了抵制和清除精神污染問題，要求各級領導重視和開展清除精神污染的鬥爭。
		中共中央國務院發出《關於實行政社分開，建立鄉政府的通知》，此後，鄉政府在各地陸續建立，人民公社體制廢除。
	11 月	國務院發出《關於制止買賣、租賃土地的通知》。
	12 月	國務院發出《關於嚴格控制城鎮住宅標準的規定》。
		國務院發出《關於建立民族鄉問題的通知》。
		商業部通告全國開始對棉布、絮棉敞開供應，取消布票。
1984 年		中國工商銀行正式成立。
	1 月	胡喬木在中央黨校作《關於人道主義和異化問題》的報告。
	2 月	3000 名日本各界青年來華參加中日青年友好聯歡活動。
		國務院發佈《關於在我國統一實行法定計量單位的通知》。
	3 月	中共中央書記處、國務院召開沿海部分城市座談會。會議確定進一步開放大連、秦皇島、天津、煙臺、青島、連雲港、南通、上海、寧波、溫州、福州、廣州、湛江、北海等 14 個沿海港口城市。
	4 月	據新華社報導，國內一些大中城市出現了一種新的市場形式農副產品批發市場。
		中國用「長征 3 號」液體火箭成功發射一顆同步試驗通信衛星。

	國家城鄉建設環境保護部決定，今後一般工程建設都實行招標。 國務院發佈和施行《中國人民共和國居民身分證試行條例》。次年，居民身分證制度開始實施。
5 月	第一條高原鐵路橫貫柴達木盆地的西（寧）格（爾木）鐵路通車。 第十三號主席令，決定公佈《中華人民共和國民族區域自治法》。
6 月	國務院批准教育部《關於在部分全國重點高等院校試辦研究生院的請示報告》決定先在北大、人大、清華大學等試辦。 朱建華在聯邦德國舉行的國際跳高比賽中，跳過 2.39 公尺的高度，成為他一年內第三次打破男子跳高世界紀錄。 中美合資建造的我國第一座玻璃外牆高層建築北京長城飯店建成開業。 鄧小平會見香港工商界訪京團，談「一個國家，兩種制度」的設想。
7 月	中共中央國務院發出《關於黨政機關在職幹部要不要與群眾合辦企業的通知》。 中國人民銀行宣佈，自 1985 年起，基本建設投資一律實行貸款制。 新中國第一家股份公司北京天橋百貨股份有限公司成立。 許海峰獲得第二十三屆奧運會男子自選手槍射擊冠軍，實現奧運會金牌榜上「零」的突破。
10 月	金岳霖逝世（1895～1984 年）。金岳霖字龍蓀，湖南長沙人。哲學家、邏輯學家。代表作有《論道》、《知識論》等。

	中共十二屆三中全會在北京舉行，會議確定中國社會主義經濟是公有制基礎上的有計畫商品經濟，並要求建立多種形式的經濟責任制。
11 月	據新華社報導：最後一批 79000 多名「地、富、反、壞、右」摘帽工作結束。至此，對建國以來二千多萬名四類分子的教育改造勝利完成。
	中共中央國務院發出《嚴格控制成立全國性組織的通知》。
12 月	中共中央國務院發出《關於嚴禁黨政機關和黨政幹部經商、辦企業的決定》。
	《中華人民共和國政府和大不列顛及北愛爾蘭聯合王國政府關於香港問題的聯合聲明》在北京正式簽署，《聲明》規定中華人民共和國政府於 1997 年 7 月 1 日對香港行使主權。
1985 年 1 月	鄧小平《建設有中國特色的社會主義》一書在全國發行。
	中共中央國務院發佈《關於進一步活躍農村經濟的十項政策》，將農產品的統派購制度改為實行合同定購和市場收購。
	國務院決定，從今日起國營企業的廠長（經理）實行任期制。
	國務院頒發《關於自費出國留學的暫行規定》，凡我國公民個人不受學歷、年齡和工作年限的限制，均可申請到國外上大學、作研究生或進修。
	六屆全國人大常委會第九次會議，決定設立教師節（每年 9 月 10 日）。
4 月	國務院發出《關於嚴格控制引進彩色電視機裝配線和彩色顯像管生產線的通知》。
5 月	中共中央、國務院發出《關於禁止領導幹部的子女、配偶經商的決定》。

	鄧小平在中央軍委擴大會議上講話，宣佈中國人民解放軍減員 100 萬。
6 月	《人民日報》公開揭露《觸目驚心的福建晉江假藥案》，引起極大的震動。 首次全國法制宣傳教育工作會議在京召開，會議通過《關於向全體公民基本普及法律常識的五年計畫》。 華羅庚在日本東京逝世（1910～1985 年）。華羅庚，江蘇金壇人。數學家，在解析數論、典型群等研究領域有開創性貢獻，著有《堆疊素數論》、《數論導論》、《典型群》等。
7 月	中紀委等聯合調查組經調查後公佈海南倒賣汽車案，有關黨政幹部給予撤職處分。 中共中央辦公廳國務院辦公廳發出《關於黨政機關幹部不兼任經濟實體職務的補充通知》。 中共中央紀委批准對因連續觀看、購買淫穢片的雲南農牧漁業廳副廳長向東升開除黨籍的紀律處分。
10 月	中共中央國務院發出《關於制止向農民亂派款、亂收費的通知》。
11 月	中共中央國務院辦公廳發出《關於解決當前機關作風中的幾個嚴重問題的通知》，要求 1985 年冬至 1986 年春主要解決爭相購買更換進口轎車、濫派人員出國、公款旅遊等不正之風。
1986 年 1 月	外經貿部宣佈，至 1985 年底，全國已興辦中外合資企業 2300 多個，簽訂對外借款協議額 35.5 億美元，外商直接投資合同額 58.5 億美元，商品信貸合同 3.6 億美元。 公安部宣佈，中國對外國人開放的地區，已達 244 個。

2 月	中共中央國務院發出《關於進一步制止黨政機關和黨政幹部經商、辦企業的規定》。
3 月	中國人民解放軍福建部隊發言人宣佈,已奉命於 4 月起停止向臺灣和金門馬祖諸島空飄海飄宣傳品。 第六屆全國人民代表大會在北京進行,大會通過關於發展國民經濟和社會發展第七個五年計畫(1986～1990 年)。
4 月	中共中央辦公廳、國務院辦公廳發出關於在全國範圍實行夏時制的通知,決定自 5 月 4 日起至 9 月 4 日止全國實行夏時制。夏時制於 1992 年暫停實行。
6 月	中國外交部就日本文部省教科書審議會審定新編高中日本史教科書嚴重歪曲史實的問題向日方提出嚴正交涉。 中共中央辦公廳、國務院辦公廳發出《關於進一步加強中小學危房修繕和改造的通知》,力爭兩三年內,使全部中小學校舍面貌有顯著改變。 國務院轉發國家語言文字工作委員會《關於廢止〈第二次漢字簡化方案(草案)〉和糾正社會用字混亂現象的請示》。
7 月	中國國內衛星通信網正式建成。 鄧稼先逝世(1924～1986 年),著名核子物理家,原子彈、氫彈「兩彈」元勳。
8 月	瀋陽市人民政府宣佈連續虧損十年、資不抵債的瀋陽防爆器械廠破產處理方法,是為新中國首家被宣佈倒閉的國營企業。11 月,六屆全國人大常委第十八次會議通過《中華人民共和國破產法(試行)》。
9 月	就中蘇問題、中美關係、大陸與臺灣的統一問題等,鄧小平接受美國哥倫比亞廣播公司記者邁克‧華萊士電視採訪,

	鄧小平還對現行政策的連續性，提倡廢除領導幹部職務終身制等闡述自己的看法。 中共十二屆六中全會在北京舉行，全會通過《中共中央關於社會主義精神文明建設指導方針的決議》。
10 月	國務院發佈施行《關於鼓勵外商投資的規定》。
11 月	公安報發言人宣佈：中國政府再增加 192 個市、縣爲對外國人開放地區。至此，中國對外國人開放的地區達 436 個。 新華社報導：1986 年鄉鎮企業總產值首次超過農業總產值。
12 月	針對部分高校少數學生上街遊行一事，《人民日報》先後發表《珍惜和發展安定團結的政治局面》社論和《政治體制改革只能在黨的領導下進行》評論員文章。
1987 年 1 月	《人民日報》發表元旦獻詞：《堅持四項基本原則是搞好改革、開放的根本保證》，又發表社論《旗幟鮮明地反對資產階級自由化》。 個人收入調節稅開徵。 中共中央發出《鄧小平同志關於當前學生鬧事問題的講話要點》通知及《關於當前反對資產階級自由化若干問題的通知》，其後，在國內開展一場堅持四項基本原則，反對資產階級自由化的鬥爭。 有關部門開除方勵之、王若望、劉賓雁黨籍，撤銷方勵之中國科技大學副校長職務。 中共中央政治局舉行擴大會議，決定同意接受胡耀邦辭去黨中央總書記職務的請求，推選趙紫陽代理黨總書記。（10月）上述決定經中共十二屆七中全會確認。

2 月	鄧小平與中央領導談話時指出,計畫和市場都是方法,只要對發展生產力有好處,就可以利用。
4 月	《中華人民共和國政府和葡萄牙共和國政府關於澳門問題的聯合聲明》在北京正式簽署,聲明宣佈中華人民共和國於 1999 年 12 月 20 日對澳門恢復行使主權。 最高人民檢察院發出通知,要求各級檢察機關積極查處偷稅抗稅案件。
5 月	國內最長的雙線鐵路隧道大瑤山隧道貫通。大瑤山隧道全長 12,295 公里,居世界十大隧道之列。 黑龍江大興安嶺林區發生特大火災。 原江西省委副書記、省長倪獻策被開除黨籍,並因徇私舞弊罪被判處有期徒刑兩年。
6 月	中共中央紀委作出《關於堅決查處共產黨員索賄問題的決定》。
7 月	蔣經國發佈「總統令」稱,臺灣和澎湖地區自 7 月 15 日起解除戒嚴,廢除因實施戒嚴而制定的相關法規、條例。 公安部發言人宣佈,新增 16 個市、縣為外國人開放地區,至此,全國開放地區總數達 452 個。 計生委員會發言人通報:1986 年全國大陸總人口達到 10.5721 億人。
9 月	臺灣《自立晚報》記者李永得、徐璐結束在大陸的採訪回臺。是為臺灣記者首次到大陸採訪。
10 月	西藏拉薩市發生少數分裂主義分子蓄意製造的嚴重騷亂。 臺灣國民黨中央常務委員會通過臺灣居民到大陸探親的方案,國務院辦公廳旋公佈《關於臺灣同胞來祖國大陸探親旅

	遊接待辦法的通知》，中斷 38 年之久的海峽兩岸親屬往來得以恢復。 國家工商行政管理局和中國消費者協會聯合舉辦第一屆全國打擊假冒行爲、保護名優商品展覽會在北京舉行。 中共第十三次全國代表大會在北京舉行，大會系統闡述了社會主義初級階段的理論，確定了黨在初級階段的基本路線是「一個中心，兩個基本點」（即以經濟建設爲中心，堅持四項基本原則，堅持改革開放）。 雜交水稻專家袁隆平獲 1986 年至 1987 年度聯合國教科文組織頒發的科學獎。
11 月	中共十三大決定逐步實行公務員制度。 香港中國旅行社首次發出臺胞赴大陸新旅行證。臺胞陸續從廣州入境赴內地探親。 國務院決定提高中小學教師工資 10%。
12 月	南京集會悼念 50 年前遇難的 30 多萬同胞。 廣東深圳公開拍賣一塊國有土地使用權，是爲新中國第一次有償轉讓土地使用權。
1988 年 1 月	城鄉建設環境保護部宣佈，1987 年新設城市 30 個。至此，全國城市共有 381 個，城市人口達 2.6 億。 蔣經國逝世（1910 ～ 1988 年）。 中國民航西南航空 222 號客機發生空難事故，108 人罹難。 中國人民銀行決定擴大外匯調劑範圍，是年起，取消用外匯控制指標，進一步開放外匯市場。 昆滬線 80 次特快列車發生顛覆事故。上海地區爆發甲型肝炎，延續到 7 月中旬，全市發病總人數三十七萬餘例。

2 月	國務院印發《關於全國城鎮分期分批推行住房制度改革的實施方案》，城鎮住房由統包統建、實物分配、低房租、高補貼逐步改為住房生產、分配、交換、消費納入有計畫的商品經濟軌道，是為中國住房制度全面改革的開始。 新華社報導，中共中央決定成立中共中央政治體制改革研究室，負責政治體制改革實施過程中的綜合研究和協調工作。
3 月	少數分裂分子在拉薩市蓄意製造騷亂。 中國大陸首個試管嬰兒誕生。 越南艦艇在南沙群島赤瓜礁海面向護送科考人員的中國軍艦開火，中國艦艇予以還擊，並擊沉越艦兩艘。是為中越「三一四」海戰。 國務院發出《關於進一步擴大沿海經濟開放區範圍的通知》，決定適當擴大沿海經濟開放區，新劃入沿海經濟開放區的有 140 個市、縣，包括杭州、南京、瀋陽等省會城市。
4 月	國務院發出《關於試行主要副食品零售價格變動給職工適當補貼的通知》，列入補貼範圍的品種限於肉、大路菜、鮮蛋和白糖四種。 中共海南省委員會和海南省人民政府正式掛牌。8 月，海南省人民政府成立。 中共中央軍委頒發《中國人民解放軍文職幹部暫行條例》。8 月起，在全軍正式施行。
5 月	《人民日報》報導：大陸現有 60 歲以上老人 9 千萬。至 2000 年，中國將步入「老年型」國家。 沈從文去世(1902～1988 年)。沈從文，湖南鳳凰人。苗族。作家。代表作有《邊城》等。

6 月	中央發出《關於黨和國家機關必須保持廉潔的通知》，強調在改革開放繁榮經濟的同時，保持廉潔，防止腐敗。
	國家計畫委員會成立，主要職能是進行宏觀調控；從經濟總量和結構上做好計畫綜合平衡與宏觀調節和控制。
	梁漱溟逝世（1893～1988 年）。梁漱溟，廣西桂林人。現代新儒家的早期代表，曾發起鄉村建設運河，著有《東西文化及其哲學》、《鄉村建設理論》等。
	國務院發佈《中華人民共和國私營企業暫行條例》，確定私營經濟是社會主義公有制經濟的補充，宣佈國家保護私營企業的合法權益。
7 月	七屆全國人大常委會第二次會議通過《中國人民解放軍軍官軍銜條例》，10 月起實行新的軍銜制。12 月發佈《中國人民武裝員警部隊實行警官警銜制度的具體辦法》。
	國務院正式公佈《關於鼓勵臺灣同胞投資的規定》。
	農業部組織實施「菜籃子工程」，以促進城鄉副食品供應。
	中共中央軍委召開駐京部隊文職幹部大會。解放軍歷史上首次出現一支 10 多萬人的文職幹部隊伍。
	7 至 8 月，因傳言全面漲價，全國各地出現搶購風潮。
8 月	國務院批准國家統計局提出的《關於我國農業、非農業人口劃分標準的試行方案》。
	《人民日報》報導：中國對外承包工程遍及 117 個國家和地區，在外勞務人員達 57000 人。
9 月	中國人民銀行發佈關於開辦人民幣長期保值儲蓄存款的公告。
	臺灣第一艘探親船抵滬。
	鄧小平在聽取關於價格和工資改革初步方案回報時談話指

	出「科學技術是第一生產力」。 中國自行研製的核潛艇從水下向預定海域發射運載火箭的試驗獲得圓滿成功。 第二十四屆夏季奧林匹克運動會在韓國首爾舉行，中國運動員共獲得金牌 5 枚、銀牌 11 枚、銅牌 12 枚。 新華社報導：我國藝術表演團體將逐步實行「雙規制」。
10 月	中共中央國務院發出《關於清理整頓公司的決定》，決定規定取消公司的政府行政職能，各級機關不得以行政費、事業費開辦公司，黨和國家機關幹部不得經商辦企業。 國務院作出《關於加強物價管理嚴格控制物價上漲的決定》，包括「堅決穩定群眾生活基本必需品的價格」等九條規定。 國家教委頒佈《全國各類成人高等學校招生考試大綱（試用本）》，是我國第一部考試大綱。 首屆全國城市運動會在山東濟南舉行。
11 月	新華社報導：臺灣「行政院大陸工作會報」開會決定，自 11 月 9 日起，開放大陸同胞赴臺探病奔喪。 全國最長最先進的轎車生產線——中外合資上海大眾汽車有限公司建成投產，7 分鐘即可支配一輛桑塔納。 雲南思茅地區連續兩次發生七級以上地震，受災總人口五百餘萬。 中國、蒙古兩國政府簽署關於中蒙邊界制定和處理邊境問題條約。
12 月	上海延安東路黃浦江隧道經過 4 年的施工，正式建成通車。
1989 年	葛洲壩水利樞紐工程建成。
1 月	南京長江油運公司兩艘油駁在湖北洪湖市新灘口附近起火

	爆炸，是長江航運史上最大的一起火災。
	第十世班禪額爾德尼・確吉堅贊去世 (1938 ～ 1989 年)。
2 月	中共中央辦公廳、國務院辦公廳發出關於清理黨和國家機關在公司 (企業) 兼職有關問題的通知。
	七屆全國人大常委會第六次會議舉行，會議通過《中華人民共和國香港特別行政區基本法 (草案)》的決議。
	鄧小平在會見來華訪問的美國總統喬治・布希時指出，中國的問題，壓倒一切的是需要穩定。沒有穩定的環境，什麼都搞不成，已經取得的成果也會失去。
3 月	少數分裂主義分子打著「西藏獨立」的旗幟上街遊行，在拉薩製造騷亂。
4 月	胡耀邦逝世 (1915 ～ 1989 年)。
	衛生部通報 1988 年全國衛生監督工作情況和傳染病疫報告，此為我國首次發佈疫情報告。
	《人民日報》發表題為《必須旗幟鮮明地反對動亂》的社論。
5 月	北京高校數百名學生到天安門廣場絕食請願，並遞交《絕食宣言》，隨著遊行人數的增加，李鵬簽署國務院關於北京市部分地區實行戒嚴令。自 1989 年 5 月 1 日 10 時起在北京市部分地區實行戒嚴 (次年 1 月 1 日戒嚴解除)。
	蘇聯共產黨中央委員會總書記戈巴契夫訪問中國，中蘇兩國、兩黨實現關係正常化。
6 月	中共中央國務院發表《告全體共產黨員和全國人民書》。
	中共十三屆四中全會在北京舉行，全會決定撤銷趙紫陽中央委員會總書記等職務，推選江澤民為中央委員會總書記。
7 月	中共中央國務院在轉發國家教委《關於高等學校工作中幾個

	問題的意見》的通知中指出，培養什麼樣的人始終是教育戰線的根本問題。 中共中央政治局全體會議通過《中共中央國務院關於近期做幾件群眾關心的事的決定》。近期要做的事是：進一步清理整頓公司；堅決制止高幹子女經商；取消對領導同志食品「特供」；嚴格按規定配車，嚴格禁止進口小轎車；嚴格禁止請客送禮；嚴格控制領導幹部出國；嚴肅查處貪污、受賄等犯罪案件等。
8 月	國家審計署公佈對「康華」等公司的審計結果和處理決定，決定沒收其非法所得，並處以罰款和補繳稅金。 最高人民法院、最高人民檢察院發佈《關於貪污、受賄、投機倒把等犯罪分子必須在限期內自首坦白的通告》。 國務院召開電話會議，對全國整頓清理書報刊和音像市場工作進行動員部署。由此開展了全國性的「掃黃」運動。
9 月	鄧小平與中央幾位負責同志談話，提出自己退休時間（五中全會）和方式（越簡單越好）問題。 中共中央轉發中央組織部《關於在部分單位進行黨員重新登記工作的意見》。最高人民法院、最高人民檢察院發佈《關於不再追訴去臺人員在中華人民共和國成立後當地人民政權建立前的犯罪行為的公告》。
10 月	第七屆全國人民代表大會常務委員會第十次會議通過《中華人民共和國集會遊行示威法》。
11 月	中共十三屆五中全會在北京召開。全會審議並通過《中共中央關於進一步治理整頓和深化改革的決定》。討論並通過《中國共產黨十三屆五中全會關於同意鄧小平同志辭去中共中

	央軍事委員會主席職務的決定》。
	外交部約見美駐華大使，抗議美國眾議院、參議院不顧中國政府多次反對，通過關於「制裁」中國的國務院授權法修正案。
	引黃濟青(將黃河水引向青島)工程正式通水。
	我國第一個通過社會集資、旨在救助貧困地區失學少年的基金建立，此項事業命名為「希望工程」。
1990 年 1 月	全國經濟體制改革工作會議在北京召開，會議提出要完善發展承包經營責任制、繼續實行和完善廠長責任制等七條主要措施。
	李鵬簽署國務院令並發表電視講話，宣佈從翌日起，解除對北京市部分地區的戒嚴。同日，北京市政府也發佈了關於解除戒嚴的相應命令。
	國家教委決定自 1990 年起，3 年內在全國所有高中實施高中畢業會考制度。
2 月	李登輝當選臺灣第八任「總統」。
3 月	鄧小平在同中央幾位負責同志談話時就國際形勢和國內經濟等問題發表重要意見。
	中共十三屆六中全會在京舉行，會議通過《中共中央關於加強黨同人民群眾聯繫的決定》。
	七屆全國人大三次會議在京舉行。大會決定接受鄧小平辭去中央軍委主席職務的請求。會議通過《中華人民共和國香港特別行政區基本法》及其附件和香港特別行政區區旗、區徽圖案。
4 月	中共中央發出《關於維護社會穩定加強政法工作的通知》，

	指出：維護穩定是全黨和全國人民壓倒一切的政治任務。《通知》宣佈：中共中央決定恢復中央政法委員會。
	「亞洲一號」衛星發射成功，是爲中國首次承攬國外衛星發射業務。
	中共中央國務院同意開發、開放上海浦東地區，在浦東實行經濟技術開發區和經濟特區的政策。
	李鵬簽署國務院令，決定自 1990 年 5 月 1 日起，解除在西藏自治區拉薩市的戒嚴。
5 月	國務院發佈《國有土地使用權出讓和轉讓暫行條例》。
	中共中央印發《關於縣以上黨和國家機關黨員領導幹部民主生活會的若干規定》。
8 月	中共中央發出《關於進一步加強和改進知識份子工作的通知》。
	錢穆逝世（1895～1990 年）。錢穆字賓四，江蘇無錫人。歷史學家。著有《國史大綱》、《中國近三百年學術史》等。
9 月	國務院第六十七次常務會議決定建立國家專項糧食儲備制度。
	第十一屆亞運會在北京舉行。
	國家統計局發佈第四次全國人口普查結果，中國總人口 1160017381 人，中國大陸人口截至 1990 年 7 月 1 日零時爲 1133682501 人。
10 月	歐洲共同體 12 國決定，取消自 1989 年 6 月後對中國採取的限制措施，恢復同中國在政治、經濟和文化領域的正常關係。
11 月	中共中央批轉中紀委《關於加強黨風和廉政建設的意見》指出，在執政和改革開放條件下加強黨風和廉政建設，是一

	項長期且艱鉅的任務。
	國務院發出《關於打破地區間市場封鎖進一步搞活商品流通的通知》。
	全國糧食工作會議在北京召開,決定從 1990 年秋糧收購開始,將合同定購改爲國家定購,交售國家定購糧作爲農民應盡義務,必須保證完成。
	我國最大的化纖及生產基地江蘇儀征化纖公司工程全面建成投產。
	馮友蘭去世(1895 ～ 1990 年)。馮友蘭字芝生,河南唐河人。哲學家,哲學史家。著有《中國哲學史新編》等,論著編爲《三松堂全集》。
12 月	新中國首家證券交易所上海證券交易所在上海開業。
	中共十三屆七中全會在北京舉行。全會審議通過《中共中央關於制定國民經濟和社會發展十年規劃和「八五」計畫的建議》。
1991 年 1 月	國務院常務會議通過《城市房屋拆遷管理條例》,《條例》自 3 月 22 日發佈,6 月 1 日起施行。
	(1 月至 2 月)鄧小平視察上海時,闡述了有關改革開放的一些重要問題。指出:開發浦東不只是浦東的問題,而是關係上海發展的問題。
3 月	經中共中央批准,決定撤銷許家屯中央顧問委員會委員職務,並開除其黨籍。
	上海《解放日報》發表署名皇甫平的文章《改革開放要有新思路》和《擴大開放的意識要更強些》,強調「如果我們仍然囿於『姓社還是姓資』的詰難,那就只能坐失良機」。

	江澤民致信國家教委,強調對大、中、小學生進行中國近代史、現代史和國情教育。
	第七屆全國人大第四次會議批准發展國民經濟和社會發展第八個五年計畫(1991 ～ 1995 年)。
4 月	我國第二個交易所深圳證券交易所成立。7 月 3 日,深圳證券交易所正式開業。
	中國人民解放軍駐福建部隊發言人奉命宣佈:我設在廈門沿海地區的有線廣播站和所屬各站,一律停止向駐金門等島嶼的國民黨官兵的廣播喊話。
	新華社報導,國務院近日決定從 1991 年 5 月 1 日起調整糧油統銷價格,以解決糧油購銷價格倒掛、搞活糧油流通等問題。
5 月	林彪、江青反革命集團案主犯江青保外就醫期間在北京住所自殺身亡。
	江淮、太湖地區連降大暴雨,發生特大洪澇災害。
	臺灣當局宣佈於 5 月 1 日終止「動員戡亂時期」、廢止「動員戡亂時期臨時條款」。
6 月	由七屆人大常委會第十五次會議通過的《中華人民共和國著作權法》6 月 1 日起實施。
	據中央組織部統計,1978 年至 1990 年,全國新增幹部 1500 多萬人。到 1991 年,全國全民所有制幹部達 3300 萬人(其中聘用制幹部 303 萬人),比 1978 年增長了 90.7%。
	上海南浦大橋貫通,是中國第一、世界第三大雙塔雙索面疊合樑斜拉橋。
	國務院發出《關於企業職工養老保險制度改革的決定》,改

	革養老保險由國家、企業包下來的辦法，逐步建立基本養老保險、企業補充養老保險和職工個人儲蓄養老保險相結合的制度。
7 月	中國科學院為 553 位有突出貢獻的專家頒發國務院簽發的證書，7 月起享受政府特殊津貼。高教、衛生等方面及各地也相繼有專家、學者享受政府津貼。 國務院發佈施行《全民所有制企業招用農民合同制工人的規定》。據新華社報導：我國農村人口仍占總人口的 80%，達 9.1 億以上。 國務院組建 14 個工作組，分赴各地探索解決「三角債」問題。8 月，召開全國清理「三角債」工作會議。
8 月	中華人民共和國建國以後，大陸記者首次赴臺採訪。 中國方面釋放最後一批越軍被俘人員。
11 月	越南共產黨中央總書記訪華，發佈中越聯合公報，中越關係正常化。 國務院轉發住房制度改革領導小組《關於全面推進城鎮住房制度改革的意見》，將現行的公房實物福利分配逐步轉變為貨幣工資分配制度。 長江葛洲壩水利樞紐工程全部竣工。
12 月	中國政府宣佈承認俄羅斯聯邦政府，承認原蘇聯各加盟共和國烏克蘭、白俄羅斯、格魯吉亞、亞美尼亞等十一國獨立。 廈門大橋、錢塘江第二大橋相繼建成，正式通車。
1992 年 1 月	《未成年人保護法》1 月 1 日開始實施。 鄧小平到武昌、深圳、珠海、上海等地視察，就堅持改革開放，建設有中國特色的社會主義等問題，發表重要講話，

	時稱「南巡講話」。 勞動部、國務院生產辦公室、國家體改委等聯合發出《關於深化企業勞動人事、工資分配、社會保險制度改革的意見》，以形成「幹部能上能下、職工能進能出、工資能升能降」的機制。 中國與以色列建交。
2 月	新華社報導：據最高人民檢察院有關負責人指出，當前怠忽職守犯罪仍很嚴重，1991 年全國檢察機關立案查處此類案件 3189 件，比前年上升 5.2%。
3 月	外交部公佈中國參加《不擴散核武器條約》加入書。 中俄簽署《互換關於中蘇國界東段協定》批准書。 第七屆全國人大五次會議在北京召開，大會通過了關於政府工作報告的決定和關於興建長江三峽工程的決議。
4 月	新華社報導：實行對外開放以來，中國實際利用外資 800 多億美元。截止 1991 年 6 月底，中國外債餘額為 525.8 億美元，其中中長期外債占外債總額的 90%；截止 1991 年底，中國外匯儲備為 426 億美元。 中國人民解放軍首次參加聯合國維持和平行動。
6 月	中共中央、國務院作出《關於加快發展第三產業的決定》。 新華社報導，國務院決定開放長江沿岸蕪湖、九江、岳陽、武漢、重慶五個內陸城市。至此，中國長江沿岸十個主要中心城市已全部對外開放。
7 月	香港第二十八任總督彭定康宣誓就任。
8 月	在巴賽隆納舉行的第二十五屆奧運會閉幕，中國隊獲 16 枚金牌、22 枚銀牌、16 枚銅牌，列金牌總數和獎牌總數的第

	四位。
	中國與大韓民國建交。
	國務院發出《關於實施新國民經濟核算體系方案的通知》。
9 月	河南省開封市博物館發生特大文物盜竊案。
	經中國人民銀行批准，組建三大全國性證券公司：華夏證券公司、國泰證券公司、南方證券公司。
	中共中央、國務院發出《關於認眞貫徹執行〈全民所有制工業企業轉換經營機制條例〉的通知》。
	國家物價局開放大批生產資料、農產品價格，縮小國家管理價格的範圍。
10 月	中共十四次全國代表大會在北京舉行，大會確定了鄧小平建設有中國特色的社會主義理論在全黨的指導地位。大會選舉江澤民爲中央委員會總書記。決定江澤民爲中央軍事委員會主席。
	東起烏魯木齊，西至阿里山口，全長 460 公里的北疆鐵路正式開通。
1993 年	著名相聲演員侯寶林去世（1917～1993 年）。
2 月	中共中央國務院印發《中國教育改革和發展綱要》，提出到 20 世紀末，我國要實現基本普及九年義務教育，基本掃除青壯年文盲，全面提高教育品質。
3 月	中共十四屆二中全會在北京舉行。全會通過了《關於調整「八五」計畫若干指標的建議》，將國民經濟增長速度由原來平均每年 6% 調整到 8% 至 9%。
4 月	南航 3157 班機被兩名劫機犯劫持至臺灣桃園機場，劫機犯被臺方扣留，飛機安全返回廣州。6 月、8 月，又相繼發生

	兩起類似的劫機事件。 國務院作出有關機構改革的決定，國務院直屬機構由 19 個調整爲 13 個，辦事機構由 9 個調整爲 5 個，不再設置部委歸口管理的國家局。院直屬事業單位也作了調整。 大陸海峽兩岸關係協會會長汪道涵與臺灣海峽交流基金會董事長辜振甫在新加坡正式會談，時稱「汪辜會談」。
6 月	國務院召開全國減輕農民負擔工作電話會議，宣佈取消 37 個國家部門涉及農民負擔的集資、基金和收費專案。
7 月	國家教委發出《關於重點建設一批高等學校和重點學科點的若干意見》，提出面向 21 世紀重點建設 100 所大學和一批重點學科點的高校建設計畫，即「211 工程」。至 1998 年完成立項審核，進入全面建設階段。
8 月	國務院發佈《國家公務員暫行條例》，自 10 月起施行。 《人民日報》報導，中紀委就一起由農民負擔引發的毒打農民致死案發出通報，要求立即制止亂收費、亂攤派、亂罰款等坑農、傷農行爲。
10 月	中共中央國務院作出《關於反腐敗鬥爭近期抓好幾項工作的決定》，要求近期內著重抓好：一、黨政機關領導幹部要帶頭廉潔自律。二、查辦一批大案要案。三、狠剎幾股群衆反映強烈的不正之風。 《中國大百科全書》出版。 《中華人民共和國教師法》頒佈。
11 月	中共中央國務院發佈《關於當前農業和農村經濟發展的若干政策措施》。黨指出，以家庭聯產承包爲主的責任制和統分結合的雙層經營體制，是我國農村經濟的一項基本制度，

	在原定的耕地承包期到期之後，再延長 30 年不變。
12 月	國務院作出《關於實行分稅制財政管理體制的決定》，從次年 1 月 1 日起改革現行地方財政包幹體制，對各省、自治區、直轄市以及計畫單列市實行分稅制財政管理體制。 國務院作出《關於金融體制改革的決定》，建立在國務院領導下，獨立執行貨幣政策的中央銀行宏觀調控體系；建立政策性金融與商業性金融分離，以國有商業銀行爲主體、多種金融機構並存的金融組織體系。 13 日國務院公佈中華人民共和國增值稅、消費稅、營業稅、企業所得稅、土地增值稅五種《暫行條例》，均自 1994 年 1 月 1 日起施行。
1994 年 1 月	中國實行匯率並軌，即由官方匯率與外匯調劑市場匯率雙軌並行改爲單一的、有管理的、浮動匯率。
2 月	我國引進外資、設備和技術建設的第一座大型核電站廣東大亞灣核電站一號機組正式投入商業運行。 國務院召開全國扶貧開發工作會議，部署實施「國家八七扶貧攻堅計畫」。4 月，國務院印發《國家八七扶貧攻堅計畫》。
3 月	全國計畫生育工作會議在北京舉行。會議確認：1993 年我國人口出生率爲 19‰，但人口出生的絕對數仍很大，不如樂觀。 全國政協八屆二次會議審議通過《中國人民政治協商會議章程（修正案）》，把政治協商、民主監督、參政議政並列爲人民政協的主要職能。 馬來西亞零售商百盛進入中國，「超市」首次出現在中國。次年，家樂福等蜂擁而至。

4 月	千島湖發生「海瑞號」遊船故意縱災事故，32 位大陸和臺灣同胞遇難。 中科院主持的 NCFC 工程通過美國 Sprint 公司連入 Internet 的 64K 國際專線開通，實現與 Internet 的全功能連接。
5 月	中國銀行參與港幣的發行。
6 月	經國務院批准，中國工程院首批院士名單公佈，共 96 人。
7 月	《中華人民共和國勞動法》由八屆全國人大常委會第八次會議通過，次年 1 月 1 日起施行。 國務院作出《關於深化城鎮住房制度改革的決定》，明確城鎮住房制度改革的基本內容，是把住房實物福利分配的方式改變爲以按勞分配爲主的貨幣工資分配方式、建立住房公積金制度等。
8 月	歷時六年、建國後最大的文物維修工程西藏布達拉宮維修工程竣工。 漢字資訊處理系統工程完成。 劉海粟逝世 (1896 ～ 1994 年)。劉海粟，江蘇武進 (今常州市) 人。畫家、美術教育家。有《海粟國畫》、《海粟黃山談藝錄》、《海粟藝術文選》等。 國務院發出關於 1994 年下半年各級政府不再出臺新的調價措施的通知，要求各地各部門採取措施把過高的物價漲幅降下來。
12 月	新疆克拉瑪依市友誼館發生重大火災，造成 300 餘人死亡。 長江三峽工程正式開工。
1995 年 1 月	中共中央發出關於印發《中國共產黨黨員權利保障條例 (試行)》的通知，是爲中共黨史上第一個保護黨員民主權利的

	專門法規。 江澤民在中共中央臺灣工作辦公室、國務院臺灣事務辦公室舉行的茶話會上發表題爲《爲促進祖國統一大業的完成而繼續奮鬥》的講話，提出八點看法和主張。
2 月	國家教委召開全國普通高校招生會議披露：本年將有 100 多所高校實行招生「並軌」改革。實行改革的普通高校一般專業學費標準每生每學年最高不超過 1200 元。 八屆全國人大三次會議在北京召開，會議通過了《中華人民共和國教育法》、《中華人民共和國中國人民銀行法》。 中美兩國就智慧財產權問題達成協議。 中國宣傳部國家計畫生產委員會聯合舉行「中國 12 億人口日大會」，據國家統計局抽樣調查測算，2 月 15 日中國人口達 12 億（不含港澳臺地區）。
3 月	國務院頒佈《關於職工工作時間的決定》，決定自 5 月 1 日起實施「職工每日工作 8 小時，每週工作 40 小時」。 財政部黨組發出《關於不准參加用公款支付的營業性歌廳、舞廳、夜總會等娛樂活動的具體規定》。
4 月	《人民日報》發表社論《向孔繁森同志學習》，中組部、中宣部發出關於開展向孔繁森同志學習活動的通知。 上海地鐵一號線投入試運營，是爲當時最新的城市快速有軌幹道系統。 中共中央辦公廳、國務院辦公廳發出《關於對黨和國家機關工作人員在國內交往中收受的禮品實行登記制度的規定》和《關於黨政機關縣（處）級以上領導幹部收入申報的規定》。 原北京市委常委、副市長王寶森因涉嫌經濟違法，在有關

	部門行將調查時，自殺身亡。
5 月	上海東方明珠廣播電視塔落成開播。
6 月	穿越陝西、甘肅、寧夏三省的寶（雞）中（衛）電氣化鐵路全線通車。
7 月	中國人民解放軍在東海海域進行了導彈發射訓練並獲得圓滿成功。8 月，再次在東海海域及海域上空，進行導彈、火炮實彈射擊演習。 長江中下游幹流及洞庭湖、鄱陽湖流域發生大洪水，湖南、江西遭受嚴重洪澇災害。 秦山核電站通過國家工程竣工驗收，是中國自行設計建造的第一座核電站。
8 月	《人民日報》報導：中國人民解放軍業已告別以步兵為主要成分的歷史，開始步入特種兵占相當比重的現代化現階段。
9 月	張愛玲去世（1920～1995 年）。張愛玲原名瑛，筆名梁京，祖籍河北豐潤（今唐山市豐潤區），生於上海。作家，代表作有《傾城之戀》、《金鎖記》等。有《張愛玲全集》行世。 中共十四屆五中全會審議通過中紀委關於陳希同問題的審查報告，決定撤銷其中央政治局委員、中央委員會委員職務。1997 年 8 月，經中共中央批准，中紀委決定開除陳希同黨籍。1998 年 7 月，北京市高院對陳希同貪污、怠忽職守案公開宣判，決定執行有期徒刑 16 年。
11 月	最高人民檢察院反貪污賄賂總局正式成立。 第十世班禪轉世靈童經金瓶掣簽認定，國務院特准堅贊諾布繼任第十一世班禪額爾德尼。 澳門國際機場建成啓用。

1996 年 2 月	雲南麗江納西族自治縣發生 7.0 級地震,受災人口約 100 萬。
3 月	第八屆全國人大第四次會議在北京舉行,審議通過《國民經濟和社會發展「九五」計畫和 2010 年遠景目標綱要》。 陳景潤逝世(1933～1996 年)。陳景潤,福建福州人,數學家。1973 年發表《表大偶數爲一個素數及一個不超過兩個素數的乘積之和》,爲哥德巴赫猜想研究的里程碑。 中國人民解放軍在東海和南海進行導彈發射和實彈軍事演習,在臺灣海峽進行陸海空聯合軍事演習。 國務院辦公廳轉發國家經貿委等部門《關於深入開展打擊生產和經銷假冒僞劣商品違法行爲的意見》。
4 月	中共中央指示在全國範圍迅速組織開展嚴厲打擊嚴重刑事犯罪活動,以維護社會治安和穩定。
5 月	美國宣佈對華實行貿易制裁,中國公佈對美貿易反報復清單。 李登輝在臺灣宣誓就任「中華民國第九任總統」,是爲第一任「民選總統」。 中國政府就中華人民共和國大陸領海的部分基線和西沙群島的領海基線發表聲明。
6 月	新華社報導,1996 年將在全國範圍逐步推行城市最低生活保障制度,以保障城市居民最基本的生活。
7 月	湖南、湖北連續降暴雨,長江中下游、洞庭湖流域出現特大洪水。 中國政府宣佈,從本年 7 月 1 日起開始暫停核子試驗。
8 月	第二十六屆奧林匹克運動會在美國亞特蘭大閉幕。中國隊

		共獲得 16 枚金牌、22 枚銀牌和 12 枚銅牌，金牌和獎牌總數均列第四位。
	9 月	北起北京西站，南接香港九龍，跨越京、津、冀、魯、豫、皖、鄂、贛、粵九省市的京九鐵路全線開通運營。
		外交部亞洲司司長王毅緊急約見日本駐華臨時代辦，就日本右翼團體侵犯我釣魚島主權向日方提出強烈抗議。
	10 月	中共十四屆六中全會在北京舉行，全會審議通過《中共中央關於加強社會主義精神文明建設若干問題的決議》。
		中共中央國務院作出《關於盡快解決農村貧困人口溫飽問題的決定》。
		第八屆全國人大常委會第二十二次會議通過《中華人民共和國鄉鎮企業法》。
	11 月	中國人民銀行宣佈，實行人民幣經常專案下的可兌換。
	12 月	國務院任命董建華為香港特別行政區第一任行政長官。
		冶金部宣佈：是年我國鋼產量突破一億噸，產量達到世界第一位。
1997 年		國務院召開全國國有企業職工再就業工作會議。
	1 月	朱鎔基主持房改工作會議。會議議定：全面推行住房公積金制度問題，按「房委會決策、中心運作、財政監督、銀行專戶」的原則和要求進行。
		中宣部、廣電部、新聞出版署、中國記協在北京聯合召開全國新聞系統電視電話會議，聯合發出《關於禁止有償新聞的若干規定》。
	2 月	鄧小平在北京逝世（1904～1997 年）。
		中共中央發佈《中國共產黨紀律處分條例（試行）》。

3 月	國務院發出《在若干城市試行國有企業兼併破產和職工再就業有關問題的補充通知》。
	南昆鐵路（東起廣西南寧，西至雲南昆明，北接貴州紅果）全線鋪通。
	中共中央發出《中國共產黨黨員幹部廉潔從政若干準則（試行）》。
	重慶直轄市正式成立。6 月，政府機構正式掛牌。
4 月	中共中央國務院發出《關於進一步加強土地管理切實保護耕地的通知》。
	國家主席江澤民訪問俄羅斯，雙方簽訂《中俄關於世界多極化和建立國際新秩序的聯合聲明》。
5 月	國務院證券委、中國人民銀行、國家經貿委作出規定，嚴禁國有企業和上市公司炒作股票。
	中共中央國務院作出《關於黨政機關厲行節約制止奢侈浪費行為的若干規定》。《規定》要求嚴格控制新建和裝修辦公樓、嚴禁用公款大吃大喝、揮霍浪費、嚴格按規定配備更換轎車等。
6 月	中國人民銀行發出《關於禁止銀行資金違規流入股票市場的通知》。
	中央軍事委員會發佈《中國人民解放軍駐香港部隊進駐香港特別行政區命令》，中國人民解放軍駐香港部隊進駐香港特別行政區，於 1997 年 7 月 1 日零時開始履行防務職責。
7 月	中國恢復對香港行使主權。
	國務院發佈《社會力量辦學條例》，自 1997 年 10 月 1 日起施行。

8 月	中共中央紀律檢查委員會決定開除原中央政治局委員、北京市委書記陳希同黨籍，次年 7 月，高院以貪污、怠忽職守罪執行有期徒刑 16 年。
9 月	中共十五次全國代表大會在北京舉行，修改後的《黨章》規定「中國共產黨以馬克思列寧主義、毛澤東思想、鄧小平理論作爲自己的行動指南」。
10 月	經國務院批准，中國人民銀行決定自本年 10 月 15 日起，允許中資企業保留一定額度的外匯收入。 江澤民訪問美國，《中美聯合聲明》發表。 第八屆全國運動會在上海舉行。
11 月	三峽水利樞紐工程實現大江截流。 中俄簽署《中俄聯合聲明》，同時宣佈中俄東段國界勘界工作全部完成。
12 月	13 日，「南京大屠殺」遇難同胞六十周年祭。
1998 年 1 月	中共中央國務院轉發《關於應對東南亞金融危機，保持國民經濟持續健康發展的意見》。 福州市人民法院開庭審判一起建國以來罕見的副局級幹部爲奪權謀利、僱人謀殺上級的案件，主犯被判處死刑。 中共中央紀律檢查委員會第二次全體會議在北京舉行。會議審議通過《以黨的十五大精神爲指導，加大工作力度，深入開展反腐敗鬥爭》的工作報告。 爲實現國務院要求「3 年壓錠 1000 萬」的任務，上海銷毀 12 萬隻紗錠，國有紡織企業的改革解困拉開序幕。
2 月	山西朔州市 27 人因飲用假酒中毒死亡，國家經貿委等聯合發出通知要求嚴厲打擊製售假冒僞劣酒類產品違法行爲，

	決定對製酒企業核發生產許可證。
3 月	國務院召開全體會議，討論通過《國務院機構設置和調整國務院議事協調機構方案》。國務院部委從 40 個減少到 29 個。
4 月	中共中央辦公廳、國務院辦公廳發佈《關於在農村普遍實行村務公開和民主管理制度的通知》。 中央軍委發出《關於非作戰部隊不搞經營性生產的實施意見》的通知。
5 月	澳門特別行政區籌備委員會在北京宣告成立。 國務院發出《關於進一步深化糧食流通體制改革的決定》。 中國人民銀行推出《個人住房貸款管理辦法》，以支持城鎮居民購買自用普遍住房。
6 月	據《人民日報》報導：經中共中央批准，中共中央金融工作委員會正式成立。 全國城鎮住房制度改革與住宅建設工作會議在北京舉行，會議提出：自 1998 年下半年起，停止住房實物分配，實行住房分配貨幣化，推進住房商品化，培育和規範住房交易市場。次年 5 月，已取得合法產權證書的已購公有住房和經濟適用房允許上市出售。 建國以來由國家直接投資的規模最大的高等教育專案「211 工程」，已基本完成立項審核，進入全面建設階段。 中共中央國務院發出《切實做好國有企業下崗職工基本生活保障和再就業工作的通知》。 國務院辦公廳發出關於切實做好扶貧開發工作的通知，爭取本年度解決 1000 萬以上的農村貧困人口的溫飽問題。
7 月	國家經貿委發出《關於禁止出售國有小企業成風有關問題的

	通知》，要求各地採取多種改制形式，絕不能把出售作爲國有小企業改制的唯一形式。 人民解放軍四總部會議宣佈中央決定，軍隊和武警部隊對所屬單位辦的各種經營性公司要認真進行清理，今後一律不再從事經商活動。 長江流域發生大暴雨和洪澇災害，湖北、湖南、江西等省受災嚴重。
8 月	國務院下發批轉公安部關於解決當前戶口管理工作中的幾個突出問題的意見，包括實行嬰兒落戶隨父隨母自願、放寬解決夫妻分居問題的戶口政策、身邊無子女的老人可在其子女所在城市落戶等。
9 月	國家外匯管理局新聞發言人表示，中國外債規模適度，結構合理，有 1400 億美元的外匯儲備，有信心有能力使人民幣匯率保持穩定。 朱鎔基視察中央電視臺，強調輿論監督的重要性，贈編輯、記者四句話：「輿論監督，群衆喉舌，政府鏡鑒，改革尖兵」。
10 月	中紀委決定開除廣東省人大常委會原副主任于飛黨籍，沒收其與子女非法炒賣土地的非法所得，並處以重罰。
11 月	中共中央國務院決定，簡化黨和國家領導人出訪的迎送儀式，及其新聞報導。 中共中央國務院決定對中國人民銀行管理體制實行改革，撤銷省級分行，跨省區設置九家分行。 中共中央發出《關於在縣級以上黨政領導班子、領導幹部中深入開展以「講學習、講政治、講正氣」爲主要內容的黨

	性黨風教育的意見》。 江澤民對俄羅斯、日本進行國事訪問。訪俄期間，發表聯合聲明和《關於中俄邊界問題的聯合聲明》。訪日期間，江澤民會見了日本明仁天皇，是爲歷史上中國國家元首首次訪日。
12 月	江澤民在中央經濟工作會議上講話，提出擴大國內需求，把經濟發展建立在主要依靠國內市場的基礎上。 錢鍾書逝世(1910～1998 年)。錢鍾書字默存，江蘇無錫人。學者、專家。著有《圍城》、《談藝錄》、《管錐編》等。
1999 年 1 月	首批 20 家國內私營生產企業獲得自營進出口權，是爲非公有制經濟首次合法獲得直接從事對外貿易的權利。 中共中央向全國人大常委會提出修改憲法部分內容的建議，建議包括：改「我國正處於社會主義初級階段」爲「我國將長期處於社會主義初級階段」，增加「中華人民共和國實行依法治國」、「堅持公有制爲主體、多種所有制經濟共同發展的基本經濟制度」，將「反革命的活動」修改爲「危害國家安全的犯罪活動」等。之後，人大常委會第七次會議討論並形成了《中華人民共和國憲法修正案(草案)》，並於九屆全國人大二次會議通過。
2 月	新華社報導，1998 年中國人口出生率爲 16.3‰，死亡率爲 6.5‰，首次降至 10‰以下。
3 月	第九屆全國人民代表大會第二次會議通過《中華人民共和國憲法修正案》，是 1982 年憲法的第三個修正案。 教育部決定高考科目設置分步驟推行「3 ＋ X」科目設置方案。

	中國人民銀行出臺《關於開展個人消費信貸指導意見》，允許所有中資商業銀行開辦消費信貸業務，此後住房抵押貸款業務迅速擴張。
4 月	世界園藝博覽會在昆明拓東體育場舉行開幕式。
5 月	北約使用導彈襲擊中國駐南斯拉夫聯盟共和國大使館。中國政府發表嚴正聲明，表示最強烈的抗議。 國務院任命何厚鏵為澳門特區第一任行政長官。
6 月	中共中央國務院作出《關於深化教育改革全面推進素質教育的決定》。 新華社記者從中共組織部獲悉，截至 1998 年底，全國黨員總數達 6100 萬，約占全國總人口 5.1%。
7 月	《中華人民共和國證券法》公佈實施，這是中國第一部證券法律。 中共中央決定進行黨中央部門機構改革，目的是理順職能關係，精簡、調整內設機構和人員編制，優化人員結構，增強機關活力。 《人民日報》報導，1999 年全國普通高校招生計畫名額總數達 156 萬，比上年增加 48 萬。 李登輝將兩岸關係定位於「國與國的關係」，遭到各界人士的嚴厲駁斥。 中共中央發出《關於共產黨員不准修煉「法輪大法」的通知》。國家民政部作出《關於取締法輪大法研究會的決定》。
8 月	新華社報導，目前我國已建立 5 個自治區，30 個自治州，120 個自治縣(旗)，在民族散雜居地區建立了 1200 多個民族鄉。

9 月	臺灣南投縣發生芮氏 7.5 級地震，造成嚴重的人員傷亡和經濟損失。 中國人民解放軍南京、廣州戰區在浙東、粵南沿海舉行了大規模的諸軍兵種聯合渡海登陸作戰實兵演習。 中共中央國務院、中央軍委決定表彰為研製「兩彈一星」作出突出貢獻的科技專家，有 23 位科技專家被授予「兩彈一星功勳獎章」。 中共十五屆四中全會召開，通過《關於國有企業改革和發展若干重大問題的決定》。決定指出要從戰略上調整國有經濟佈局，推進國有企業戰略性改組，提高國有經濟的控制力。 中國懸索第一橋江陰長江公路橋正式通車。
11 月	中國第一艘載人航太試驗飛船「神舟」號發射升空並成功著陸。 客滾船「大舜」輪在煙臺附近海域傾覆，282 人遇難，直接經濟損失約 9000 萬，相關責任人受到嚴肅處理和紀律處分。
12 月	南疆鐵路 (東起吐魯番，西至喀葉) 全線通車。 中國恢復對澳門行使主權。 中央軍委擴大會議決定，積極推進中國特色的軍事改革，核心和方向是建設資訊化軍隊，實現軍隊現代化跨越式發展。
2000 年 1 月	中宣部等部門聯合發出通知，要求在全國開展「百城萬店無假貨」活動。
2 月	江澤民在廣東考察工作期間提出了「三個代表」的重要思想。5 月，在江蘇、浙江、上海考察工作時進一步闡述了「三個代表」的重要思想。
3 月	江西省南昌中級人民法院根據最高人民法院下達對江西省

	人民政府原副省長胡長清因犯受賄、行賄、巨額財產來源不明罪被依法核准死刑的執行命令，對胡執行死刑。 民進黨籍候選人陳水扁當選「中華民國總統」，形成臺灣史上首次「政黨輪替」。中共中央臺灣工作辦公室、國務院臺灣事務辦公室發表聲明：世界上只有一個中國，臺灣是中國不可分割的一部分。 國務院西部開發領導小組辦公室正式成立並開始工作。
4 月	中紀委決定並經中共中央批准，開除成克傑黨籍。九屆全國人大常委會第十五次會議通過撤銷成克傑全國人大常委會副委員長職務。其巨額受賄案，由北京中院審判處死刑。
6 月	林業部發表調查報告，指出我國已成爲受荒漠化最嚴重的國家之一，全國四分之一以上的國土荒漠化。
7 月	《中國人民共和國立法》法正式施行。 國土資源部宣佈：到 1996 年 10 月 31 日，全國耕地面積爲 19.51 億畝，園地 1.5 億畝，林地 34.14 億畝，牧草地 39.91 億畝，居民點和工礦用地 3.61 億畝，交通用地 0.82 億畝，其他爲水域和未利用土地。人均耕地 1.59 畝，不及世界人均指標的一半。 國務院辦公廳轉發公安部等《關於開展加強娛樂服務場所管理嚴厲打擊賣淫嫖娼賭博吸毒販毒等社會醜惡現象專項行動的意見》。
9 月	夏商周斷代過程通過驗收，11 月，公佈新的《夏商周年表》。 第二十七屆奧運會在澳大利亞舉行，中國體育代表團獲 28 枚金牌，名列金牌與獎牌榜第三名。
10 月	引黃濟津過程完工，黃河聊城位山閘開啓，開始向天津送水。

11 月	中央紀委、監察部通報廈門特大走私案及其處理情況。
12 月	我國第一條國道骨幹京滬高速公路(全長 1262 公里)全線貫通。
	洛陽市東都商廈發生特大火災，309 人死亡。
	中共中央辦公廳、國務院辦公廳發出通知，在全國鄉鎮政權機關和派駐鄉鎮的站所全面推行政務公開制度。
2001 年	「神舟二號」發射升空，並準確返回著陸。
1 月	根據中美兩國達成的協議，美國政府於本月向中國政府支付轟炸中國駐南聯盟大使館所引起的中方財產損失 2800 萬美元。
	天安門廣場發生幾名「法輪功」癡迷者自焚事件。
	中、美、日、德、法、英等 6 國科學家與美國塞萊拉公司聯合公佈人類基因組圖譜及初步分析結果。
2 月	國家科學技術獎勵大會在北京舉行，吳文俊、袁隆平獲得 2000 年度國家最高科學技術獎。
	中央紀委發出《關於省地兩級黨委、政府主要領導幹部配偶、子女個人經商辦企業的具體規定(試行)》的通知。
3 月	九屆全國人大四次會議批准國民經濟和社會發展第十個五年計畫(2001 ～ 2005 年)。
	國務院公佈 2000 年 11 月第五次人口普查主要資料，全國總人口為 129,533 萬人，人口最多的省分為河南、山東等。
	張君等特大系列搶劫殺人案在重慶等地一審宣判，14 名罪犯依法判處死刑、死緩及無期徒刑。
4 月	美國軍用偵察機在南海上空撞毀中國軍用飛機，事發後外交部對美方提出嚴正交涉和抗議。
5 月	國家計委宣佈，自本年 5 月起放開國產轎車價格。

		國務院發出《關於加強國有土地資產管理的通知》，通知要求各級政府加強國有土地管理，切實防止國有土地資產流失。
	7 月	國際奧會全會選定 2008 年奧運會主辦城市為北京。
	9 月	江澤民致電美國總統布希，就「911 事件」，向美國政府和人民表示深切的慰問。
	10 月	北京中院對公安部原副部長李紀周受賄案作出一審判決，以受賄罪、怠忽職守罪數罪併罰，判處死刑，緩期二年執行。
	11 月	世界貿易組織第四屆部長會議審議通過中國加入世貿組織的決定。 12 月，中國正式成為世界貿易組織（WTO）第 143 個成員。
	12 月	中共中央下達《關於做好農戶承包地使用權流轉工作的通知》。
2002 年 2 月		國家科學技術獎勵大會在北京舉行，王選、黃昆獲得 2001 年度國家最高科學技術獎。 新華社報導，自 1988 年來，為應對亞洲金融風暴危機的衝擊，4 年累計發行國債 5100 億元。
	3 月	「神舟三號」飛船發射成功，4 月 1 日準確返回地面。
	4 月	中國國際航空公司一架波音客機在韓國境內墜毀，共 128 人罹難。 5 月，北方航空公司一架飛機在大連海域失事，共 112 人罹難。
	6 月	黑龍江雞西礦務局城子煤礦發生特大瓦斯爆炸，有 115 人死亡。
	7 月	針對幹部選拔中的不正之風，中共中央印發《黨政領導幹部選拔任用工作條例》。 陝西、福建、湖南、四川、重慶、廣西、湖北、江西、貴州

	等地區遭受洪澇災害。
8 月	陳水扁發表講話，聲稱「臺灣跟對岸中國一邊一國」，要用「公民投票」的方式決定臺灣前途。
9 月	《人民日報》報導，2001 年中央財政總收入 9174 億元，比 1990 年增加 4.6 倍。
11 月	中共第十六次全國代表大會在北京舉行。大會將「三個代表」重要思想與馬克思列寧主義、毛澤東思想、鄧小平理論一道確定為黨的指導思想。15 日，中共十六屆一中全會舉行，胡錦濤當選中共中央總書記。
12 月	國際展覽局第一百三十二次成員國大會宣佈，中國上海贏得 2010 年世博會的主辦城市。 南水北調工程開工典禮在北京、江蘇省、山東省施工現場同時舉行。 「神舟四號」發射成功，並於次年 1 月準確返回地面。 上海磁浮示範運營舉行通車典禮，是為世界第一條商業化運營的高速磁浮交通系統。
2003 年 2 月	新疆巴楚、伽師一帶發生 6.8 級強烈地震，造成 8 千餘戶農房倒塌，266 人死亡。
3 月	十屆全國人大一次會議在北京舉行，胡錦濤當選中華人民共和國主席，江澤民為國家中央軍委主席，溫家寶為國務院總理。
4 月	香港著名歌手張國榮（1956 ～ 2003 年），於香港文華東方酒店跳樓自殺身亡。 衛生部宣佈中國局部地區發生的非典型肺炎（簡稱非典）已得到有效控制。

5 月	海軍一艘常規動力潛艇在領海訓練時，因機械故障失事，艇上 70 名官兵不幸遇難。
6 月	被稱爲「世界第一鋼拱橋」的上海盧浦大橋建成通車。
8 月	朝核問題北京六方（中、朝、美、韓、俄、日）會談舉行。
9 月	中共中央軍委宣佈，至 2005 年前，中國人民解放軍再裁減員額 20 萬。
10 月	中共十六屆三中全會在北京舉行，提出了以人爲本，全面、協調、可持續的科學發展觀。會議通過《中共中央關於完善社會主義市場經濟體制若干問題的決定》。
11 月	中共中央國務院發出《關於振興東北地區等老工業基地振興戰略的若干意見》。 臺灣「公投法」獲得通過。 「神舟五號」載人飛船將中國第一位太空人楊利偉成功送上太空，繞地球飛行 14 圈後安全返回著陸。
12 月	中共中央就關於修改憲法部分內容向全國人大常委會提出建議，將「三個代表」、「主要思想」等內容寫入憲法。次年 3 月，十屆人大二次會議通過了憲法修正案。
2004 年 1 月	廣西隆安縣禽隻死亡確診爲 H5N1 亞型高致病性禽流感。 國務院召開常務會議，研究部署高致病性禽流感防治工作。
2 月	經最高人民法院核准，安徽省原副省長王懷忠因受賄罪判處死刑。 中共中央近日頒佈《中國共產黨黨內監督條例(試行)》和《中國共產黨紀律處分條例》。 中紀委印發《關於領導幹部利用職權違反規定干預和插手建設工程招投標、經營性土地使用權出讓、房地產開發與經

	營等市場經濟活動，爲個人和親友牟取私利的處理辦法》。 國防科工委正式宣佈：中國月球探測工程啓動，名爲「嫦娥工程」。
3 月	7 名登上釣魚島的中國民間保釣人士被日本海上保安廳人員扣留，後經中國政府交涉而安全返回。 陳水扁以些微多數贏得「總統」連任。 世界糧食獎基金會宣佈，中國水稻專家袁隆平被授予 2004 年度世界糧食獎。 新華社報導，2003 年有 6 名省部級官員因腐敗受到法律的懲罰：即原雲南省省長李嘉廷，山東省政協原副主席潘廣田，遼寧省高級人民法院原院長田鳳岐，原河北省常務副省長叢福奎，原浙江省副省長王鐘麓和中國建設銀行原行長王雪冰。他們受到的刑罰包括死緩、無期徒刑和 12 至 15 年監禁。 中央政治局會議審議通過了《公開選拔黨政領導幹部工作暫行規定》、《黨政機關競爭上崗工作暫行規定》、《黨的地方委員會全體會議對下一級黨委、政府領導班子正職擬任人選和推薦人選表決辦法》、《黨政領導幹部辭職暫行規定》和《關於黨政領導幹部辭職從事經營活動有關問題的意見》等五個幹部人事制度改革。
4 月	溫家寶責成國務院有關部門和地方政府對安徽阜陽等地劣質嬰兒奶粉事件進行全面調查並採取有效措施。 河南登封市公安局局長任長霞遇車禍殉職。6 月，《人民日報》發表長篇通訊，介紹任長霞愛民、親民、敬民、爲民的感人事蹟。

	.	中央紀委、中央組織部聯合下發《關於對黨政領導幹部在企業兼職進行清理的通知》。
6 月		溫家寶主持國務院常務會議，研究控制城鎮房屋拆遷規模、嚴格拆遷管理的有關問題。
7 月		新華社報導，2003 年我國接受外國直接投資為 530 億美元，為全球接受外國投資最多的國家。
8 月		公安部、外交部正式發佈《外國人在中國永久居留審批管理辦法》，是為中國「綠卡」制度的正式施行。
9 月		我國鐵路引進時速 200 公里鐵路客車動車組製造技術。 第十六屆中央委員會第四次全體會議在北京舉行。全會決定胡錦濤任中共中央軍委主席。
11 月		中紀委、中組部、監察部等聯合發文，決定自 2005 年 1 月 1 日起，將黨政領導經濟責任審計範圍從縣級以下擴大到地廳級。
12 月		陳省身去世(1911～2004 年)。陳省身，浙江嘉興人，數學家，在整體微分幾何的研究上貢獻卓著。 中共中央辦公廳、國務院辦公廳印發《2004～2010 年全國紅色旅遊發展規劃綱要》的通知。
2005 年 1 月		新華社發佈《中共中央關於在全黨開展以實踐「三個代表」重要思想為主要內容的保持共產黨員先進性教育活動的意見》。 中共中央印發《建立健全教育、制度、監督並重的懲治和預防腐敗體系實施綱要》的通知，提出至 2010 年，建成懲治和預防腐敗體系的基本框架。 趙紫陽逝世(1919～2005 年)。曾任中共中央總書記、中央軍委主席、國務院總理等職。

3 月	全國十屆人大三次會議召開，通過《反分裂國家法》。會議選舉胡錦濤爲國家中央軍委主席。 國務院批准董建華辭去香港特區行政長官職務的請求。
4 月	國務院印發《國家突發公共事件總體應急預案》。 費孝通去世（1910～2005 年）。江蘇吳江人，社會學家，著有《江村經濟》、《鄉土中國》等。 十屆全國人大常委會第十五次會議通過《中華人民共和國公務員法》，是爲我國第一部幹部人事管理的法律。 中國國民黨主席連戰率國民黨大陸訪問團訪問大陸，胡錦濤總書記與連戰主席在北京舉行會談。 經國務院批准，中國證監會宣佈啓動股權分置改革試點工作。
6 月	曾蔭權在第二任香港特別行政區行政長官補選中當選，並獲國務院任命。
7 月	國務院辦公廳印發《關於推行行政執法責任制的若干意見》。 中國人民銀行宣佈開始實行人民幣匯率制度改革。
8 月	中美首次戰略對話在北京舉行。 國務院發出通知規定，凡已經投資入股煤礦的國家機關工作人員、國企負責人，須在 9 月 22 日前撤出投資。
10 月	運載二名宇航員的「神舟六號」發射升空，完成太空飛行後安全返回。 巴金去世（1904～2005 年）。巴金原名李堯棠，字芾甘，祖籍浙江嘉興，生於四川成都。文學家，著有《家》、《春》、《秋》等。有《巴金全集》行世。 十屆人大常委會第十八次會議決定對《中華人民共和國個人所得稅法》進行修正，規定個人所得稅的起徵點爲 1600 元。

11 月	全球禽流感疫情出現迅速蔓延和多點散發的態勢，農業部發佈禽流感應急方案制定四色預警機制。 中石油吉林石化公司一車間連續發生爆炸，引發松花江重大水污染，黑吉兩省啓動飲用水應急預案。 國家發改委等七部委聯合開展教育亂收費專項檢查，共查出亂收費案件一萬二千餘件，金額達 21.4 億元。
12 月	第十屆全國人大常委會第十九次會議決定自次年 1 月起廢止《中華人民共和國農業稅條例》。
2006 年 1 月	《農業稅條例》正式廢止，並取消除菸葉以外的農業特產稅、全部免徵牧業稅。 國務院發出《關於解決農民工問題的若干意見》，指出要逐步建立城鄉統一的勞動力市場和公平競爭的就業制度，保障農民工的合法權益。
2 月	中共中央臺灣工作辦公室國務院臺灣事務辦公室就陳水扁決定終止「國統會」運作和「國統綱領」適用發表聲明，指出：堅決反對和制止陳水扁通過「憲改」進行「臺灣法理獨立」活動，是當前最重要、最緊迫的任務。
3 月	中央軍委頒發《建立健全全軍懲治和預防腐敗體系實施意見》。 十屆全國人大第四次會議批准《國民經濟和社會發展第十一個五年規劃綱要》。
4 月	中共中央發出《關於認真做好今明兩年省、自治區、直轄市黨委換屆工作的通知》。指出要在精簡領導班子職數、減少副書記職數、適當擴大黨政領導成員交叉任職等方面取得實質性進展。

		中共中央國務院發出《關於促進中部地區崛起的若干意見》。
	5 月	中央精神文明建設指導委員會發出《關於深入學習實踐社會主義榮辱觀，大力加強思想道德建設的意見》，一場以「八榮八恥」為主要內容的精神文明建設活動旋在全國展開。
		三峽大壩全線建成。
		國務院發出《關於推進天津濱海新區開發開放有關問題的意見》。
		外交部首次在領事司內設立領事保護處，專門處理和協調中國海外公民和法人合法權益的保護工作。
	6 月	十屆全國人大常委會第二十二次會議通過修訂後的《中華人民共和國義務教育法》。
	7 月	青藏鐵路全線建成通車。
		劉翔在瑞士洛桑田徑超級大獎賽男子 110 米欄比賽中，以 12 秒 88 打破沉睡 13 年之久的世界紀錄。
	10 月	中共十六屆六中全會在北京舉行，會議通過《中共中央關於構建社會主義和諧社會若干重大問題的決定》。
	11 月	國務院總理溫家寶簽署公佈《中華人民共和國外資銀行管理條例》。
2007 年 3 月		商務部宣佈正式對原產臺灣地區的 11 種蔬菜、8 種水果實施進口零關稅措施。
		中共中央辦公廳、國務院辦公廳發出《關於進一步嚴格控制黨政機關辦公樓等樓堂館所建設問題的通知》。
		香港舉行第三屆行政長官的選舉，曾蔭權當選香港第三屆行政長官。
	5 月	國家預防腐敗局成立新聞發佈會暨揭牌儀式在監察部舉行。

6 月	中國勞動和社會保障部、公安部、全國總工會聯合工作組公佈山西「黑磚窯事件」初步調查結果，打擊「黑磚窯」行動共解救農民工三百五十餘人。 杭州灣跨海大橋全線貫通。 第十屆全國人大常委會第二十八次會議通過《中華人民共和國勞動合同法》。
7 月	國務院發出《關於在全國建立農村最低生活保障制度的通知》，要求將符合條件的農村貧困人口全部納入保障範圍。 中共中央決定開除陳良宇黨籍、公職，對其涉嫌犯罪問題移送司法機關依法處理。
10 月	陝西省林業廳召開新聞發佈會宣佈「鎮坪縣發現野生華南虎」，並公佈照片兩張。來自多方面的鑑定報告和專家意見認為照片中的「華南虎影像不真實」。 月球探測器「嫦娥一號」在西昌衛星發射中心發射成功。
11 月	國土資源部、財政部、中國人民銀行聯合發佈《土地儲備管理辦法》，《辦法》規定，土地儲備是指市、縣人民政府國土資源管理部門為實現調控土地市場、促進土地資源合理利用目標，依法取得土地，進行前期開發、儲存以備供應土地的行為。
12 月	國務院公佈《職工帶薪年休假條例》，規定自是年 1 月起，凡連續工作一年以上的職工，均可享受帶薪年休假，單位應保證職工享受年休假。 國務院公佈《全國年節及紀念日放假辦法》。 第十屆全國人大常委會第三十一次會議通過了《關於修改個人所得稅法的決定》，個人所得稅起徵點自 2008 年 3 月 1 日

	起由 1600 元提升到 2000 元。 人大常委會決定 2017 年香港特首可由普選產生。 國務院辦公廳下發《關於限制生產銷售使用塑膠購物袋的通知》，自 2008 年 6 月起實行。
2008 年 1 月	全國十九個省級行政區遭受低溫、雨雪、冰凍災害影響，災害造成直接經濟損失達五千三百多億。 經國務院批准，國家發改委啟動臨時物價干預措施，以抑止價格不合理的上漲，規範市場秩序。
3 月	第十一屆全國人大一次會議批准國務院機構改革方案，實行大部門體制，調整變動機構 15 個，減少正部級機構 4 個。改革後，除國務院辦公廳外，國務院組成部門為 27 個。 藏獨事件。拉薩市區發生打砸搶燒事件，社會秩序受到破壞。當地政府及時平息了事態。 中央組織部等決定，自 2008 年起，用 5 年時間選聘 10 萬名高校畢業生到村任職。
4 月	銀行間外匯市場人民幣對美元匯率中間價首度「破七」，為 6.992 人民幣兌 1 美元。 中共中央政治局原委員、原上海市委書記陳良宇因受賄罪、濫用職權罪判處有期徒刑 18 年，沒收個人財產人民幣 30 萬元。
5 月	杭州灣跨海大橋試運營通車。 四川汶川縣發生 8.0 級大地震，地震涉及四川、甘肅、陝西、重慶等地，受災面積超過十萬平方公里，遇難六萬九千餘人，失蹤一萬七千餘人，直接受災人口達一千多萬。
6 月	貴州省甕安縣城發生圍攻地方政府部門的群體性事件。

7 月	北京青年楊佳闖入上海公安局閘北分局暴力襲警，致 6 名民警死亡，多名民警保安受傷。
	中俄外長共同簽署《中華人民共和國政府和俄羅斯聯邦政府關於中俄國界線東段補充敘述議定書》，標誌著中俄長達 4300 多公里的邊界全線勘定。
	大陸居民赴台旅遊暨兩岸週末包機正式啓動。
	國務院常務會議決定自 2008 年秋季學期起，在全國範圍免去城市義務教育階段學生學雜費。
8 月	第二十九屆夏季奧運會在北京成功舉行。
	華國鋒去世 (1921 ～ 2008 年)。
	全球性的金融風暴愈演愈烈，國務院決定實施積極的財政政策和適度寬鬆的貨幣政策，出臺擴大內需的十大措施，以擺脫危機保持經濟平穩。
9 月	香港特區第四屆立法會選舉的投票結果揭曉，60 名候選人成功當選新一屆立法會議員。
	因飲用三鹿等品牌的嬰兒奶粉三聚氰胺超標，全國各地醫院發現眾多嬰兒患有泌尿結石病症。
	運載三名宇航員的「神舟七號」載人航太飛船發射升空，宇航員進行首次太空漫步，並成功返回。
10 月	中共十七屆三中全會在北京舉行。全會審議通過了《中共中央關於推進農村改革發展若干重大問題的決定》。
	中俄雙方在黑瞎子島舉行「中華人民共和國與俄羅斯聯邦國界東段界樁揭幕儀式」。至此，兩國徹底解決歷史遺留的邊界問題。
12 月	據新華社報導，國家海洋局出臺政策，允許單位和個人按

	照規劃開發利用無居民海島。
2009 年 1 月	中國海軍艦艇抵達亞丁灣海域，正式開始為中國船隻護航。 國務院會議審議並原則通過包括鋼鐵、汽車、船舶、石化、紡織、輕工、有色金屬、裝備製造、電子資訊及房地產業等十大產業調整振興規劃。
2 月	中國第一個南極內陸考察站中國南極昆侖站正式開站。
3 月	嫦娥一號衛星成功撞月。
4 月	青島舉行多國海軍大閱兵。
5 月	中國衛生部確診內地首例「A 型 H1N1 流感」患者，截至 12 月 21 日，我國境內共報告 A 流重症患者 5765 人，死亡 509 人。 中共中央政治局會議審議通過《關於實行黨政領導幹部問責的暫行規定》。
6 月	國務院批准公佈《促進擴大內需，鼓勵汽車、家電「以舊換新」實施方案》。 湖北石首發生民眾設置路障等群體性事件。7 月，石首市委書記等因處置不力被免職。 重慶掀起「打黑風暴」，端掉十四個大型涉黑犯罪團夥，數十名廳局、縣處級幹部因涉黑落馬。
7 月	烏魯木齊發生打砸搶燒暴力犯罪事件。黨和國家果斷決策，妥善處置，控制了事態發展，生產生活逐步恢復正常。 我國西藏和長江流域地區發生日全食，是為 21 世紀內持續時間最長的日全食，被稱為「長江大全食」。 崔世安當選為澳門第三屆行政長官。 臺灣中國國民黨舉行黨主席選舉，馬英九當選黨主席。

8 月	《中國人民共和國人民武裝員警法》通過並公佈施行。此法以立法方式明確武警的職能，將動用武警的權力收歸國務院和中央軍委。
9 月	臺北地方法院一審宣判臺灣地區前領導人陳水扁家庭弊案，裁定陳水扁貪污、洗錢、受賄、偽造公文罪名成立，數罪併罰判處其無期徒刑，剝奪政治權利終身，併科罰金新臺幣 2 億元。
10 月	諾貝爾獎評審委員會宣佈，因對光纖通訊研究有重大貢獻，香港中文大學前任校長、「光纖之父」高錕，與美國二位科學家分享 2009 年度諾貝爾物理學獎。 錢學森去世（1911 ～ 2009 年）。錢學森，浙江杭州人，火箭專家，中國航太事業的奠基人。
11 月	美國總統奧巴馬訪問中國。 司法介入足球打假案，嚴厲打擊比賽中的賭球和假球行為。
12 月	為抑止房價上漲過快，中央接連出臺政策調控房市。
2010 年 1 月	國務院辦公廳下發《關於促進房地產市場平穩健康發展的通知》。 國家科學技術獎勵大會在北京舉行，數學家谷超豪、航太專家「兩彈一星」元勳孫家棟榮獲 2009 年度國家最高科學技術獎。 中國汽車工業協會公告，2009 年國產汽車產銷分別為 1379.10 萬輛和 1364.48 萬輛，為汽車產銷世界第一。 新華社報導，近期內蒙古、新疆等北方省份發生強降雪天氣，造成嚴重的雪災災情，國家減災委、民政部決定緊急啟動國家四級救災應急回應。

	國家統計局發佈 2009 全年經濟資料。初步測算，2009 年我國國內生產總值爲 335353 億元，比 2008 年增長 8.7%，成功「保八」。 《國有土地上房屋徵收與補償條例（徵求意見稿）》正式公佈徵求意見。
2 月	國務院常務會議，討論通過《關於公立醫院改革試點的指導意見》。 據新華網報導，爲解決符合條件的農村轉移人口逐步在城鎮就業和落戶，放寬中小城市和城鎮戶籍限制，我國開始步入「居住證時代」。 中共中央印發《中國共產黨黨員領導幹部廉潔從政若干準則》。 據有關部門的統計，自 2009 年秋至 2010 年初，我國西南地區遭受嚴重的特大乾旱，旱情波及 15 個省區，全國耕地受旱面積達 6958 畝。
3 月	谷歌（Google）正式宣佈搜索業務退出中國內地，並將搜索業務跳轉到谷歌香港服務。 據報導，目前我國投入運營的高速鐵路達 6552 公里，運營里程居世界第一。在建的高速鐵路約 1 萬多公里。
4 月	青海省玉樹藏族自治州玉樹縣（北緯 33.1，東經 96.7）發生 7.1 級地震。21 日，全國舉行哀悼活動，深切哀悼地震中遇難的同胞。 重慶司法局局長文強因嚴重違紀、充當黑社會保護傘，被重慶第五中級人民法院判處死刑。 國務院發出《堅決遏制部分城市房價過快上漲》通知，提出十點措施以遏制部分城市房價上漲過快問題。

	我國內地首條海底隧道、全長 8695 公里的廈門翔安隧道正式通車。
5 月	2010 年上海世界博覽會開幕。博覽會主題是「城市，讓生活更美好」。
	河南省高院與商丘中院聯合召開新聞發佈會宣佈：給予因錯案冤枉服刑 10 多年的趙作海國家賠償金及生活困難補助費共計 65 萬元。
	江西省多地遭受入汛以來最廣的特大暴雨。當月，江南大部、華南東部出現大範圍持續強降雨，造成局部地區的洪澇災害。據統計有 16 個省份遭受洪澇災害，直接經濟損失達一百餘億。
	全球最大代工廠富士康密集發生一線員工跳樓自殺事件。深圳富士康發生 2010 年第 12 起員工跳樓自殺事件，鴻海集團董事長郭台銘親赴深圳安撫員工，並向公眾道歉。
6 月	國家發改委援引價格監測中心監測資料報告稱，36 個大中城市超市、集市肉禽蛋等價格普遍上漲。
	審計部門首次披露地方政府債務問題：18 個省、16 個市、36 個縣，截止 2009 年底政府性債務餘額達 2.79 萬億元。
	海峽協會會長陳雲林與臺灣海峽交流基金會董事長江丙坤在重慶簽署《海峽兩岸經濟合作框架協定》。
7 月	全國煤礦連續發生 5 起重大的事故，共造成 50 餘人死亡。
8 月	甘肅甘南藏族自治州舟曲縣發生特大泥石流。舟曲縣三分之二區域被淹。15 日舉行全國哀悼日。
	載有 21 名香港遊客的觀光車在馬尼拉遭劫持，菲警方解救行動不力，導致 8 名香港遊客死亡，多人受傷。香港政府

	即刻派包機接同胞返港。29 日，港人爲遇難同胞舉行靜默遊行，表示悼念。
9 月	日本在釣魚島附近非法扣留中國漁船和漁民。至 13 日，日方釋放 14 名被扣漁民。27 日，被扣中國船長釋放回國。 國家有關部委出臺五條措施，鞏固房地產市場的調控成果。
10 月	西昌發射中心成功發射嫦娥二號衛星。 挪威諾貝爾委員會將 2010 年的和平獎授予在中國服刑的劉曉波。
11 月	上海膠州路高層住宅因電焊工違章操作導致重大火災，造成 58 人死亡。25 日（傳統的「頭七」），十萬上海市民自發到膠州路獻花哀悼。 國務院出臺 16 項措施穩定價格總水準，要求各地和有關部門積極採取措施，做好價格調控監管工作，穩定市場價格，切實保障群眾基本生活。
12 月	在京滬高鐵的綜合試驗中，國產「和諧號」新一代高速動車時速達 486.1 公里，最高運營時速爲 380 公里，持續運營時速 350 公里，是目前世界上運營速度最快的高速列車。 據商務部消息，「十一五」時期，我國對外投資實現新突破，5 年累計對外直接投資達 2200 億美元，年均增長 30%，全球排名升至第五位。
2011 年 1 月	中國新一代隱形飛機殲 20 試飛成功。 國家科學技術獎勵大會在北京舉行。中科院院士、中國工程院院士師昌緒和中國工程院院士王振義獲得 2010 年度國家最高科學技術獎。 國家統計局公佈，2010 年我國國內生產總值 397983 億元，

	比上年增長 10.3%。城鄉居民人均收入比上年分別增長 7.8％ 和 10.9％，農村居民人均收入實際增速首次超過城市。
2 月	因利比亞國內形勢危機，至 3 月初，我國政府分批組織中國在利比亞人員（包括港澳臺同胞）三萬五千餘人安全有序撤離。是為建國以來政府最大規模的有組織撤離海外中國公民行動。
	《商品房屋租賃管理辦法》開始實施。
4 月	國務院發出《關於堅決遏制部分城市房價過快上漲的通知》（簡稱「新國十條」）。北京出臺《國十條實施細則》，規定北京家庭只能新購一套商品房。其後，全國各大城市，也紛紛推行「限購令」。
	國家統計局公佈第六次全國人口普查主要資料，全國總人口為 1370536875 人，其中普查登記的大陸 31 個省、自治區、直轄市和現役軍人的人口共 1339724852 人。
5 月	全國施行新禁煙規定，所有餐館都須禁煙。
	中共中央辦公廳、國務院辦公廳印發《農村基層幹部廉潔履行職責若干規定（試行）》。
	中共中央、國務院印發《中國農村扶貧開發綱要（2011～2020 年）》
6 月	李娜獲得法國網球公開賽女單冠軍，是為法網歷史上首位來自亞洲的單打冠軍，也是亞洲歷史上首位大滿貫單打冠軍。
	大陸居民赴臺灣自由行正式啟動，首批試點城市為北京、上海和廈門。
	國務院印發《關於進一步加大財政教育投入的意見》。

	十一屆全國人大常委會第二十一次會議表決通過關於修改個人所得稅法的決定,個稅起徵點將從 2000 元提高到 3500 元。9 月 1 日起開始執行。 中國最大的紅歌會「2011 (重慶) 中華紅歌會」在重慶奧體中心開幕。 京滬高鐵全線通車正式開通營運,從北京至上海只需 5 個小時。然開通僅十餘日,就發生數次故障。
7 月	城鎮居民社會養老保險試點在全國範圍啟動,又新型農村社會養老保險試點同時推行。 在甬溫線浙江省溫州市境內,北京南至福州的 D301 次列車與杭州至福州南的 D3115 次列車發生嚴重追尾事故,造成 40 人遇難,172 人受傷。 廈門特大走私案首犯嫌疑人賴昌星被加拿大有關部門遣返回國。
9 月	天宮一號於 21 時 16 分,在西昌衛星發射中心發射升空。
10 月	13 名中國籍船員駕駛兩艘商貿船在緬甸湄公河水域遭劫持遇害。中國與有關國家聯合展開偵破工作,並決定建立中老緬泰湄公河流域的聯合執法安全合作機制。
11 月	神舟八號飛船在酒泉衛星發射中心發射升空,成功進入預定軌道。又與此前發射的天宮一號成功交會對接。 甘肅省慶陽市正寧縣榆林子鎮一輛載有 64 人的幼稚園校車與一卡車相撞,造成 21 人死亡。該故事促成了全國範圍校車的大檢查。次年 4 月,國務院公佈《校車安全管理條例》。
12 月	中國紅十字會在京召開第九屆行動報告,報告顯示 2011 年全國紅十字會收到募捐明顯減少。據《2012 年度中國慈善

	捐助報告》，紅十字會系統接收捐贈下降超過兩成。社會普遍認爲此是受「郭美美事件」影響。 國家統計局公佈初步統計，2011 年全國糧食總產量爲 57121 萬噸，比 2010 年增產 2473 萬噸，增長 4.5%。 爲打擊網路「有害資訊」，北京施行微博實名制。廣州、深圳、上海等城市也先後啓動此項新規。 2011 年底，中國共產黨黨員總數達 8260.2 萬名，比上年增加 233.3 萬名，增長 2.9％；黨的基層組織總數達 402.7 萬個，比上年增加 13.5 萬個，增長 3.5％。
2012 年 1 月	2011 年年底已辦理退休手續並按月領取基本養老金的企業退休人員再次提高基本養老金水準。按 2011 年企業退休人員人均基本養老金的 10% 左右確定調整水準。 臺灣地區領導人選舉投票結束，中國國民黨候選人馬英九獲勝。 據國家統計局發佈的資料，2011 年底中國大陸城鎮人口爲 69079 萬，農村人口爲 65656 萬。城鎮人口占總人口比重達到 51.27%，首次超過農村。
2 月	重慶市副市長、公安局長王立軍突入美國駐成都總領館，滯留 1 天後離開。旋重慶市人民政府新聞辦公室微博宣佈王立軍接受「休假式治療」。此事引起重大反響，時稱「王立軍事件」。 習近平對美國、愛爾蘭、土耳其進行正式訪問。14 日，中美雙方發佈《關於加強中美經濟關係的聯合情況說明》。 據新華社報導，國務院正式批復《西部大開發「十二五」規劃》。

3 月	經國務院批准，公佈釣魚島及其部分附屬島嶼的標準名稱。旋又公佈釣魚島及其附屬島嶼領海基點基線的所有法律手續。 梁振英當選香港特別行政區第四任行政長官。 首屆香港中學文憑考試開考，此為香港特區教育局推行新學制後的首次中學文憑考試。
4 月	重慶市委書記、中央政治局委員薄熙來被停止中共中央委員和政治局委員職務，接受紀委調查。薄妻薄谷開來涉嫌故意殺害英國商人尼爾‧伍德已被移送司法機關。8 月 20 日，安徽省合肥中院對此案作出一審判決，認定薄谷開來犯故意殺人罪，判處死刑，緩期二年執行。 菲律賓海軍軍艦試圖逮捕 12 艘中國漁船上的中國漁民，被中國兩艘海監船阻止。隨後中國漁政船和菲律賓海艦開始對峙。11 日，我國向菲方提出嚴正交涉，並重申黃岩島主權。 國家海洋局公佈實施《全國海島保護規劃》。這是我國第一次針對海島出臺規劃。
6 月	載有景海鵬、劉旺、劉洋(女)三位太空人的神舟九號載人飛船成功發射，中國首位女太空人進入太空。18 日、24 日先後與天宮一號實現自動和手控交會對接。29 日順利返回著陸。 經國務院批准，撤銷海南省西沙群島、南沙群島、中沙群島辦事處，設立地級三沙市，管轄西沙群島、中沙群島、南沙群島的島礁及其海域。 蛟龍號載人潛水器在位於西太平洋馬里亞納海溝區域，成功下潛至 7062 米深度，創造中國載人深潛的最高紀錄。 中央政府與香港特別行政區簽署《〈內地與香港關於建立更

	緊密經貿關係的安排〉補充協議九》。
	十一屆全國人大常委會第二十七次會議通過《關於批准〈中華人民共和國澳門特別行政區基本法附件一澳門特別行政區行政長官的產生辦法修正案〉的決定》，對《中華人民共和國澳門特別行政區基本法附件二澳門特別行政區立法會的產生辦法修正案》予以備案。
	中共中央組織部公佈黨內統計資料，至 2011 年底，中國共產黨黨員總數達 8260.2 萬名，基層組織總數達 402.7 萬個。
7 月	中央政府與澳門特別行政區簽署《〈內地與澳門關於建立更緊密經貿關係的安排〉補充協議九》。
	北京遭遇特大暴雨，預警級別上升到橙色。市平均降雨量 164 毫米，為 61 年以來最大。北京房山區又遭受山洪襲擊，暴雨洪水造成 70 餘人遇難。
	第三十屆奧運會在倫敦舉行，中國代表團共獲得 38 枚金牌、27 枚銀牌、23 枚銅牌，金牌和獎牌總數均列第二位。
8 月	海峽兩岸關係協會會長陳雲林與臺灣海峽交流基金會董事長江丙坤在臺北舉行兩會恢復協商以來的第八次會談，簽署《海峽兩岸投資保護和促進協議》和《海峽兩岸海關合作協定》。
	香港船隻啓豐二號，從香港出發前往釣魚島。8 月 15 日，船上多名成員成功登島宣示主權。
	國務院常務會議決定取消和調整 314 項部門行政審批專案，批准廣東省在行政審批制度改革方面先行先試。至此，國務院 10 年來分 6 批共取消和調整了 2497 項行政審批專案，占總數的 69.3％。

	國務院辦公廳轉發《關於做好進城務工人員隨遷子女接受義務教育後在當地參加升學考試工作的意見》。
9 月	國務院印發《關於進一步加強和改進最低生活保障工作的意見》。
	中國政府發表《關於釣魚島及其附屬島嶼領海基線的聲明》。
	四川省成都中院對「王立軍案」一審宣判，王立軍因徇私枉法、濫用職權，叛逃並受賄 305 萬，獲刑 15 年。
	國務院新聞辦舉行新聞發佈會透露，2011 年城鄉居民參加職工醫保、城鎮居民醫保、新農合（即農村新型合作醫療）人數超過 13 億，覆蓋率達 95% 以上。
	第一艘航空母艦「遼寧艦」正式交付海軍。
	國家統計局公佈今年前三季度，國內生產總值（GDP）增幅分別是 8.1%、7.6%、7.4%。並表示國民經濟運行企穩的態勢比較明顯，正由緩中趨穩轉向築底企穩。
10 月	瑞典文學院宣佈中國作家莫言獲 2012 年諾貝爾文學獎。
	中國軍艦首次近距離駛過釣魚島；12 月 13 日，中國海監飛機抵達釣魚島領空，對我國釣魚島開展海空立體巡航。
11 月	中國共產黨第十八次全國代表大會在北京召開，會議審議通過《中國共產黨章程（修正案）》，選舉產生第一屆中央委員會和中央紀律檢查委員會。
12 月	國家統計局公告 2012 年糧食產量資料，全年全國糧食總產量 58957 萬噸，比 2011 年增加 1836 萬噸，增長 3.2%。農村居民人均現今收入 6778 元，實際增長 12.3%。雙雙實現「九連增」。
	中共中央政治局召開會議，一致同意中央政治局關於改進

	工作作風、密切聯繫群眾的八項規定。 會議要求各地區各部門嚴格執行，定期敦促檢查，每年年底通報執行情況。
2013 年 1 月	我國中東部地區相繼出現 4 次大範圍的霧霾天氣。據中國氣象局 11 月發佈消息，本年全國平均霧霾日數為 4.7 天，京津冀晉、黃淮一帶部分地區最長持續達 20 天左右。 國務院常務會議決定自 2013 年 1 月 1 日起，繼續提高企業退休人員基本養老金水準，提高幅度按 2012 年企業退休人員月人均基本養老金的 10% 確定。 中紀委、監察部舉行新聞發佈會，提倡實名舉報。凡實名舉報，優先辦理，及時回覆。 國家科學技術大會在北京舉行。中國科學院、中國工程院院士鄭哲敏、中國工程院院士王小謨獲國家最高科學技術獎。 我國自主發展的運－20 大型運輸機首次試飛成功。
3 月	《國務院辦公廳關於繼續做好房地產市場調控工作的通知》公佈，被認為是此前五項政策措施的具體實施細則。 香港特區政府新修訂《2013 年進出口（一般）（修訂）規例》生效。俗稱限制奶粉出口條例 *。 中國政府網公佈《國務院辦公廳關於建立疾病應急救助制度的指導意見》。 黃浦江上游水域漂浮死豬事件引起廣泛關注。 全國人大第十二屆一次會議召開。習近平當選為中華人民共和國主席，李克強當選為國務院總理。 習近平啓程對俄羅斯、坦桑尼亞聯合共和國、南非、剛果進行國事訪問。 *《規例》規定：年滿 15 歲的離港人士每人可攜帶淨重不超

	過 1.8 公斤（約兩罐）的嬰兒配方奶粉，違例者可被罰款 50 萬港元及監禁兩年。
4 月	四川省雅安市蘆山縣（北緯 30.3 度，東經 103.0 度）發生 7.0 級地震。
6 月	神舟十號飛船發射升空。女宇航員王亞平進行中國航太史上首次太空授課。 新疆鄯善縣發生嚴重的暴力恐怖案件。
7 月	國務院常務會議通過《中國（上海）自由貿易試驗區總體方案》，在上海外高橋保稅區等 4 個海關特殊監管區域內，建設中國（上海）自由貿易試驗區。9 月，上海自貿區正式揭牌。
8 月	網上爆料上海市高級人民法院多名法官「集體嫖妓」，在經過市紀委調查、取證、查實，上海高院宣佈將陳雪明、趙明華等 4 人停職，並開除黨籍。最高法院為此發出通報，要求各級法院整頓作風，嚴肅紀律，堅決清除隊伍中的腐敗分子和害群之馬。 公安局啓動以打擊網路謠言為主的專項行動在全國各地展開。9 月 4 日，《人民日報》發文稱，對謠言盛行、謬種流布當然要依法亮劍，但不能因噎廢食；遏制網路活力，也違背中央精神和時代潮流。 溫州市推出《溫州市農村產權交易管理暫行辦法》，因農村產權作為包含經濟價值的資源，其交易的可能性、交易範圍及交易價格等權利關係，引起社會有關人士的關注。 教育部發佈《小學生減負十條規定（徵求意見稿）》截止 8 月 29 日，徵求意見六千餘條，九成表示支持。

9 月	教育部印發《中小學生學籍管理辦法》，自 9 月 1 日起實行全國學生「一人一號」管理制度。
	中央紀委監察部官方網站是日正式開通。
	中石油董事長、國資委主任、黨委副書記蔣潔敏涉嫌嚴重違紀，被免去其領導職務。中央反腐之手進入央企壟斷領域。
	因臺灣「立法院長」王金平的關說案，臺灣地區領導人馬英九召開記者會，稱此事是非常嚴重的恥辱。
	最高人民法院、最高檢察院實施《關於辦理利用資訊網路實施誹謗等刑事案件的司法解釋》，規定誹謗資訊轉發 500 次已可構成誹謗罪。
	中共中央辦公廳下發《中共中央關於廢止和宣佈失效一批黨內法規和規範性文件的決定》，被稱為黨內規章的首度「大掃除」。
	薄熙來涉嫌受賄、貪污、濫用職權犯罪一案，一審宣判薄熙來無期徒刑。
	中央軍委下發《關於加強和改進軍隊領導幹部經濟責任審計工作的意見》。
	公安部出臺「三項紀律」：公安民警決不允許面對群眾危難不勇為；決不允許酗酒滋事；決不允許進夜總會娛樂。公安民警違反者，一律先予以禁閉，並視情給予紀律處分。
	引起社會廣泛關注的「不雅照」的雷富政，「錶叔」楊達才、「房姐」龔愛愛、無良少年李某某等先後審判結案。
10 月	國家主席習近平訪問印尼，並與印尼總統蘇西洛舉行會談。雙方決定把中印尼關係提升為全面戰略夥伴關係。

	第十二屆人大第五次會議在京舉行，曹建明檢察長作報告稱：自 2008 年 1 月至今年 8 月，全國檢察機關共立案偵查貪污賄賂犯罪案件 151350 件，涉及 198781 人，提起公訴 167514 人。其中立案偵查省部級以上國家工作人員 32 人，廳局級 1029 人。挽回經濟損失 377 億元。 北京發生吉普車駛撞天安門金水橋的恐怖襲擊事件，事件造成多名遊客及執勤民警的傷亡。三名犯罪嫌疑人當場死亡，五名涉案人員旋被抓獲。
11 月	中共中央十八屆三中全會在京召開，全會決定成立全面深化改革領導小組，審議通過《中共中央關於全面深化改革若干重大問題的決定》。 最高人民法院公佈《關於建立健全防範刑事冤假錯案工作機制的意見》，明確要求法院嚴格執行法定證明標準，排除採用刑訊逼供或者凍、餓、曬、烤、疲勞審訊等非法方法收集的被告人供述。 青島市經濟技術開發區發生一起輸油管道爆燃事故，造成 55 人遇難，100 餘人受傷。 中共中央、國務院印發《黨政機關厲行節約反對浪費條例》，內容包括嚴控出國團組數量規模、取消一般公務用車、嚴控辦公用房建設等 65 條「鐵律」，狠刹奢侈浪費之風。

【附錄】

一、中國歷史年代簡表	
史前	～西元前 2070 年
夏	西元前 2070 年～西元前 1600 年
商	西元前 1600 年～西元前 1046 年
西周	西元前 1046 年～西元前 771 年
東周	西元前 770 年～西元前 256 年
春秋戰國[1]	西元前 770 年～西元前 221 年[2]
秦	西元前 221 年～西元前 206 年
西漢[3]	西元前 202 年～西元 8 年
新	西元 9 年～西元 23 年
東漢	西元 25 年～西元 220 年

1 關於春秋與戰國間的年代劃界，學術界看法不一：（一）依《史記‧六國年表》從周元王元年（前475年）爲戰國的開始年份（一說周元王元年在西元前476年，見楊寬《戰國史》第696頁，上海人民出版社2003年版。方詩銘《中國歷史紀年表（修訂本）》採楊說，第20頁，上海人民出版社2007年版）。（二）依司馬光《資治通鑑》從周威烈王二十三年（前403年）承認韓、趙、魏爲諸侯爲戰國的開始年份。（三）魯《春秋》記事至魯哀公十四年（前481年）田氏「專齊之政」爲戰國的開始年份。

2 關於春秋的開始年份，學術界看法不一：（一）魯《春秋》記事起於魯隱西元年（前722年）爲開始年份。（二）以西元前770年周平王東遷洛邑爲開始年份。

3 西漢紀年或自西元前206年劉邦爲漢王爲起始年代。

4 關於三國時代的開始年份，學術界看法不一：（一）以西元220年曹丕代漢稱帝爲開始年份。（二）以東漢末年軍閥混戰時期爲開始年份。關於三國時代的結束，學術界也有不同看法：（一）以西元265年司馬炎代魏稱帝建立晉朝爲結束。（二）以西元280年晉滅吳統一全國爲結束。

三國[4]	西元 220 年～西元 280 年
魏	西元 220 年～西元 265 年
蜀	西元 221 年～西元 263 年
吳	西元 221 年～西元 280 年
西晉	西元 266 年～西元 316 年
東晉	西元 317 年～西元 420 年
十六國	西元 304 年～西元 439 年
南北朝	西元 420 年～西元 589 年
南朝	西元 420 年～西元 589 年
宋	西元 420 年～西元 479 年
齊	西元 479 年～西元 502 年
梁	西元 502 年～西元 557 年
陳	西元 557 年～西元 589 年
北朝	西元 439 年～西元 581 年[5]
北魏	西元 386 年～西元 534 年
東魏	西元 534 年～西元 550 年
西魏	西元 535 年～西元 557 年
北齊	西元 550 年～西元 577 年
北周	西元 557 年～西元 581 年
隋	西元 581 年～西元 618 年

5 關於北朝的開始年份，學術界看法不一：（一）以西元 439 年拓跋燾統一北方為開始年份。（二）以西元 386 年拓跋珪改國號「魏」為開始年份。

唐	西元 618 年～西元 907 年
五代十國	西元 907 年～西元 979 年
後梁	西元 907 年～西元 923 年
後唐	西元 923 年～西元 936 年
後晉	西元 936 年～西元 946 年
後漢	西元 947 年～西元 950 年
後周	西元 951 年～西元 960 年
北宋	西元 960 年～西元 1126 年
南宋	西元 1127 年～西元 1279 年 [6]
遼	西元 916 年～西元 1125 年
西夏	西元 1038 年～西元 1227 年
金	西元 1115 年～西元 1234 年
元	西元 1271 年～西元 1368 年
明	西元 1368 年～西元 1644 年
清	西元 1636 年～西元 1911 年 [7]
中華民國	西元 1912 年～西元 1949 年
中華人民共和國	西元 1949 年～

6 關於南宋王朝的結束，學術界也有不同看法：（一）以西元 1276 年元軍攻入臨安，
　俘宋恭帝北歸爲南宋結束。（二）以西元 1279 年南宋流亡政權爲元所滅爲結束。

7 關於清朝的開始年份，學術界看法不一：（一）以天聰十年（西元 1636 年）皇太極
　即皇帝位改國號爲開始年份。（二）以順治元年（1644 年）世祖入關定都北京爲開
　始年份。

二、中國歷代世系表		
夏		
1	禹	
2	啓	禹子
3	太康	啓子
4	仲康（中康）	太康弟
5	相	仲康子
6	少康	相子
7	予（杼、紓、佇）	少康子
8	槐（芬）	予子
9	芒（荒）	槐子
10	泄（世、洩）	芒子
11	不降	泄子
12	扃（局、禺）	不降子
13	廑（胤甲）	扃子
14	孔甲	不降子
15	皋（昊）	孔甲子
16	發（敬）	皋子
17	癸（桀）	發子
商		
1	湯（大乙、天乙）	
2	太丁（大丁）	湯子
3	外丙	太丁弟
4	中壬（仲壬）	外丙弟
5	太甲（大甲）	太丁子
6	沃丁	太甲子

7	太庚（大庚）	沃丁弟
8	小甲	太庚子
9	雍己	小甲弟
10	太戊（大戊）	雍己弟
11	中丁（仲丁）	太戊子
12	外壬	中丁弟
13	河亶	外壬弟
14	祖乙	中丁子
15	祖辛	祖乙子
16	沃甲	祖辛弟
17	祖丁	祖辛子
18	南庚	沃甲子
19	陽甲	祖丁子
20	盤庚（遷殷前） 盤庚（遷殷後）	陽甲弟
21	小辛	盤庚弟
22	小乙	小辛弟
23	武丁	小乙子
24	祖庚	武丁子
25	祖甲	祖庚弟
26	廩辛	祖甲子
27	康丁	廩辛弟
28	武乙[1]	康丁子
29	文丁（太丁、文武丁）	武乙子
30	帝乙	文丁子

1 夏商周斷代工程據甲骨文周祭資料研究，已推得武丁及武乙以下四王在位年數。

31	帝辛(紂)	帝乙子
西周		
1	武王(姬發)	
2	成王(姬誦)	武王子
3	康王(姬釗)	成王子
4	昭王(姬瑕)	康王子
5	穆王(姬滿)	昭王子
6	恭王(姬繄扈)[2]	穆王子
7	懿王(姬囏)[3]	恭王子
8	孝王(姬辟方)	恭王弟
9	夷王(姬燮)	懿王子
10	厲王(姬胡)	夷王子
	共和[4]	
11	宣王(姬靖)	厲王子
12	幽王(姬宮涅)	宣王子
東周		
1	平王(姬宜臼)[5]	幽王子
2	桓王(姬林)	平王孫
3	莊王(姬佗)	桓王子
4	釐王(姬胡齊)	莊王子

2「恭」或作「共」。

3 囏，音ㄐㄧㄢ。

4 關於「共和」行政，學術界有二說：(一)西元前841年「國人」起義，周厲王外逃，
　由召公、周公共同行政，號爲「共和」。(二)周厲王外逃後，由共伯和攝行王事，
　號共和元年。

5 自平王至敬王，爲春秋時期。

5	惠王 (姬閬)	釐王子
6	襄王 (姬鄭)	惠王子
7	頃王 (姬壬臣)	襄王子
8	匡王 (姬班)	頃王子
9	定王 (姬瑜)	匡王弟
10	簡王 (姬夷)	定王子
11	靈王 (姬泄心)	簡王子
12	景王 (姬貴)	靈王子
	悼王 (姬猛)	景王子
13	敬王 (姬丐)	景王子
14	元王 (姬仁)	敬王子
15	貞定王 (姬介)	元王子
	哀王 (姬去疾)	貞定王子
	思王 (姬叔)	哀王弟
16	考王 (姬嵬)	思王弟
17	威烈王 (姬午)	考王子
18	安王 (姬驕)	威烈王子
19	烈王 (姬喜)	安王子
20	顯王 (姬扁)	烈王弟
21	愼靚王 (姬定)	顯王子
22	赧王 (姬延)[6]	愼靚王子
秦		
1	始皇帝 (嬴政)	
2	二世 (嬴胡亥)	始皇帝子

6 悼王、哀王、思王即位時間極短，故未排入序列；或排入則東周共 25 王。

3	秦王(嬴子嬰)	始皇帝孫
西漢		
1	高祖(劉邦)	
2	惠帝(劉盈)	高祖子
3	高后(呂雉)[7]	高祖妻
4	文帝(劉恒)	高祖子
5	景帝(劉啓)	文帝子
6	武帝(劉徹)	景帝子
7	昭帝(劉弗陵)	武帝子
8	宣帝(劉詢)	武帝曾孫
9	元帝(劉奭)	宣帝子
10	成帝(劉驁)	元帝子
11	哀帝(劉欣)	元帝孫
12	平帝(劉衎)	元帝孫
13	孺子(劉嬰)	宣帝玄孫(見p.45)
新		
1	王莽	
東漢		
1	光武帝(劉秀)	高祖九世孫
2	明帝(劉莊)	光武帝子

7 自西元前188年至西元前180年，西漢二少帝在位，高后臨朝稱制。惠帝死後，
　劉恭繼位，是爲少帝(史稱「前少帝」)，因年幼而高后臨朝稱制，高后四年(西元
　前184年)被廢幽殺。高后又另立劉義(後改名「弘」，也稱少帝，史稱「後少帝」)，
　仍臨朝稱制。至西元前180年，周勃等誅殺諸呂，劉弘以非眞惠帝子而被殺。

3	章帝（劉炟）[8]	明帝子
4	和帝（劉肇）	章帝子
5	殤帝（劉隆）	和帝子
6	安帝（劉祜）	章帝孫
7	少帝（劉懿）	章帝孫
8	順帝（劉保）	安帝子
9	沖帝（劉炳）	順帝子
10	質帝（劉纘）	章帝玄孫
11	桓帝（劉志）	章帝曾孫
12	靈帝（劉宏）	章帝玄孫
13	少帝（劉辯）	靈帝子
14	獻帝（劉協）	靈帝子
魏		
1	文帝（曹丕）	
2	明帝（曹叡）	文帝子
3	齊王（曹芳）	明帝養子
4	高貴鄉公（曹髦）	文帝孫
5	元帝（曹奐）	文帝姪
蜀		
1	昭烈帝（劉備）	
2	後主（劉禪）	昭烈帝子
吳[9]		
	吳王（孫權）	

8 炟，音 dá，粵音 daat^3，靼。

9 吳的紀年，或從西元 222 年孫權稱吳王開始，或從西元 229 年孫權稱帝開始。

1	大帝(孫權)	
2	會稽王(孫亮)	大帝子
3	景帝(孫休)	大帝子
4	末帝(孫皓)	大帝孫
西晉		
1	武帝(司馬炎)	
2	惠帝(司馬衷)	武帝子
3	懷帝(司馬熾)	武帝子
4	愍帝(司馬鄴)	武帝孫
東晉		
1	元帝(司馬睿)	武帝堂姪
2	明帝(司馬紹)	元帝子
3	成帝(司馬衍)	明帝子
4	康帝(司馬岳)	成帝弟
5	穆帝(司馬聃)	康帝子
6	哀帝(司馬丕)	成帝子
7	廢帝(司馬奕)	哀帝弟
8	簡文帝(司馬昱)	元帝子
9	孝武帝(司馬曜)	簡文帝子
10	安帝(司馬德宗)	孝武帝子
11	恭帝(司馬德文)	安帝弟
宋		
1	武帝(劉裕)	
2	少帝(劉義符)	武帝子
3	文帝(劉義隆)	武帝子

4	孝武帝（劉駿）	文帝子
5	前廢帝（劉子業）	孝武帝子
6	明帝（劉彧）	文帝子
7	後廢帝（劉昱）	明帝子
8	順帝（劉准）	明帝子
齊		
1	高帝（蕭道成）	
2	武帝（蕭賾）	高帝子
3	郁林王（蕭昭業）	武帝孫
4	海陵王（蕭昭文）	郁林王弟
5	明帝（蕭鸞）	高帝侄
6	東昏侯（蕭寶卷）	明帝子
7	和帝（蕭寶融）	明帝子
梁		
1	武帝（蕭衍）	
2	簡文帝（蕭綱）	武帝子
	豫章王（蕭棟）	武帝曾孫
	武陵王（蕭紀）	武帝子
3	元帝（蕭繹）	武帝子
	貞陽侯（蕭淵明）	武帝侄
4	敬帝（蕭方智）	元帝子
陳		
1	武帝（陳霸先）	
2	文帝（陳蒨）	武帝侄
3	廢帝（陳伯宗）	文帝子

4	宣帝 (陳頊)	文帝弟
5	後主 (陳叔寶)	宣帝子
北魏		
1	道武帝 (拓跋珪)	
2	明元帝 (拓跋嗣)	道武帝子
3	太武帝 (拓跋燾)	明元帝子
4	南安王 (拓跋餘)	太武帝子
5	文成帝 (拓跋濬)	南安王侄
6	獻文帝 (拓跋弘)	文成帝子
7	孝文帝 (元宏)	獻文帝子
8	宣武帝 (元恪)	孝文帝子
9	孝明帝 (元詡)	宣武帝子
10	孝莊帝 (元子攸)	孝明帝堂叔
11	東海王 (元曄)	太武帝曾孫
12	前廢帝 (元恭)	孝文帝侄
13	後廢王 (元朗)	前廢帝從弟
14	孝武帝 (元修)	後廢帝從兄
東魏		
1	孝靜帝 (元善見)	孝武帝堂兄
西魏		
1	文帝 (元寶炬)	孝武帝堂兄
2	廢帝 (元欽)	文帝子
3	恭帝 (元廓)	廢帝弟
北齊		
1	文宣帝 (高洋)	

2	廢帝（高殷）	文宣帝子
3	孝昭帝（高演）	廢帝叔
4	武成帝（高湛）	孝昭帝弟
5	後主（高緯）	武成帝子
6	安德王（高延宗）	後主弟
7	幼主（高恒）	安德王侄
北周		
1	孝閔帝（宇文覺）	
2	明帝（宇文毓）	孝閔帝兄
3	武帝（宇文邕）	明帝弟
4	宣帝（宇文贇）	武帝子
5	靜帝（宇文闡）	宣帝子
隋		
1	高祖（楊堅）	
2	世祖（楊廣）	高祖子
3	恭帝（楊侑）	世祖孫
4	皇泰帝（楊侗）	世祖孫
唐		
1	高祖（李淵）	
2	太宗（李世民）	高祖子
3	高宗（李治）	太宗子
4	中宗（李顯）	高宗子
5	睿宗（李旦）	高宗子

武周		
6	則天皇帝（武曌）	高宗后
	中宗（李顯）[10]	高宗子
7	殤帝（李重茂）	中宗子
	睿宗（李旦）[11]	高宗子
8	玄宗（李隆基）	睿宗子
9	肅宗（李亨）	玄宗子
10	代宗（李豫）	肅宗子
11	德宗（李适）[12]	代宗子
12	順宗（李誦）	德宗子
13	憲宗（李純）	順宗子
14	穆宗（李恒）	憲宗子
15	敬宗（李湛）	穆宗子
16	文宗（李昂）	穆宗子
17	武宗（李炎）	穆宗子
18	宣宗（李忱）	憲宗子
19	懿宗（李漼）	宣宗子
20	僖宗（李儇）	懿宗子
21	昭宗（李曄）	懿宗子
22	哀帝（李柷）	昭宗子
後梁		
1	太祖（朱溫）	
2	郢王（朱友珪）	太祖子

10 中宗復位。

11 睿宗復位。

12 适，音 kuò，粵音 kut^3，括。

3	末帝 (朱友瑱)	太祖子

後唐

1	莊宗 (李存勗)	
2	明宗 (李嗣源)[13]	
3	閔帝 (李從厚)	明宗子
4	末帝 (李從珂)	明宗養子

後晉

1	高祖 (石敬瑭)	
2	出帝 (石重貴)	高祖侄

後漢

1	高祖 (劉知遠)	
2	隱帝 (劉承祐)	高祖子

後周

1	太祖 (郭威)	
2	世宗 (柴榮)	太祖養子
3	恭帝 (柴宗訓)	世宗子

吳

1	太祖 (楊行密)	
2	烈祖 (楊渥)	太祖子
3	高祖 (楊隆演)	太祖子
4	睿帝 (楊溥)	太祖子

前蜀

1	高祖 (王建)	
2	後主 (王衍)	高祖子

13 後唐莊宗李存勗爲李克用之子，明宗爲李克用養子。

吳越		
1	武肅王（錢鏐）	
2	文穆王（錢元瓘）	武肅王子
3	忠獻王（錢弘佐）	文穆王子
4	忠遜王（錢弘倧）	文穆王子
5	忠懿王（錢弘俶）	文穆王子
楚		
1	武穆王（馬殷）	
2	衡陽王（馬希聲）	武穆王子
3	文昭王（馬希范）	武穆王子
4	廢王（馬希廣）	武穆王子
5	恭孝王（馬希萼）	武穆王子
6	楚王（馬希崇）	武穆王子
閩		
1	太祖（王審知）	
2	嗣王（王延翰）	太祖子
3	太宗（王延鈞）	太祖子
4	康宗（王昶）	太宗子
5	景宗（王延曦）	太祖子
6	福恭懿王（王延政）	太祖子
南漢		
1	高祖（劉龑）	
2	殤帝（劉玢）	高祖子
3	中宗（劉晟）	高祖子
4	後主（劉鋹）	中宗子

荊南		
1	武信王 (高季興)	
2	文獻王 (高從誨)	武信王子
3	貞懿王 (高保融)	文獻王子
4	高保勗	文獻王子
5	高繼沖	貞懿王子
後蜀		
1	高祖 (孟知祥)	
2	後主 (孟昶)	高祖子
南唐		
1	烈祖 (李昪)	
2	元宗 (李璟)	烈祖子
3	後主 (李煜)	元宗子
北漢		
1	世祖 (劉旻)	
2	睿宗 (劉鈞)	世祖子
3	廢帝 (劉繼恩)	睿宗養子
4	英武帝 (劉繼元)	睿宗養子
北宋		
1	太祖 (趙匡胤)	
2	太宗 (趙光義)	太祖弟
3	眞宗 (趙恒)	太宗子
4	仁宗 (趙禎)	眞宗子
5	英宗 (趙曙)	太宗曾孫
6	神宗 (趙頊)	英宗子

7	哲宗（趙煦）	神宗子
8	徽宗（趙佶）	哲宗弟
9	欽宗（趙桓）	徽宗子
南宋		
1	高宗（趙構）	欽宗弟
2	孝宗（趙昚）[14]	太祖七世孫
3	光宗（趙惇）	孝宗子
4	寧宗（趙擴）	光宗子
5	理宗（趙昀）	太祖十世孫
6	度宗（趙禥）[15]	太祖十一世孫
7	恭帝（趙㬎）[16]	度宗子
8	端宗（趙昰）	恭帝兄
9	帝昺（趙昺）	端宗弟
遼[17]		
1	太祖（耶律阿保機）	
2	太宗（耶律德光）	太祖子
3	世宗（耶律阮）	太祖孫
4	穆宗（耶律璟）	太宗子
5	景宗（耶律賢）	世宗子
6	聖宗（耶律隆緒）	景宗子
7	興宗（耶律宗眞）	聖宗子

14 昚，音 shèn，粵音，san[6]，愼。

15 禥，音 qí，粵音，kei[4]，其。

16 㬎，音 xiǎn，粵音，hin[2]，顯。

17 西元 916 年耶律阿保機建國，國號契丹。947 年改國號爲遼，983 年重稱國號契丹，
  至 1066 年復稱遼。

8	道宗 (耶律洪基)	興宗子
9	天祚帝 (耶律延禧)	道宗孫
10	天錫皇帝 (耶律淳)	興宗之孫
西夏		
1	景宗 (李元昊)	
2	毅宗 (李諒祚)	景宗子
3	惠宗 (李秉常)	毅宗子
4	崇宗 (李乾順)	惠宗子
5	仁宗 (李仁孝)	崇宗子
6	桓宗 (李純祐)	仁宗子
7	襄宗 (李安全)	崇宗孫
8	神宗 (李遵頊)	齊王子
9	獻宗 (李德旺)	神宗子
10	末主 (李睍) [18]	神宗孫
金		
1	太祖 (完顏阿骨打)	
2	太宗 (完顏晟)	太祖弟
3	熙宗 (完顏亶)	太祖孫
4	海陵王 (完顏亮)	太祖孫
5	世宗 (完顏雍)	太祖孫
6	章宗 (完顏璟)	世宗孫
7	衛紹王 (完顏永濟)	世宗子
8	宣宗 (完顏珣)	世宗孫
9	哀宗 (完顏守緒)	宣宗子

18 睍，音 xiàn，粵音，jin⁵，演。

10	末帝（完顏承麟）	太祖弟後裔
元[19]		
1	太祖（鐵木眞）	
2	太宗（窩闊台）	太祖子
	太宗后（乃馬眞后）	太宗后
3	定宗（貴由）	太宗子
	海迷失后	定宗后
4	憲宗（蒙哥）	太祖孫
5	世祖（忽必烈）	憲宗弟
6	成宗（鐵穆耳）	世祖孫
7	武宗（海山）	世祖重孫
8	仁宗（愛育黎拔力八達）	武宗弟
9	英宗（碩德八剌）	仁宗子
10	泰定帝（也孫鐵木耳）	世祖重孫
11	天順帝（阿剌吉八）	泰定帝子
12	文宗（圖帖睦爾）	武宗子
13	明宗（和世）	文宗兄
14	寧宗（懿璘質班）	明宗子
15	順帝（妥歡帖睦爾）	寧宗兄
明		
1	太祖（朱元璋）	
2	惠宗（朱允炆）	太祖孫
3	成祖（朱棣）	太祖子
4	仁宗（朱高熾）	成祖子

19 西元 1206 年鐵木眞建國時，稱國號爲蒙古。1271 年忽必烈稱帝，改國號爲元。

5	宣宗（朱瞻基）	仁宗子
6	英宗（朱祁鎮）	宣宗子
7	代宗（朱祁鈺）	宣宗子
	英宗（朱祁鎮）[20]	
8	憲宗（朱見深）	英宗子
9	孝宗（朱祐樘）	憲宗子
10	武宗（朱厚照）	孝宗子
11	世宗（朱厚熜）	憲宗孫
12	穆宗（朱載垕）	世宗子
13	神宗（朱翊鈞）	穆宗子
14	光宗（朱常洛）	神宗子
15	熹宗（朱由校）	光宗子
16	思宗（朱由檢）	光宗子
清[21]		
1	太祖（努爾哈赤）	
2	太宗（皇太極）	太祖子
3	世祖（福臨）	太宗子
4	聖祖（玄燁）	世祖子
5	世宗（胤禛）	聖祖子
6	高宗（弘曆）	世宗子
7	仁宗（顒琰）	高宗子
8	宣宗（旻寧）	仁宗子

20 英宗復位。

21 西元 1616 年努爾哈赤建國時，國號爲金，史稱後金。1636 年皇太極即皇帝位，
改國號爲清；如自皇太極改國號爲清起，清朝共歷 11 帝。

9	文宗（奕詝）	宣宗子
10	穆宗（載淳）	文宗子
11	德宗（載湉）	宣宗孫
12	宣統帝（溥儀）	宣宗重孫

書　　名　**簡明中國歷史記憶手冊**

編　　著　張耕華

出　　版　智能教育出版社

香港北角英皇道 499 號北角工業大廈 20 樓

INTELLIGENCE PRESS

20/F., North Point Industrial Building,

499 King's Road, North Point, Hong Kong

香港發行　香港聯合書刊物流有限公司

香港新界大埔汀麗路 36 號 3 字樓

版　　次　2015 年 3 月香港第一版第一次印刷

2016 年 7 月香港第一版第二次印刷

規　　格　特 16 開（150 × 210 mm）368 面

國際書號　ISBN 978-962-8904-46-4

© 2015 Intelligence Press

Published in Hong Kong

本書原由上海辭書出版社以書名《辭海版簡明中國歷史記憶手冊》出版，經由原出版者授權本公司在除中國內地以外地區出版發行中文繁體版。